冰上丝绸之路

Polar Silk Road

蒋鹏 江航 编著

山西出版传媒集团
山西经济出版社

图书在版编目（CIP）数据

冰上丝绸之路 / 蒋鹏，江航编著. -- 太原：山西经济出版社，2021.2

ISBN 978-7-5577-0813-9

Ⅰ. ①冰… Ⅱ. ①蒋… ②江… Ⅲ. ①北极—海洋战略—研究 ②中俄关系—国际合作—研究 Ⅳ. ①E815 ②D822.351.2

中国版本图书馆CIP数据核字（2021）第030434号

冰上丝绸之路

BING SHANG SICHOU ZHI LU

编　　著：蒋　鹏　江　航
出 版 人：张宝东
责任编辑：李春梅
助理责编：梁灵均
复　　审：李慧平
终　　审：张宝东
封面设计：张志奇工作室
内文设计：华胜文化

出 版 者：山西出版传媒集团·山西经济出版社
地　　址：太原市建设南路21号
邮　　编：030012
电　　话：0351—4922133（市场部）
　　　　　0351—4922085（总编室）
E-mail：scb@sxjjcb.com（市场部）
　　　　zbs@sxjjcb.com（总编室）
网　　址：www.sxjjcb.com

经 销 者：山西出版传媒集团·山西经济出版社
承 印 者：山西出版传媒集团·山西人民印刷有限责任公司

开　　本：787mm × 1092mm　1/16
印　　张：17.5
字　　数：240 千字
版　　次：2021 年 2 月　第 1 版
印　　次：2021 年 2 月　第 1 次印刷
书　　号：ISBN 978-7-5577-0813-9
定　　价：68.00 元

合力走好冰丝路 精心画好工笔画

中国提出“一带一路”倡议已经7年，这是中华人民共和国成立以来提出并在全球层面展开的最具抱负的国际经济合作倡议，是中国在新的历史条件下实现全方位对外开放的重大举措，是推行互利共赢的重要平台，是中国迄今为国际社会提供的最大公共产品，也是目前世界上最受欢迎的国际合作倡议。“冰上丝绸之路”是“一带一路”倡议的延伸，是“一带一路”的重要组成部分。因此，本书的研究意义不言自明。

本书立意高远，富有价值。总体看，呈现出以下3个方面的特点：第一，鲜明的时代性。全书紧扣时代主题，阅读的时候，每一章都能感觉到时代的脉动，这反映出作者能够站在时代前沿，回应时代呼唤，解答时代问题，这也是新时代学人的美好品质。第二，内容的全面性。本书从“冰上丝绸之路”倡议的背景、意义、预期收益、外部环境、建设与保障方案等方面，对中俄共建“冰上丝绸之路”的基本理论问题进行了研究，比较全面地反映了新时代以来理论界对这些问题的最新研究成果，也反映了“冰上丝绸之路”建设面临的一些重大现实问题。第三，成果的实践性。本书不是简单地、面面俱到地介绍相关领域的既有成果，而是针对“冰上丝绸之路”建设提出了一些具有一定可操作性的具体措施，这对于有关各方务实合作也是一种较好的参考。

通览全书，时代风云赫然在目；掩卷沉思，冰丝伟业渐次展开。我认为，本书至少有3点给人启发和思考。第一，“冰上丝绸之路”是中俄顺应历史发展和时代潮流提出的合作新路径，它是“一带一路”倡议的有机延伸，具有不可估量的时代意义和战略价值。作为“一带一路”倡议的延伸，“冰上丝绸之路”同样秉承着“一带一路”的精神内涵，也将开启北极航道合作共赢的新时代。但是，我们也要清醒地看到，“冰上丝绸之路”涉及多国利益，中俄合作之路是大国博弈之下的理性选择，所以，我们必须秉承丝路精神，突出命运共同体理念，找出最大公约数，画出最大同心圆。第二，必须打破狭隘的物流观，把物流提升到战略高度来认识。“冰上丝绸之路”的实质是物流问题以及由物流引发的相关问题。“十四五”时期，中国将进入新的发展阶段，形成以国内大循环为主体、国内国际双循环相互促进的新发展格局。在构建新发展格局中，物流配送体系是现代流通体系建设中的关键一环。建设现代流通体系，现代物流体系建设应当先行，必须把建设现代流通体系作为一项重要战略任务来抓。第三，要积极推进共同扩大对外开放。建设“冰上丝绸之路”需要携起手来，共同应对风险挑战，共同加强合作沟通，共同扩大对外开放。在推进丝路建设的实践中，我们要始终致力于推进合作共赢的共同开放，致力于推进合作共担的共同开放，致力于推进合作共治的共同开放。从这个角度来说，中俄共建“冰上丝绸之路”完全可以成为共同扩大对外开放的典范。

本书的两位作者蒋鹏博士、江航博士师从名门，博采众长，近年来高水平学术成果不断问世，同时还都担任着相关国际期刊的评委，逐渐形成了独特的治学精神和风格，展现出了新一代学人的时代风采。翻阅本书，不难看到优秀物流学者的情怀与境界，这也注定其学术前景是广阔的。对此，我深信不疑，也衷心期盼他们有更多的佳作问世。

山东大学商学院教授　经济学博士　左峰

目录

第一章

中俄共建『冰上丝绸之路』倡议提出的背景

进入21世纪，全球化进程进一步加速。金融危机后，全球经济疲软，西方发达资本主义国家的地方保护主义抬头，区域经济的不均衡发展促使国际局势更加诡谲多变。作为负责任的大国，中国用“一带一路”倡议告诉世界，未来世界的发展仍然可以通过合作实现共赢，开放与共同发展仍然是未来世界的主旋律。中国将以实际行动推动经济全球化、造福世界各国人民。“冰上丝绸之路”的建构则是以“一带一路”为基础。换言之，“冰上丝绸之路”源自“一带一路”，而“一带一路”的实践为未来的北极治理提供了重要借鉴和参考。

一、中国的“一带一路”倡议

（一）“一带一路”概述

“丝绸之路”是古时候我国与西方进行政治交往、经贸合作、文化交流的通道。21世纪海上丝绸之路，在继承和延续古代海上丝绸之路的价值和理念的同时，结合时代背景，注入新的时代内涵。“一带一路”倡议对中国经济发展和地区合作有着重要的意义。建设21世纪海上丝绸之路的总体思路，是借海洋将东亚、东南亚、南亚、非洲、欧洲沿海各国连接起来，统筹沿线各国政治、经济、文化发展需求，以保障各国社会经济发展、推动全面合作、构建利益和命运共同体为目标，发展互利共赢的战略合作伙伴关系，逐渐实现政治稳定、经济安全、文化包容的区域合作。[①]

①高之国.中国海洋发展报告（2015）［M］.北京：海洋出版社，2015.

“一带一路”是“丝绸之路经济带”和“21世纪海上丝绸之路”的简称。2013年9月和10月，中国国家主席习近平分别提出了建设“丝绸之路经济带”和“21世纪海上丝绸之路”的战略构想，以期开创中国全方位对外开放的新格局。[①]其中，“一带”指的是“丝绸之路经济带”，是在陆地。它有3个走向：从中国出发，一是经中亚、俄罗斯到达欧洲；二是经中亚、西亚至波斯湾、地中海；三是到达东南亚、南亚、印度洋。具体来看，一条是经俄罗斯阿克斗亚、切利诺格勒到彼得罗巴甫洛夫斯克，再经莫斯科、布列斯特、华沙、柏林到达鹿特丹港的北线；第二条是途经阿克斗亚、切利诺格勒、古比雪夫、斯摩棱斯克、布列斯特、华沙、柏林到达荷兰的鹿特丹港的中线，该线路主要负责天然气、石油等能源物资的运输；第三条是经过阿雷西、伊列次克、布良斯克，再经过布列斯特、华沙、柏林到达鹿特丹港的南线公路。[②]“一路”，指的是“21世纪海上丝绸之路”，重点方向有两条：一是从中国沿海港口过南海到印度洋，延伸至欧洲；二是从中国沿海港口过南海到南太平洋。“一带一路”的版图如图1-1所示。[③]

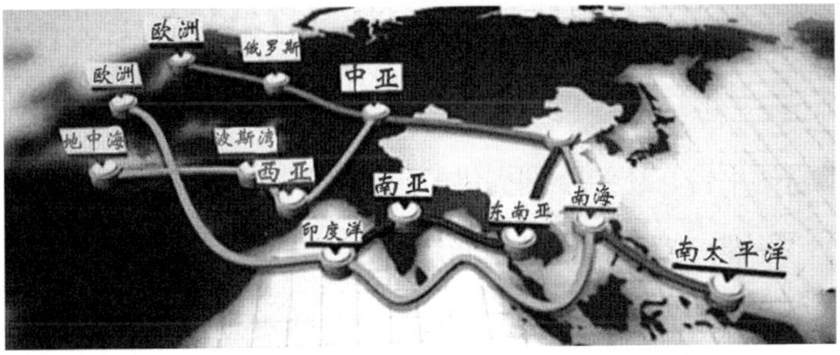

图1-1“一带一路”的版图

①陈积敏.正确认识“一带一路”［EB/OL］.（2018-02-26）［2020-10-20］.http：//theory.people.com.cn/n1/2018/0226/c40531-29834263.html.

②潘常虹，李思霖.北极航线在我国“一带一路”建设中的价值评价研究［J］.物流科技，2017，40（1）：118-123.

③一带一路［EB/OL］.（2020-1-19）［2020-10-20］.https：//baike.so.com/doc/7487210-7757266.html.

"一带一路"倡议将依靠中国与有关国家既有的双、多边机制，借助既有的、行之有效的区域合作平台，旨在借用古代丝绸之路的历史符号，高举和平发展的旗帜，积极发展与沿线国家的经济合作伙伴关系，共同打造政治互信、经济融合、文化包容的利益共同体、命运共同体和责任共同体。[①]基础设施互联互通是"一带一路"建设的优先领域，通过建设完善的基础设施，安全高效的陆、海、空通道网络，提升投资贸易便利化，形成高标准自由贸易区网络，从而深化经济联系、政治互信、人文交流。[②]

由此，在"一带一路"发展理念下，遍布亚欧非三大洲的基础设施建设布局逐步展开，同时丝路大学联盟下的文化和教育合作顺利进行，丝路基金和亚洲基础设施投资银行的创办更是为沿途国家项目建设的资金支持提供了有力保障。"一带一路"是开放包容、互利共赢的。沿途国家基础设施建设的展开是在中国的倡议下进行的，并非是由中国领导的，其有赖于国际社会的共同参与。各国参与意愿的高低、参与程度的多少均是由其自身实力和需求来决定的，但其进程为共商，成果为共享。"一带一路"为现有国际体系下的全球治理提供了新的思路，贡献了中国智慧。可见，在全球化面临挑战的今天，源自古丝绸之路和平、互惠精神的"一带一路"倡议不仅给大国搭建了责任担当的平台，还给小国提供了建设发展的机遇。[③]

（二）"一带一路"倡议的内涵解读

"一带一路"倡议的目标是要建立一个政治互信、经济融合、文化包容的利益共同体、命运共同体和责任共同体，是包括欧亚大陆在内的世界各

---

①经国务院授权三部委联合发布推动共建"一带一路"的愿景与行动［EB/OL］.（2015-03-28）［2020-10-20］.http：//www.gov.cn/xinwen/2015-03/28/content_2839723.htm.

②刘惠荣，李浩梅.北极航线的价值和意义："一带一路"战略下的解读［J］.中国海商法研究，2015，26（2）：3-10.

③费帆.建构"冰上丝绸之路"——国家"一带一路"倡议的深化与延展［J］.湖北社会科学，2019（5）：34-39.

国，构建一个互惠互利的利益、命运和责任共同体。①

1.全球贸易层面

“一带一路”有助于经济互通、贸易发展。中国政府于2015年发布的《推动共建丝绸之路经济带和21世纪海上丝绸之路的愿景与行动》为“一带一路”的发展方向和目标描绘了清晰的蓝图。其中，原则和机制分别为“共建”和“合作”，最终是为了“共创美好未来”。②作为全球第二大经济体，中国有进一步开辟国际市场的现实需求，也有带动欠发达地区协同发展的国际义务。通过“一带一路”这一抓手，全球化进程中的中国方案得到有力彰显。推动经济的互通，促进贸易的发展，是“一带一路”的初衷。在“一带一路”倡议的合作重点中，“互通”包含的5个方面分别为政策的沟通、设施的联通、贸易的畅通、资金的融通和民心的相通。③由于亚洲与欧洲之间巨大的贸易体量，再加上陆路和海运交通的掣肘，贸易成本长期处于较高的水平。因此，通过“一带一路”建设，为沿途欠发达国家提供资金和发展基建，可使贸易格局的稳定性得以提升；通过“一带一路”建设，与参与的发达国家展开货币互换和贸易投资，可使贸易水平得到新的提高。④

2.地区安全层面

“一带一路”有助于沿途国家之间同心同力同发展，在弥合分歧的基础上促进地区的安全发展。目前，“一带一路”沿途有65个国家，虽然国家数量众多，但其中的绝大多数国家表现出发展水平较低、基础设施落后，发展虽是民心所向，但不稳定的政治局势、严峻的恐怖主义活动、复杂的宗教派

---

①“一带一路”的三重使命［EB/OL］.（2015-03-28）［2020-11-20］.http：//www.gov.cn/xinwen/2015-03/28/content_2839660.htm.

②国家发展改革委，外交部，商务部.推动共建丝绸之路经济带和21世纪海上丝绸之路的愿景与行动［N］.人民日报，2015-03-29.

③胡健.新型国际关系对传统国际关系的历史性超越［J］.欧洲研究，2018（2）：1-18+165.

④同①。

系冲突，均成为这些国家发展的巨大掣肘，[①]仅凭这些国家的内部治理也不可能带动经济的发展。在“一带一路”倡议下，这些国家可以打造成欧洲经济圈与东亚经济圈之间的“经济走廊”，同时获得欧洲经济和东亚经济活力，为自身发展注入活力，能够极大地提升这些地区的经济水平和安全发展。[②]在“一带一路”建设中，政策和民心的互联互通均至关重要。不同国家政府和民众之间的齐心参与和良好沟通，不仅可以实现不同文化习俗的求同存异、不同发展水平的协调平衡，还可以促进不同项目的落地实施，实现地区安全和繁荣发展的新局面。

3.国家战略层面

“一带一路”倡议不仅有助于中国国家形象的塑造，还可以提升中国在国际事务中的话语权，纠正国际社会中仍存在的所谓“中国威胁”的看法。中国经济的快速发展在给世界带来红利的同时，也令部分西方国家感到担忧。目前，中国经济的量变能否带来权力的质变，巨大的经济体量是否会带来新一轮的军事扩张，正成为国际社会热议的焦点。然而与欧洲的殖民经济和美国的霸权政治不同的是，“一带一路”所坚持的共建原则是合作开放、和谐包容、市场运作、互利共赢、恪守国际秩序，通过将中国经济增长的能量传向沿途欠发达的国家和地区，实现亚欧非的共同繁荣。[③]此外，“一带一路”的开放性使其相关项目的参与、建设又不拘泥于亚欧非，凡是认同“一带一路”的愿景规划、符合“一带一路”的行动方式的任何国家和团体都可以参加和分享“一带一路”所带来的红利。因此，“一带一路”在改善中国国家形象的同时，也提升了中国在国际社会上的国家地位。

---

①杨思灵.“一带一路”倡议下中国与沿线国家关系治理及挑战［J］.南亚研究，2015（2）：15-34+154-155.

②陈积敏.正确认识“一带一路”［J］.商业观察，2018（7）：72-75.

③费帆.建构“冰上丝绸之路”——国家“一带一路”倡议的深化与延展［J］.湖北社会科学，2019（5）：34-39.

（三）“一带一路”框架下的中俄合作

“一带一路”框架下中俄之间的合作包括基础设施、能源、金融、高科技、人文等多方面的合作。事实上，俄方接受中方提出的“一带一路”倡议经历了一个从不解、怀疑、担忧到矛盾、逐渐理解、接受与合作的复杂过程。2015年5月，习近平主席和普京总统达成了中俄两国《关于丝绸之路经济带建设与欧亚经济联盟建设对接合作的联合声明》，提出以上海合作组织为重要平台，加强“一带一盟”对接合作。“一带一盟”对接合作作为丝路建设的起点和关键，解决了中国西北周边丝路建设问题。①

“一带一盟”对接合作在“一带一路”建设中有着举足轻重的地位。作为丝绸之路经济带建设的重大工程和关键节点，对整个“一带一路”的建设起到示范和引领作用，坚定了沿线国家对中国的信任。此外，由于地缘的关系，中俄两国政府在很早之前便对中国东北与俄罗斯远东和西伯利亚地区发展规划的对接合作进行了相应的部署。②

在俄罗斯“大欧亚关系”的主张下，欧亚经济联盟、上海合作组织、东盟与“一带一路”开始加强对接，欧亚经济联盟与东盟也正尝试建立自由贸易区。受制于西方长期严重的经济制裁，俄罗斯被迫逐渐转向东方，普京甚至试图在整个欧亚大陆范围内实现自由贸易和市场开放。鉴于俄罗斯严重的国内经济结构问题已经难以支撑欧亚经济联盟，虽然俄罗斯“大欧亚伙伴关系”战略具有强烈的地缘政治和地缘战略性质，但其不得不将“大欧亚伙伴关系”战略转向亚太经济一体化进程。作为“一带一盟”对接合作的主要内容，欧亚全面伙伴关系是中俄两国在世界区域经济一体化发展大趋势的基础上，根据“一带一路”和“大欧亚伙伴关系”共同提出来的重大倡议。普京在2018

①李兴.“冰上丝绸之路”与“一带一盟”：“一带一路”合作的新亮点［J］.贵州省党校学报，2018（4）：78-83.

②刘清才，齐欣.“一带一路”框架下中国东北地区与俄罗斯远东地区发展战略对接与合作［J］.东北亚论坛，2018（2）：34-51+127.

年3月1日的国情咨文中称赞了与中国在互联互通方面的合作，指出北极和远东对俄罗斯的发展至为关键，俄要加强互联互通建设，充当欧洲与亚太之间的交通大通道。北极地区和远东对于俄罗斯的发展具有关键意义。按照计划目标，预计到2025年，东北航道的货运量要提高10倍，达到8000万吨，并将其打造成全球性的、具有竞争力的海上运输大通道。2018年3月18日，在接受中国记者采访时，普京再一次谈到要继续发展中俄战略伙伴关系，要扩大与中国的具体合作，包括丝绸之路经济带与欧亚经济联盟的对接合作。①

二、俄罗斯的北极战略

（一）俄罗斯北极战略的历史沿革

俄罗斯有大量的领土位于北极圈以北，北极是俄罗斯天然的防御屏障和资源储备区。早在1525年，沙皇俄国外交官梅德格拉西莫夫就提出开辟俄罗斯到中国的“东北航道”，从彼得大帝到叶卡捷琳娜二世，俄罗斯从未减少对北极地区的探索力度。1728—1741年，沙俄海军探险家维图斯·约纳森·白令穿越北极圈，打通了从俄罗斯西伯利亚到北美阿拉斯加的北方航道，自此俄罗斯开始绘制北方航道图。②

俄罗斯作为横跨欧亚大陆的超级大国，一直高度重视与亚洲的贸易联通，为此，从19世纪下半叶开始，俄罗斯从海陆两个方向，逐渐将贸易网络向东亚推进。俄罗斯一方面积极推进西伯利亚铁路建设，将海参崴（现名为

①李兴.“冰上丝绸之路”与“一带一盟”：“一带一路”合作的新亮点［J］.贵州省党校学报，2018（4）：78-83.

②姜秀敏，朱小檬，王正良，窦博.基于北极航线的俄罗斯北极战略解析［J］.世界地理研究，2012，21（3）：45-49+110.

符拉迪沃斯托克）打造成与中国等东亚国家进行海陆联运的转运枢纽，并推进与中国东北地区铁路网的对接；另一方面，从1877年开始探索基于北方航道的中俄海上贸易通道。虽然面临导航技术落后、补给港口匮乏、船舶破冰能力薄弱等制约因素，但俄罗斯始终没有放弃对北方航道的考察和建设活动。时至今日，俄罗斯仍然是北极科考大国，是对北极东北航道进行实质性开发的国家。①

随着全球气候变暖加剧，北极常年冰封的状态发生变化，北极航运与资源开发成为现实，这也极大提升了北极在全球地缘政治格局中的战略地位，世界主要大国都将参与北极事务视为重要的战略举措。俄罗斯作为北极大国，始终将北极视为其利益边疆。2007年8月，北极冰雪覆盖面积达到历史最低点，俄罗斯境内的北极东北航道（俄称北方海航道）几乎实现全线无冰化通航，北冰洋沿岸国家开始围绕北冰洋大陆架划界问题展开激烈争论。在“北极圈地运动”日趋白热化的情况下，俄罗斯为了获得划界优势，派遣深海科考队在北冰洋海底插上俄罗斯国旗，以宣示其对北极的主权。自此，俄罗斯开始将北极事务上升到国家战略层面，其北极政策围绕“重返北极”的战略目标进行构建，出台了一系列中长期的决策文件，强化了对北极领土的控制力。当前，俄罗斯是颁布国家级北极战略文件最多的国家，已经形成具有“安全与发展”逻辑内涵的政策体系，其核心政府文件主要有4个：一是2008年颁布的《2020年前俄罗斯联邦北极地区国家政策原则及远景规划》，首次明确了俄罗斯在北极地区的战略目标、利益和优先方向；二是2009年颁布的《2020年前俄罗斯联邦国家安全战略》，将捍卫北极主权安全上升为俄罗斯国家安全支柱的高度；三是2013年颁布的《2020年前俄罗斯联邦北极地区发展和国家安全保障战略》，提出了北极经济发展与北极领土安全并重的

①肖洋.安全与发展：俄罗斯北极战略再定位［J］.当代世界，2019（9）：44-48.

理念；四是2014年颁布的《2020年前俄罗斯联邦北极地区社会经济发展国家纲要》，提出了以重建北极基础设施和北极军事力量为核心的俄罗斯北极战略规划。

随着21世纪第2个10年的结束，普京提出将制定第5份国家北极战略——《2035年前俄罗斯北极地区发展战略》，并在俄罗斯担任北极理事会轮值主席国（2021—2023年）期间，推动北极理事会框架下的国际合作，尤其是在矿业开发、能源勘探、北极航运领域推进环保科技合作，构建更为严格的北极环保标准体系。然而，美国相继提出“亚太再平衡战略”和“印太战略”，其战略重心从中东移向西太平洋，北约对俄也采取从巴伦支海到黑海的“双钳攻势”，使得俄罗斯面临来自东西两翼的战略压力。周边战略安全环境的日益恶化以及振兴乏力使俄罗斯难以独立实现战略意图。在此背景下，俄罗斯的北极战略，无论是在决策理念还是实施路径上，都将发生较为明显的调整。①

（二）俄罗斯北极战略调整的考量因素

与芬兰、挪威等北欧国家专注北极经济开发不同，俄罗斯广袤的北极领土兼具防御纵深与经济腹地的双重地位。俄罗斯不仅要应对美欧对俄罗斯的战略夹击，还要应对气候变化、生态环境退化等非传统安全事务。面对这一形势，俄罗斯北极战略始终围绕安全与发展这两大主题，只是在不同时期有限调整侧重点。未来俄罗斯北极战略的调整趋势，将在继承防御性北极安全理念的前提下，致力于维护北极秩序、发展地区经济、推动国际合作。俄罗斯的北极利益包括安全、经济、环境、社会利益，这是俄罗斯政府制定北极战略的核心考量因素。②其北极战略调整的措施主要包括以下几个方面。

---

①②肖洋.安全与发展：俄罗斯北极战略再定位［J］.当代世界，2019（9）：44-48.

1.国家与区域安全

世界主要大国在北极事务战略方面的博弈不断升级。作为拥有最复杂、最严峻的安全环境问题的北极国家，俄罗斯一直面临着战略需求旺盛、战略资源不足的结构性矛盾。俄罗斯的战略空间一直受到以美国为首的北约的打压，并与其在波罗的海和巴伦支海有过多起军事摩擦。近年来，俄罗斯在维护北极地区的安全事务中处于不利地位。一方面，美国不仅在俄罗斯周围国家部署反导系统，还退出了《中导条约》，加大与挪威等国的军事合作；另一方面，俄罗斯在北极地区的领土地广人稀，管理能力不足，使得其越来越倾向于通过增强自身的军事实力达到保护北极领土安全的目的。

因此，强大的军事实力与防务力量是俄罗斯自身北极战略的基础。作为北极地区军事力量最强大的国家，俄罗斯拥有最多的战略性军事装备，并且在短期内，不仅不会弱化这种军事存在，军事投放能力还会进一步增强。为了能够在北极实现新的战略支点，进一步扩大战略回旋的空间，保持原有的军事威慑力，俄罗斯一方面恢复并新建了位于北极的军事基地，另一方面还部署了北风之神级核潜艇、核动力破冰船等多种战略重器。从2018年开始，俄罗斯开始增加在北极地区的军事活动，比如安排战略轰炸机在北极地区巡逻飞行，推行“道尔-M2DT”防空导弹系统，指挥北方舰队在北冰洋进行反舰导弹演练等。这些在北极地区的军事部署，有效地帮助俄罗斯遏制了北约试探性钳制的军事图谋。

然而，由于俄罗斯目前在财政、技术与管理能力方面的欠缺，无法全面推进北极军事的现代化。所以，俄罗斯针对北极地区设置的目标较为务实，以战略性防御来不断增强北极的防务力量，而非战略性进攻。北极安全战略的核心目标侧重于巩固地区控制，避免军事冲突升级，而非扩大军事影响。在这样的目标推进下，俄罗斯在短期内只能通过发挥在军事装备与基础设施数量上的优势以及防御性的军事活动，来维持自身在北极的战略优势。

2.经济利益

虽然俄罗斯北极地区有着丰富的自然资源，经济发展潜力巨大，但受到气候、历史、政治等多重因素的影响，自然资源禀赋难以转化为现实的经济收益，致使该区域的经济发展迟缓，公共交通、通信系统等基础设施薄弱，社会机构和文化交流落后。此外，俄罗斯北极地区的矿产资源也非常丰富，北极地区是俄罗斯油气产量最大的地区，目前，已在巴伦支海和喀拉海地区发现22个大型油气田。因此，当前俄罗斯发展北极区域经济的基本思路是，依托苏联时代留下的矿业、林业、油气产业等工业基础，大力开发北极地区的能源、矿产以及生物资源。①发展北极地区的经济，对于促进俄罗斯全国经济的发展具有巨大的作用。

为了活络俄罗斯北极地区的经济，开辟北极航道就显得格外重要。俄罗斯政府高层已就加速北极航道的商业化通航达成了共识，其中，保障好北极航道的核心航段，即阿尔汉格尔斯克—楚科奇—符拉迪沃斯托克的海上运输线畅通最为重要。北极航道会促使俄罗斯北方地区的海陆贸易量增长，方便将俄罗斯北极地区的各种资源高效地运往全球市场。由于北极航线相较于传统的欧亚航线可以大大节省航行时间，因此随着极地航海技术的进一步发展以及北极冰盖的进一步融化，北极航道极有可能转化为欧亚海运贸易的主干线。例如，随着亚马尔液化天然气工程在2017年的成功投产，驶向东亚和西欧的液化天然气船舶将会逐渐增多。②

俄罗斯在积极开辟北极航道的同时，努力提升北极航道的安全性，通过建设基础设施以及严格履行《极地水域船舶航行安全规则》的相关规范要求，来吸引更多的国内外投资以及商贸物流。截至2018年底，俄罗斯在北极

---

①肖洋.安全与发展：俄罗斯北极战略再定位［J］.当代世界，2019（9）：44-48.

②肖洋.俄罗斯参建“冰上丝绸之路”的战略动因与愿景展望［J］.和平与发展，2018（6）：107-119+134-135.

地区已经修建了10个搜救中心，这将进一步助力北极航道的国际化进程。北极航道的开通将会带动该区域的经济发展，改善投资环境，促进地区经济与社会的发展。

同样，俄罗斯也在大力推动北极地区工业和基础设施的现代化建设。尽管北极地区人口稀少，只占俄罗斯总人口的约1%，但俄罗斯中央政府、北极地区政府和私人企业仍致力于共同发展该地区的工业和基础设施。预计到2025年，俄罗斯北极地区将吸引超过860亿美元的投资，同时，俄罗斯还为该地区制订了庞大的社会经济发展计划，项目产值约占俄GDP的10%，出口额约占20%。①

3.生态环境的修复与污染治理

苏联时期由于采取了粗放式工矿业的发展模式，北极很多地区都受到了不同程度的污染，其中以摩尔曼斯克、诺里尔斯克、西西伯利亚油田和气田、阿尔汉格尔斯克等地最为严重。工业污染导致当地生态环境退化、居民发病率提高。俄罗斯在推动北极资源开发的过程中，坚持经济活动不能破坏北极生态系统的原则。例如，为了不干扰原住民的驯鹿饲养，亚马尔液化天然气工厂的建设与当地居民进行了有效协调。②2011—2016年，俄罗斯政府投入了数百亿卢布来治理北极地区的环境污染，清除了大量废金属、核废料以及其他各类废物，取得了初步成效。但是，由于缺乏稳定的资金和人力的投入，生态修复的效果不明显。因此，俄罗斯欲通过北极战略的推进，来巩固生态环境的修复与污染治理的成效。

4.北极原住民地区的社会发展

俄罗斯北极区域的原住民地区面临着严重的社会与经济问题，北极地区

①Daryana Maximova.Sustainable Development of the Russian Arctic Zone：Challenges & Opportunities［C］.Arctic Yearbook，2018.

②Lunden，L.P.，Fjaertoft，D.，Overland，I.，Prachakova，A.Gazprom vs.Other Russian Gas Producers：The Evolution of the Russian Gas Sector［J］.Energy Policy，2012，61：663-670.

大部分原住民尚未真正地融入现代社会，突出表现为传统生活方式与现代经济系统严重脱节、传统经济产业竞争力不强、失业率与婴儿死亡率居高不下等。2019年，俄罗斯在第五届“北极——对话区域”国际北极论坛上提出推动北极原住民地区经济发展的倡议。[①]俄罗斯提出将通过财政、税收及融资等优惠政策，推动北极地区的工业化进程，并努力增加与非北极国家之间的经贸合作往来。[②]此外，俄罗斯通过扩大北极原住民地区的生态保护区保护北极地区原住民的合法权益，同时支持北极理事会颁布的北极环保文件，并严格执行“北极绿色航运”的约定。

（三）俄罗斯北极战略的未来走向

俄罗斯的北极战略已经上升为国家战略，因此未来俄罗斯会不遗余力地将北极战略落地。首先，俄罗斯会继续加大北极地区的开放力度。俄罗斯北极战略的首要目标是实现俄罗斯在北极地区的主权和国家利益。[③]自2001年以来，俄罗斯在其制定的北极政策中明确指出：战略层面，俄罗斯在北极地区要确保其能源超级大国地位，将北极地区打造成为俄罗斯的“战略资源基地”；政策层面，俄罗斯欲利用北极地区的油气资源促进北极地区乃至俄罗斯的经济发展，同时，努力保持北极地区的和平与稳定，促进该地区的国际合作。

其次，对于在北极地区的资源开采活动，将更加注重生态与环境保护。俄罗斯颁布的所有有关北极战略的文件，都无一例外地强调了北极地区生态与环境保护的重要性。在《北极政策基础》中，俄罗斯将“保护北极地区的生态系统”作为国家政策之一，彰显出俄罗斯保护北极地区生态环境的决

①第五届“北极——对话区域”国际北极论坛在俄罗斯圣彼得堡开幕［EB/OL］.（2019-04-10）［2020-08-20］.https://baijiahao.baidu.com/s?id=1630392340730108555&wfr=spider&for=pc.

②Bennett，M.North by Northeast：Toward an Asian-Arctic Region［J］.Eurasian Geography and Economics，2014，55：71-93.

③肖洋.安全与发展：俄罗斯北极战略再定位［J］.当代世界，2019（9）：44-48.

心。此后，俄罗斯又颁布了《北极保障战略》，分析了北极生态系统的脆弱性以及保护的必要性，并将其列为保障俄罗斯国家安全的重要内容。[①]此外，俄罗斯政府还颁布了《俄罗斯联邦北极地区环境保护战略行动纲领》等一系列环境保护的专门文件，不难看出，北极的生态与环境保护依然是俄罗斯北极战略的一个重要着力点。[②]

第三，北极航道的开发以及北极地区的基础设施建设将会是俄罗斯北极战略的发展重点。北极航道的开通将会带动俄罗斯北极及远东区域的经济发展，改善投资环境，进而促进经济与社会的发展。随着北极航道的航运价值被进一步挖掘，俄罗斯北极航道沿岸地区的经济发展水平会进一步提升，俄罗斯将会在原有航道建设的基础上继续推进航道的开发与利用，在沿岸地区提供更加完善、合理的商业服务，港口等基础设施建设也会进一步提速。

最后，俄罗斯会不断加强其在北极地区的军事存在与主动权，以防止北极地区“再军事化”。随着俄罗斯北极地区经济的发展和国际合作的增加，俄罗斯势必要保护本国在北极地区的利益。有俄罗斯的专家学者指出，要加强联邦海岸警卫部队的部署，强化俄罗斯北极地区的边境控制，加强对北极所有航道上海峡、河口、三角洲的技术监控力度。俄罗斯在不断加大对北极地区开放力度的同时，也在不断加大对北极地区军事力量的投入，为以后扩大其在北极地区的话语权提前做好了准备。

---

①郭培清，曹圆.俄罗斯联邦北极政策的基本原则分析［J］.中国海洋大学学报（社会科学版），2016（2）：8-17.

②陈旭伦.冷战后美俄北极战略研究［D］.上海：上海师范大学，2017.

三、东北航道的开发

传统意义上的北极航道是由两条航道构成的，分别为加拿大沿岸的“西北航道”和西伯利亚沿岸的“东北航道”。东北航道也被称为“北方海航道”或“北方航道”，大部分航段位于俄罗斯北部沿海的北冰洋离岸海域。从北欧出发，向东穿过北冰洋巴伦支海、喀拉海、拉普捷夫海、东西伯利亚海和楚科奇海五大海域直到白令海峡。[①]在东北航道上，连接五大海域的海峡多达58个，其中最主要的有10个。西北航道大部分航段位于加拿大北极群岛水域，以白令海峡为起点，向东沿美国阿拉斯加北部离岸海域，穿过加拿大北极群岛，直到戴维斯海峡。这条航线在波弗特海进入加拿大北极群岛时，分成2条主要支线：一条穿过阿蒙森湾、多芬联合海峡、维多利亚海峡到兰开斯特海峡；一条穿过麦克卢尔海峡、梅尔维尔子爵海峡、巴罗海峡到兰开斯特海峡。[②]

“冰上丝绸之路”构想无论是“一带一路”倡议的扩展和延伸，还是俄罗斯北极战略的调整，都是以东北航道的开发作为一个重要的出发点，因此，东北航道的开放可谓是“冰上丝绸之路”构想提出的一个重要前提。

（一）东北航道概述

“冰上丝绸之路”是指通过北极圈以内的北冰洋海域，连接西欧（北欧）、东北亚、北美洲西北部的海运航道。航道途经北冰洋的巴伦支海、喀拉海、拉普捷夫海、东西伯利亚海和白令海峡，是目前连接东北亚与西欧

---

①赵晖.中欧北冰洋航线集装箱班轮运输规划研究［D］.上海：上海交通大学，2016.

②魏群.具有自破冰能力的极地运输船的概念设计［D］.哈尔滨：哈尔滨工程大学，2015.

（北欧）最短的海上航线。广义上的“冰上丝绸之路”是指西北航道、中央航道、东北航道，而狭义上的“冰上丝绸之路”则特指东北航道。[①]东北航道是一条从北海经俄罗斯北极沿岸和白令海峡到达日本的海上航线，为“冰上丝绸之路”建设的主要依托对象。以中国大连港至欧洲鹿特丹港的西向海运航线为例，传统上，船舶需要行经巴拿马运河甚至绕行非洲的好望角来连接印度洋和大西洋。而通过东北航道，船舶只需要通过白令海峡沿着北冰洋海域即可到达欧洲。就海上运输效率而言，东北航道较传统航道可减少12—15天的海运周期，大约减少3000海里的距离。[②]东北航道的开通，在减轻马六甲海峡、苏伊士运河运输压力的同时，也可避免经过索马里海盗出没区域，保证航运船舶的安全。[③]

（二）东北航道的通航特点

1.气候条件

东北航道气候条件复杂，影响东北航道的气流主要以冷气流为主，只在巴伦支海域西部和楚科奇海向太平洋出海口最东部有相对暖气流。在冬季，东北航道被大气反气旋环流覆盖，航道的各区域都有平均长达14天的暴风雪。在夏季，大气环流则与冬季正好相反，但对气候的影响不是很大。[④]因此，东北航道的气候条件将受冰情、风向及风速等多种因素的影响。东北航道的风既能削弱冰层的压缩与集聚，也能驱走冰块。[⑤]就地理位置来看，东北航道的气候条件会受到3个气候带的影响，[⑥]分别为：

---

①张凯文，戴长雷，李贵宝，张晓红，孙佳伟.“一带一路”和“冰上丝绸之路”陆河联运路线沿程流域特征分析［J］.水利科学与寒区工程，2019（6）：50-54.

②潘常虹，李思霖.北极航线在我国“一带一路”建设中的价值评价研究［J］.物流科技，2017，40（1）：118-123.

③闰力.北方航道通航环境研究［D］.大连：大连海事大学，2011.

④朱科全.“冰上丝绸之路”研究［D］.武汉：华中师范大学，2019.

⑤高天明.中俄北极“冰上丝绸之路”合作报告［M］.北京：时事出版社，2018.

⑥ABS.Navigating the Northern Sea Route：Status and Guidance［M］.Houston：ABS，2016.

大西洋气候带，包括巴伦支海、喀拉海西部以及这些海域北部的北冰洋部分水域。该地区的气候特征是冬季风暴频繁，夏季多云、多雾、有降水。巴伦支海夏季平均气温不超过7℃，冬季则降至-20℃，浪高约7米。喀拉海沿岸，夏季气温不超过6℃，冬季气温低达-28℃。

西伯利亚气候带，包括喀拉海东部、拉普捷夫海、东西伯利亚海西部。该地区冬季气温低于邻近地区，虽然整个夏季北部地区仍然偏冷，但临海地区气温则略高。拉普捷夫海北部7月平均气温为1℃，冬季可降至-34℃。

太平洋气候带，包括东西伯利亚海东部、楚科奇海。该地区冬季气候受太平洋影响，气温较高，风力较强，降水量大于其他地区。东西伯利亚海气候特点是夏季平均气温为7℃，冬季平均气温为-33℃。夏季风暴较为典型，气温大幅波动会导致大雾。①

综上所述，由于北极航道水域冰情及气候条件复杂，冰川在风力与洋流的共同作用下快速漂移，所以船舶在行经东北航道时，不仅需要借助破冰船，而且船舶自身还必须达到北极冰级的标准。

2.通航条件变化

历史上影响东北航道通航的关键因素是北冰洋的海冰覆盖情况，②近年来由于全球气候的变化，北极海冰正加速融化，东北航道的通航条件也发生了巨大的变化。北极理事会2004年发布的《北极气候影响评估》中指出，过去50年，北极海冰的范围大幅缩减，海冰的厚度也在下降，北冰洋中心区域的多年冰也在减少。图1-2为美国国家冰雪数据中心发布的1979—2020年8月份北极海冰面积变化的情况。2020年8月，北冰洋的海冰面积为508万平方千米，在42年卫星记录上排名第3。到2020年，北冰洋海冰的线性下降速度为每10年下降10.7%。这相当于每年下降76800平方千米的趋势，是新罕布什尔

①朱科全."冰上丝绸之路"研究［D］.武汉：华中师范大学，2019.

②刘惠荣."一带一路"战略背景下的北极航线开发利用［J］.中国工程科学，2016，18（2）：111-118.

州、佛蒙特州和马萨诸塞州的总和。根据卫星记录的2020年和1979年线性趋势值的差异，北冰洋8月份损失了约315万平方千米的冰层，这在大小上相当于阿拉斯加州的两倍。

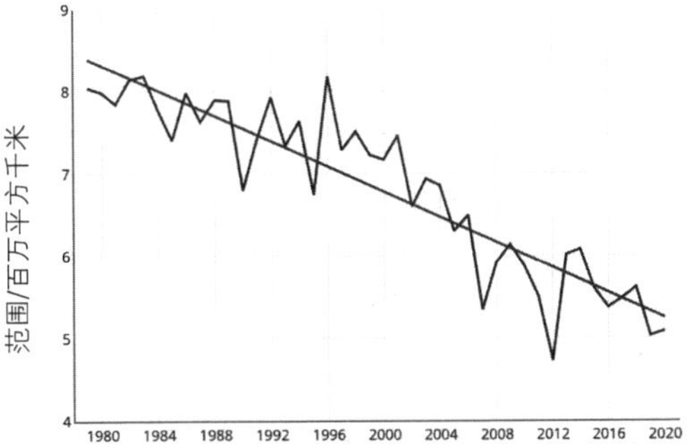

图1-2　1979—2020年8月北极海冰面积的变化

图1-3的卫星图显示了2007年与2008年北冰洋的冰情，除拉普捷夫海域小块地区外，俄罗斯北极沿海出现大面积无冰海域，加拿大群岛间出现多条无冰通道，北冰洋中央也出现从未观测到的大片开放水域。[①]

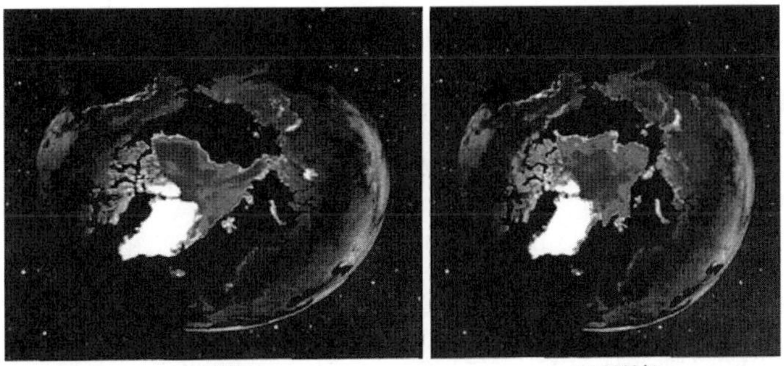
(a) 2007年　　(b) 2008年

图1-3　2007年、2008年北冰洋冰情卫星图

①Arctic Council.Arctic Marine Shipping Assessment 2009［R/OL］.（2009-03-28）［2020-12-20］. http：//library.arcticportal.org/1400/.

北冰洋夏季海冰覆盖范围逐年减少，北方海冰的变化情况越来越有利于航道的全面贯通。如今每年8月，巴伦支海、喀拉海均会解冻，更北面的拉普捷夫海和楚科奇海的冰封期也越来越短，冰层越来越薄。①在适航条件下，东北航道可允许吃水深度为12.7米的船舶通过桑尼科夫海峡，同时可允许吃水深度超过18米的船舶通往新西伯利亚群岛北部。有专家认为，2020年，北冰洋通航时间可延长至6个月；还有专家预测，到2030年，北冰洋将实现全年通航。

（三）俄罗斯东北航道建设的调整

俄罗斯的北极地区经济发展潜力巨大，北极地区对于俄罗斯来说，不仅仅是资源与能源的开采中心之一，随着北极地区海冰的融化，曾经被遗忘的西伯利亚地区将重新进入人们的视野，势必将成为俄罗斯新的经济增长点。东北航道所带来的经济价值和对沿线地区的基础设施建设，对于俄罗斯、特别是北极地区的发展同样起到了不可忽视的作用。

1.俄罗斯对于东北航道的定位调整

在不同的历史时期，随着国际局势以及国家战略需求的变化，俄罗斯对东北航线的定位也在发生着变化。首先，苏联时期和俄罗斯均将东北航线视为国内交通线，从苏联时期开始就实施了严格的管制措施。1991年，俄罗斯政府颁布并实施了《东北航线航行规则》，成为当时俄罗斯关于东北航线最全面的法律，其中明确规定：东北航线位于苏联内海、领海（领水）或者毗邻俄罗斯北方沿海的专属经济区内的海运线，主要用于西伯利亚自然资源的开发以及为俄罗斯北极地区的定居点运输物资。②此外，它还规定了俄罗斯在北极地区领海、专属经济区以内以及这些水域以外公海上各国船舶的航行规则。③在俄罗斯联邦成立初期，东北航线主要作为俄罗斯国内海运航线使用，

---

①吴大辉."冰上丝绸之路"："一带一路"的新延伸［J］.人民论坛，2018（9）：48-49.

②韦进深，舒景林.北方航道与俄罗斯的北极发展战略评析［J］东北亚学刊，2013（6）：52-58.

③刘惠荣，林晖.论俄罗斯对北部海航道的法律管制——兼论其与《联合国海洋法公约》的冲突［J］.中国海洋大学学报（社会科学版），2009（4）：6-10.

定位仅限于资源的运输和科学考察，尚未被认为是国际航线。

1995年俄罗斯颁布的《俄罗斯联邦自然垄断法》、1996年颁布的《东北航线航行指南》和《东北航线破冰船领航和引航员引航规章》，1998年7月31日颁布的《俄罗斯联邦内水、领海和毗连区法》等俄罗斯国内法都对东北航线有所涉及。1999年，俄罗斯联邦政府颁布了《俄罗斯联邦商业航运法》，对东北航线的商业运输船舶的航行进行了适度的开放。①2001年，俄罗斯联邦政府颁布的《至2020年期间俄罗斯联邦海洋政策》中明确提出：有关的承运人，包括外国人，均可平等地进入该航道并享受破冰服务；要集中俄罗斯联邦中央和各主体的力量与资源，发展北极航运、海港与河港，实现北极运输计划。②同时还强调东北航道对于保障俄罗斯北极地区可持续发展的重要意义，并为俄罗斯船队在北冰洋活动创造了有利条件，东北航线逐步发展成为俄罗斯海上运输的主干道之一。

2008年颁布的《北极政策基础》和2009年颁布的《北极保障战略》中，都表明要大力发展东北航线的航运业务。2012年7月3日，俄罗斯杜马通过了《关于北方海航线水域商业航运政府规章的俄罗斯联邦特别法修正案》（以下简称《修正案》），对过去适用于东北航线的法律、法规进行了调整，其中规定：北方海航线水域应该视为毗连俄罗斯北方海岸水域，包括内水、领海、毗连区和专属经济区，③其中再次强调了东北航线是历史上形成的俄罗斯国家运输航线。④

2014年3月15日，俄罗斯联邦政府签署法令，在原交通部下属的联邦海河运署航运保障管理局破冰船及水文保障处的基础上成立东北航线国家管理办

①谢晓光，程新波.俄罗斯北极政策调整背景下的“冰上丝绸之路”建设［J］.辽宁大学学报（哲学社会科学版），2019，47（1）：184-192.

②李景光，阎季惠.主要国家和地区海洋战略与政策［M］.北京：海洋出版社，2015.

③赵宁宁.当前俄罗斯北方海航线的开发政策评析［J］.理论月刊，2016（8）：169-174+184.

④Brubaker，R.D.The Northern Sea Route Regime：Exquisite Superpower Subterfuge［J］.Ocean Development & International Law，1999，30（4）：299-331.

公室。由联邦海河运输署负责组建，该管理办公室的主要任务是组织管理东北航线水域的航行，保障航行安全并保护海洋环境免受在该航道航行的船舶污染。该办公室的成立可以认为是一个信号，表明俄罗斯政府开始从归口管理着手启动全面推动东北线开发利用的大幕。2015年6月8日，俄罗斯政府批准了东北航线开发综合计划——《2015—2030年俄罗斯北方海航线的综合发展规划》，该规划强调，由于东北航线为未来俄罗斯的自然资源出口提供了安全可靠的海上通道，因此东北航线对于保障俄罗斯的国家与经济安全具有重要的战略意义。此外，规划中还提到东北航线对中国国际货物运输的作用也在不断增加。对于外籍船舶的航行，俄罗斯对东北航道的管制逐渐放松，实行通航收费制度。

2.俄罗斯东北航道的管制逐渐放松

对比俄罗斯有关东北航线的政策文件可以看出，俄罗斯对于东北航线商业通航的管制逐渐放松。从《东北航线水域航行规则》的颁布到1999年《俄罗斯联邦商业航运法》的颁布，都规定对商业运输船舶的航行要适度开放。1999年以后的10年间，俄罗斯虽偶有关于东北航线的文件颁布执行，但基本的政策思路没有改变，对北极东北航道的定位主要是国家内部使用为主，适度允许国外船只通航。①

2012年7月3日，俄罗斯颁布了《修正案》，对过去东北航线的法律制度进行调整，明确可提供破冰船和冰区引航服务。《修正案》的颁布，反映了俄罗斯对于推进东北航线国际化的进程加快。

2013年1月17日，俄罗斯联邦交通部批准《东北航线水域航行规则》，对《俄罗斯联邦商业航运法》和俄罗斯联邦政府交通部规章的部分条款和内容进行修改，其中制定了东北航线水域航行的各种规则，包括：东北航线水域航行程序、东北航线水域航行破冰船协助规则、东北航线水域航行引航协助

①程新波.俄罗斯北极政策调整影响下的中俄“冰上丝绸之路”建设［D］.沈阳：辽宁大学，2019.

规则、东北航线水域航道协助规则等8条细致的规定，对东北航线水域的船舶航行进行更加合理的安排和管理。在水域航行中，对许可证制度进行了详细的说明，其中许可证有效期最多可达365天，并对在航行东北航线水域的船只航行情况进行了详细的规定。《东北航线水域航行规则》虽然标志着俄罗斯对东北航线政策从严格管制到逐渐开放，但也规定了强制破冰船领航的要求。①

2013年，在对《俄罗斯联邦商业航运法》的修订中提出设立联邦机构东北航线管理局来负责东北航线水域的管理，该机构可以接收船只在东北航线水域中航行许可的申请书，评估申请书、颁发航行许可证，这为东北航线的商业航行提供了极大的便利。

2015年6月8日，俄罗斯政府批准了东北航线开发综合计划，表示在未来的15年后，通过东北航线的货物运输量将是目前的20倍，达到8000多万吨，该综合计划致力于发挥俄罗斯的物流运输优势。②俄罗斯联邦政府对东北航道的航运前景持积极态度，认为东北航道完全可以成为国家交通运输干线，同时发展为欧亚大陆的贸易通道。

3.俄罗斯为东北航道通航提供商业服务

东北航线的主体航道部分临近俄罗斯领土的沿岸地区，俄罗斯一直将其作为国家海上运输航线而纳入本国的管辖之下。1987年，戈尔巴乔夫发表摩尔曼斯克讲话，提出了向国际开放东北航线的倡议，③标志着东北航线开始了国际化进程。此后，东北航线上的船只逐渐增多，苏联解体后，俄罗斯继承了苏联的大部分领土，同时也继承了对东北航线的管理。为了提高东北航线

①谢晓光，程新波.俄罗斯北极政策调整背景下的“冰上丝绸之路”建设［J］.辽宁大学学报（哲学社会科学版），2019，47（1）：184-192.

②陈小沁.新丝绸之路的不同构想与中俄合作［J］.福州大学学报（哲学社会科学版），2016（3）：48-53.

③张侠，等.从破冰船强制领航到许可证制度——俄罗斯北方海航线法律新变化分析［J］.极地研究，2014（2）：268-275.

的使用效率，对航道的管制也逐渐放松。

《东北航线水域航行规则》规定了强制破冰船领航的要求，引航和破冰船会产生一定的费用，对船舶的限制较多且规定并不是特别明确。而后俄罗斯又将破冰船强制引航制改为可申请许可证制度，这种制度上的转变是东北航线逐渐走向开放的重要一步，这个变化使得外国商船在东北航道的自由航行成为可能，同时受到的限制也越来越少，船舶航行更加便捷。对于航道航行，俄罗斯从对东北航线的严格管制转向逐渐放松，实行在收费的基础上允许国外船舶使用航道商业航行。①

1999年《俄罗斯联邦商业航运法》的颁布标志着东北航线正式开始用于国际商业航行，并逐步开始提供商业服务。2001年，俄罗斯联邦成立了东北航线国家非商业协调伙伴组织，对航线航行进行管理。2009年，俄罗斯的先锋商业航运开辟了俄罗斯北极海岸的航路，建立了北方航线，②开启了北极东北航道的商业新航道。

2012年颁布的《修正案》对在东北航线水域中的船舶，俄罗斯提供破冰船服务和冰区引航服务的相关规定再次进行了调整。对于破冰船和引航所产生的费用，以实际提供的服务量为收费依据。

俄罗斯进行的一系列政策调整使得外国船舶在北极东北航道航行的限制越来越少，使航行更加便捷。并且对东北航线水域的航行安排程序进行了细致的规定，北极东北航道的开发将会成为俄罗斯北极政策的重要着力点。

---

①谢晓光，程新波.俄罗斯北极政策调整背景下的“冰上丝绸之路”建设［J］.辽宁大学学报（哲学社会科学版），2019，47（1）：184-192.

②李立凡.俄罗斯战略视野下的北方航道开发［J］.世界经济与政治论坛，2015（6）：62-73.

四、以中俄能源合作为基础

俄罗斯幅员辽阔，能源储藏极其丰富，是世界上主要的能源生产国和出口国，能源出口贸易对俄罗斯的经济具有重要的支撑作用。以中俄能源贸易中的天然气为例，俄罗斯的储量极为丰富且多用于出口，主要分布在距离中国相对较近的俄东部地区。该地区天然气已探明储量超过67万亿立方米，约占全国天然气总量的27%。其中，52.5万亿立方米分布在陆地，大约有15万亿立方米分布在沿海大陆架。[①]中国自改革开放以来，快速推进工业化进程，对石油、天然气等能源资源的需求量与日俱增，目前已成为世界上第一大能源消费国。中俄两国地缘上毗邻，政治上互信，战略上协作，在石油、天然气等资源要素上具有极强的互补性和较长的贸易史。长期以来，在不断演变的国际国内形势影响下，中俄两国的能源合作在磨合中不断推进，大致经历了高速起步、缓慢发展、走向深化等多个阶段。

（一）高速起步阶段——叶利钦执政时期（1992—1999年）

这一阶段，苏联刚刚解体，继承了苏联主体地位的俄罗斯面临严峻的国际政治环境和严重的国内经济停滞，亟须实现政治的平稳与经济的恢复。1993年，叶利钦采取的“一边倒”亲西方政策遭遇严重挫折，因此不得不调整对外战略，开启了既重视西方又着眼东方的“双头鹰外交”新时期。1996年4月，叶利钦访华，这是继1994年江泽民主席访俄之后两国之间又一次的最高领导层互动。在此期间，双方共同发表了《中俄联合声明》，“决定

①陈小沁.俄罗斯远东天然气工业的发展前景——解读《俄罗斯东西伯利亚及远东天然气规划》[J].俄罗斯中亚东欧市场，2009（12）：13-17.

发展平等信任的、面向二十一世纪的战略协作伙伴关系”。[①]此后，中俄两国政治关系快速升温，俄罗斯也开始积极开展对华经济贸易和能源出口，并在能源开采、管道建设、石油运输等方面对华打开便利之门，中俄两国的能源合作得以实现快速的起步和升温。1994年，俄罗斯石油企业向中方提出了修建从西伯利亚到中国东北地区石油管道的建议。1996年，两国政府签署了《关于中华人民共和国和俄罗斯联邦共同开展能源领域合作的协议》，石油管道项目也在其中。随着改革开放和工业化进程的深入，中国对石油等能源资源的需求量急剧增加。但是，在叶利钦执政后期，由于管道修建、石油价格以及其他国内外因素的限制，中俄两国能源合作的高速势头未能得以延续。

（二）缓慢发展阶段——普京执政前8年（2000—2008年）

进入21世纪以来，俄罗斯步入了普京长期执政的时代。普京具有强大的政治抱负，意图凭借内政外交的“战略组合拳”提振本国经济，恢复俄罗斯昔日的大国辉煌与荣耀，能源外交则是其实现抱负的重要工具之一。这一时期，俄罗斯将欧洲市场和中国市场分别作为与欧洲国家和中国进行能源合作谈判的筹码，以谋求“左右逢源”。同时在亚太地区，中国面临来自日本、韩国等国的需求竞争，致使中俄能源合作的实质推进幅度较小。石油运输管线是中俄两国进行能源贸易的基础设施，然而在此期间，两国关于管线铺设的争执不断，主要体现在“安大线”和“泰纳线”的建设上。[②]2005年，俄罗斯先是借口“泰纳线”污染贝加尔湖，以“环保原因”暂停输油管线建设工程；之后又剑指中俄长期输油合同，威胁中国如果不提高购油价格，就在

---

①孔寒冰.新中俄关系的走向及其影响因素［J］.国际政治研究，2001（1）：37-43.

②周勤.基于能源供给安全的国家之间能源政策的博弈——兼评中日俄间的“安大线”与“安纳线”之争［J］.中国工业经济，2003（12）：57-63.

2010年合同到期后不再续签。[①]虽然面临“安大线”被迫拖延等波折，但普京总统依然重视增加对华输油量，“俄罗斯酝酿出台的远东油气管线新方案也兼顾了中国的利益”。[②]不过，“失之东隅，收之桑榆”，这期间中俄之间“贷款换石油”的历史性协议得以签署，这种新的合作方式为两国能源贸易注入了活力，同时实现了两国石油业与金融业的首次融合。[③]在这8年中，俄罗斯极力发挥其作为能源出口大国的优势，试图通过能源外交实现经济利益和战略利益的最大化，致使中俄两国间的能源合作进展缓慢，陷入“口惠而实不至”的僵局状态。[④]

（三）实质阶段——“梅普组合”时期（2009年至今）

2008年，金融危机席卷全球，已经深刻融入全球化浪潮的中俄两国都未能幸免，严重依赖能源出口的俄罗斯经济受挫尤为严重。此后，俄罗斯为了摆脱经济危机的影响，实现能源出口的多样化，开始再次重视亚太市场。为此，俄罗斯加快了与中国的能源合作项目进程，并对两国能源对话机制进行升级。从历史角度看，中俄之间的能源合作重点集中在石油领域。2009年2月17日，中俄双方企业签署了原油管道建设和运营合同、长期原油贸易协议以及250亿美元融资贷款合同，即从2011年1月1日起，在未来20年内俄罗斯每年通过建成的中俄原油管道向中国供应1500万吨原油。[⑤]俄罗斯对华天然气出口贸易起步较早，但项目合作落实较少，相关基础设施长期落后，而近年来这种情况也在改变。2014年5月，中俄两国政府达成了《中俄东线天然气合作项目备忘录》，中国石油天然气集团公司和俄罗斯天然气工业股份公司签署了

①朱光强.困境与协调：探析中俄能源合作的博弈——以俄远东输油项目为例［J］.俄罗斯研究，2009（4）：107-120.

②冯玉军.国际石油战略格局与中俄能源合作前景［J］.现代国际关系，2004（5）：23-28.

③高建，杨丹，董秀成.贷款换石油：中外石油合作新模式［J］.国际经济合作，2009（10）：19-23.

④逄国明.“一带一路”框架下中俄合作问题研究［D］.哈尔滨：黑龙江大学，2017.

⑤徐洪峰，王海燕.中俄能源合作的新进展及存在的制约因素［J］.欧亚经济，2017（1）：88-103+126+128.

《中俄东线供气购销合同》。根据该备忘录以及购销合同，自2018年起，俄罗斯开始通过中俄天然气管道东线向中国供气，输气量逐年增长，最终达到每年380亿立方米，累计30年。在两国政府的共同努力下，中俄能源合作已经发展成为两国经贸合作的重要支柱，并且正在翻开深入拓展、实质合作的新篇章。以北极能源资源开发合作为依托，中国的能源供给格局将更加科学合理、安全有效，俄罗斯的经济与战略利益也将得以实现。

五、中俄共建“冰上丝绸之路”的缘起

（一）中俄共建“冰上丝绸之路”的必然性

2015年，中国国家发展改革委、外交部与商务部联合发布《推动共建丝绸之路经济带和21世纪海上丝绸之路的愿景与行动》的文件，列举了丝绸之路经济带6条经济走廊，此处并没有提及“冰上丝绸之路”这条路。“冰上丝绸之路”不仅是实践中的发展和创新，更是“一带一路”和“海上丝绸之路”的拓展补充，通过实现北部海陆地理上的对接加速“一带一盟”的合作。

“冰上丝绸之路”把东北亚的中国、俄罗斯、朝鲜半岛、美国、加拿大的一部分进行对接，这应视为第7条经济走廊，此外，其作为中俄外交和中俄关系增长的契合点，促进了亚欧大陆的稳定，使“一带一路”建设的范围得到了极大的扩展，从亚欧大陆的南部到北部，从亚欧大陆的中心到边缘，从太平洋、印度洋发展到北冰洋。同时，“冰上丝绸之路”作为中国向北发展的重要着力点，助力亚欧大陆实现了真正意义上的全面覆盖。[①]

---

①李兴.“冰上丝绸之路”与“一带一盟”：“一带一路”合作的新亮点［J］.贵州省党校学报，2018（4）：78-83.

在全球气候变暖、海冰缩减以及世界经济政治重心向亚太东移的背景下，“冰上丝绸之路”不仅发挥了北极圈周围都是世界发达经济体的优势，同时提升了航运价值和安全价值。此外，作为中俄战略协作的产物，“冰上丝绸之路”还可以支持俄罗斯开发俄远东和西伯利亚。“冰上丝绸之路”北向发展，打破了美国《国家安全战略》《国防战略》中以中俄为主要竞争对手、重点为印太地区且东、西、南三面包围的局面，应对美日澳印四国同盟的挤压。①综上所述，该构想的提出既是中国“一带一路”倡议的深化与延伸，也是中俄能源合作和东北航道开发相互作用下的必然产物，同时也是俄罗斯北极战略下的必然选择。

（二）“冰上丝绸之路”概念的演进

2013年，国家主席习近平先后提出建设“丝绸之路经济带”与“21世纪海上丝绸之路”的倡议，中国由此开启了丝路外交新时代。“冰上丝绸之路”是中俄两国在彼此具有良好的政治互信和经济合作的基础之上，由两国领导人共同提出的经贸合作与发展的新模式，是我国“一带一路”建设的重要阶段性成果，是“一带一路”的重要组成部分。长期以来，中俄关系本着相互平等、相互尊重、相互支持、结伴而不结盟的原则，在基础设施、金融、能源、高科技、人文等多个方面展开了广泛的合作，并取得举世瞩目的成就。

2015年，中俄达成了《关于丝绸之路经济带建设和欧亚经济联盟建设对接合作的联合声明》，提出“一带一盟”加强对接合作。在“一带一路”建设中，“一带一盟”对接合作扮演着非常重要的角色，作为丝绸之路经济带建设的重大工程和关键环节，对整个“一带一路”建设起到示范和引领作用。根据“一带一盟”对接合作的主要内容，俄罗斯总统普京指出

---

①李兴.“冰上丝绸之路”与“一带一盟”：“一带一路”合作的新亮点［J］.贵州省党校学报，2018（4）：78-83.

北极和远东对俄罗斯的发展最为关键，并强调要继续发展中俄战略伙伴关系，要扩大与中国的具体合作，包括丝绸之路经济带与欧亚经济联盟的对接合作。①

“冰上丝绸之路”方案正是在此基础上，由俄方率先提出的。构建“冰上丝绸之路”是俄罗斯针对开发东北航道向中国提出的合作邀请，也是俄罗斯的国家发展战略，涵盖北极航线及其腹地甚至整个北极区域，包括与北极航线有潜在或密切贸易运输关系的中国、日本、韩国和部分欧洲国家，以及在北极航线有重要政治、军事力量存在的北极八国。②2015年12月起，在俄罗斯的多次邀请下，中国开始加入与俄罗斯合作开发北极航道的进程中。在合作内容上，中俄双方将涉及港口基础设施、能源勘探、通航保障等领域，以此打开两国在能源贸易、港口基础设施建设、极地科考、文化交流等领域的新局面。③此后，中俄双方关于联合开发北极航道的合作规划越来越精细和深入，并提高至国家战略层面。

2017年5月，俄罗斯在“一带一路”国际合作高峰论坛上就北极航线问题向中国提出共建“邀约”。同年7月，习近平主席在对俄罗斯进行国事访问时表示，中国欢迎并愿意积极参与俄方提出的共同开发建设滨海国际运输走廊的建议，并且希望中俄双方能够共同开发和利用海上通道，尤其是北极航线，从而共同打造“冰上丝绸之路”，落实好有关互联互通项目。④这是在俄罗斯多次邀请中国共同开发北极航道之后，中国最高决策层首度予以回应，也是中俄双方首次正式提出“冰上丝绸之路”的概念，为接下来的深入合作奠定了主基调。2017年11月1日，习近平主席会见俄罗斯总理梅德韦杰夫时指

---

①②李振福.“冰上丝绸之路”与北极航线开发［J］.学术前沿，2018（11）：60-69.

③肖洋.俄罗斯参建“冰上丝绸之路”的战略动因与愿景展望［J］.和平与发展，2018（6）：107-119+134-135.

④习近平会见俄罗斯总理梅德韦杰夫［EB/OL］.（2019-06-07）［2020-10-20］.http：//cpc.people.com.cn/n1/2019/0607/c64094—31124858.html.

出，“要做好‘一带一路’建设同欧亚经济联盟对接，努力推动滨海国际运输走廊等项目落地，共同开展北极航道开发和利用合作，加速打造‘冰上丝绸之路’”①。

①习近平会见俄罗斯总理梅德韦杰夫［EB/OL］.（2019-06-07）［2020-11-26］.https://baijiahao.baidu.com/s?id=1635637096240884060&wfr=spider&for=pc.

第二章

中国『冰上丝绸之路』倡议的战略意义与建设构想

一、“冰上丝绸之路”的战略意义

“冰上丝绸之路”是俄方提出的与中国共建北方海航道的建设构想，这一构想的提出对中国的影响将是全方位、多角度的，且具有明显的层次性。中国作为北极重要的利益攸关方，随着综合国力与国际地位的迅速提高，北极国家对中国在北极治理中发挥积极作用的期盼日益强烈。同时，随着全球气候变暖以及北极航线特殊的地理位置和水文条件，“冰上丝绸之路”这一倡议的成功实施将对我国的经济、贸易产生不可估量的影响，这既是一次难得的机遇，也是一项艰巨的挑战。“冰上丝绸之路”将给我国带来前所未有的历史机遇，对我国的社会发展与经济建设具有重要的战略意义。

（一）“冰上丝绸之路”推动中国经济进一步开放

“丝绸之路”是连通中国和欧亚各国的传统路径，“一带一路”的建设不仅体现历史情怀，也为沿线国家带来了经济效益，更是中国实施开放型经济战略的重要组成部分。“冰上丝绸之路”向北拓展了“一带一路”辐射的地域范围，构建了与“一带一路”平行的货物运输新通道。在国际经济一体化不断发展的进程中，国际贸易规模及国际贸易范围有了显著的增长，国际贸易的货运渠道也应有所拓展。目前国际贸易中有80%以上的货物通过传统海洋运输方式完成，“冰上丝绸之路”建设将影响世界海上运输格局，向北极拓展海上运输新渠道，深化中国与其他国家进行北极开发及经济合作，进而影响世界各国的产业分工及经济布局。建设“冰上丝绸之路”是现阶段我国继续实施开放型经济战略的新方案。从战略价值角度看，开通北极航道将直接影响我国沿海地区的经济发展布局，对我国沿海地区的产业分工和布局产生影响。①

（二）“冰上丝绸之路”促进中国经济贸易的发展

在北极事务中，中国是最重要的利益攸关方之一。2013年5月，中国正式成为北极理事会成员，成为北极“永久观察员国”。2018年，“冰上丝绸之路”倡议正式成为中国向国际社会提出的深化北极各领域务实合作、促进优化北极治理机制、实现互利共赢的中国方案。②“冰上丝绸之路”将极大地缩短沿线国家的时空距离，密切沿线国家的经贸往来，提升沿线国家的沟通频度，从而在世界经济中构建一条新的经贸交往纽带。对中国来说，与俄罗斯共建“冰上丝绸之路”不是简单的航道开发项目，更为重要的是，其对中国产业体系及贸易体系的北向空间转移，对优化中国经济空间格局、促进区域经济协调发展具有重要的战略意义。③

1.节省贸易运输成本

中国已成为世界第一贸易大国，欧盟和美国是中国最主要的两大贸易伙伴。中欧、中美之间贸易量的90%需通过海洋运输来完成，并且都是经传统的苏伊士运河或巴拿马运河航线，目前，这些航线的通航能力已经达到饱和，拥堵现象十分严重。“冰上丝绸之路”倡议的顺利实施将使中国到欧洲或北美之间的海运里程缩短10%—55%，将大幅缩减运输成本或贸易成本。贸易成本的降低不仅会对中欧、中美之间的贸易潜力产生影响，而且也会使中国受“北极航道”影响的沿海地区的贸易增长潜力发生较大变化。④

①张荣，郝大江.共建“冰上丝绸之路”背景下东北地区战略定位及对策分析［J］.产业经济评论，2018（4）：104−115.

②王沛.“冰上丝绸之路”建设对我国经济地理格局的影响研究［J］.商业经济，2018（9）：3−4.

③关雪凌，杨博，刘漫与.“冰上丝绸之路”与中俄参与全球经济治理的新探索［J］.东北亚学刊，2019（44）：32−44+148.

④李珍，胡麦秀.“北极航道”开通与中国及其受影响区域的贸易增长潜力分析［J］.极地研究，2015（27）：97−106.

2.提升区域贸易增长潜力

“冰上丝绸之路”倡议的顺利实施不仅可以大大降低中国海外贸易的运输成本，而且还将影响中国区域经济的发展格局。根据中国的区域经济布局，由于东部沿海地区拥有能够直接连接到世界各大经济区域的海洋通道，具有独特的地缘经济优势，“冰上丝绸之路”倡议的顺利实施将进一步加强这一优势，为东部沿海带来新的经济增长和发展机会。尤其是中国北部沿海地区离北极地区相对较近，北极航道的开通将使北部沿海地区的区位优势得以显现，从中获得更大的发展机遇。①

3.优化贸易商品结构

贸易商品结构的改变主要体现在能源、精密仪器以及轻工业产品上。在石油、天然气等能源方面，中国的主要进口国有俄罗斯、美国和中东地区的国家，在能源进口时，缺乏足够的主动权。“冰上丝绸之路”倡议实施后，此局面将会得到极大改善。在精密仪器和设备方面，中国主要的贸易国还是美国，但随着“冰上丝绸之路”的建成，中国与俄罗斯、欧洲国家之间的贸易逐渐增多，俄罗斯具有发达的工业基础，在大型机床和设备方面很有优势；欧洲多为发达国家，尤其是德国、瑞典等国的科技十分发达。“冰上丝绸之路”的建成为中国与这些国家在精密仪器和设备方面的贸易提供了机会，在一定程度上降低了对美国的依赖。此外，中国是人口大国，轻工业产品十分发达，有着“世界工厂”的称号，在轻工业制造方面具有很强的优势。俄罗斯虽然重工业发达，但其轻工业基础十分薄弱，大量的轻工业产品需要进口。北欧五国和美国、加拿大均是发达国家，人力成本较高，在轻工业产品方面不具备优势。因此，“冰上丝绸之路”的建成将会增加中国与这些国家的轻工业产品贸易量，为中国轻工业产品的出口发展带来新的机遇。②

---

①李珍，胡麦秀.“北极航道”开通与中国及其受影响区域的贸易增长潜力分析［J］.极地研究，2015（27）：97-106.

②秦洪军，郭浩，赵向智.北极航道开通背景下中国与北极国家的贸易发展研究［J］.东北亚经济研究，2018（6）：93-108.

4.促进贸易体系与产业布局的调整与转移

“冰上丝绸之路”的建设与开通，将大幅降低国际贸易的海洋运输成本，国际贸易产品的相对价格出现变动，这就使得现有的国际贸易体系必然会发生变动，形成新的国际贸易体系。在这一过程中，贸易布局的变动必然会对中国的经济地理格局产生影响。相对于传统东部地区便利的海运条件，“冰上丝绸之路”使得中国东北地区在国际贸易体系中的区位优势更加凸显，必然导致中国贸易体系的北向转移。另外，“冰上丝绸之路”建设对中国产业的空间布局也会产生重要影响。改革开放以来，中国的产业空间布局在很大程度上是以出口为导向的。由于东部沿海省份具备优良的国际贸易条件，因此产业布局多集聚在东部沿海地区。然而，“冰上丝绸之路”形成的海运成本大幅下降，必然使得中国东北地区在国际贸易中的比较优势凸显，这就决定了中国传统的产业布局必然会重新调整，并以北向空间转移为主要特征，这在很大程度上会形成中国区域协调发展新的有效布局和动力牵引。①

总体来看，“冰上丝绸之路”倡议的实施将会极大地改善中国进出口商品的贸易结构，在能源类产品、精密仪器和设备以及轻工业产品方面为中国带来新的机遇，再借以更加低廉的海运贸易成本，“冰上丝绸之路”在促进中国与北极国家之间的贸易方面有着很大的潜力。②

（三）“冰上丝绸之路”提升国际海运大通道的优势

“冰上丝绸之路”穿越北极圈，将北美、东亚和西欧地区通过海运航道进行联结。中国与欧洲国家之间90%以上的贸易是经由海洋运输实现的。“冰上丝绸之路”是中国内陆与欧洲、北美贸易发展及物流运输的重要通道。相较于传统的中国南海—印度洋和大洋洲—太平洋航道，“冰上丝绸之路”具有无可比拟的优势。

---

①王沛.“冰上丝绸之路”建设对我国经济地理格局的影响研究［J］.商业经济，2018（9）：8-9.

②秦洪军，郭浩，赵向智.北极航道开通背景下中国与北极国家的贸易发展研究［J］.东北亚经济研究，2018，2（10）：95-110.

1. “冰上丝绸之路”沿线国家少，地缘政治简单

中国传统国际贸易的欧洲航线途经马六甲海峡，经印度洋至苏伊士运河，最后抵达北欧。这一航路沿线国家众多，不同国家之间的政治、宗教、社会、种族、经济、文化等领域差异巨大，地缘政治情况极其复杂。这种地缘政治对海洋航线造成了很大的不稳定性。而“冰上丝绸之路”沿线国家较少，仅涉及环北极圈的8个国家，地缘政治相对简单，航道稳定性较强，有利于国际海洋运输的稳定通航。

2. “冰上丝绸之路”海上风险单一，可控性较强

尽管“冰上丝绸之路”的海运通道穿越北极圈，存在较大的冰困风险，但是近年来北极通航的月份逐年加长，尤其是在每年的7月至11月，北极航道皆可安全航行。因此在安全通航期间，“冰上丝绸之路”的海上风险相对单一且可控。而传统的马六甲海峡以及苏伊士运河航线海盗猖獗，恐怖袭击等极端事件频发，风险复杂多样，对航道安全产生了很大的不确定性。[①]

3. “冰上丝绸之路”运输距离短、耗时少、费用低

从航海地理角度来看，“冰上丝绸之路”是连接亚欧美三大洲的最短航线，相对于传统的海洋运输通道而言，可缩短5000—6000千米的航程，缩短海运时间9天以上。“冰上丝绸之路”的开拓不仅可以大幅度节约海运成本，而且航路毗邻俄罗斯北岸，在中俄共建“冰上丝绸之路”的倡议下，航运的管控费用相对较低，这也是“冰上丝绸之路”费用低的重要原因。[②]

4. “冰上丝绸之路”为中国在北极地区提供了可靠的立足点

由于中国远离北极，在北极地区又没有可靠的立足点，预先为北冰洋航海研制的指向系统等设备在实际应用过程中会有不适；还给加强北冰洋海域的水文气象观测和海洋调查，编制北冰洋航行需要的航路指南、推荐

---

①崔帅，耿克欣，张汝根.“冰上丝绸之路”的开启对中国外贸的影响及对策［J］.经济师，2019（7）：32-33.

②王沛.“冰上丝绸之路”建设对我国经济地理格局的影响研究［J］.商业经济，2018（9）：8-9.

航法、港湾锚地图集、港口资料、航标资料、气象资料、水文潮汐潮流资料、冰情资料等航保参考资料的工作带来难度；同时，由于没有可靠的立足点，给构建北极地区气象保障体系和海冰预警体系，加强北极冰区航行防险救生体系建设也带来难题。[①]目前，中国的商业航运都在东北航道上，航运规模非常小。虽然2016年史无前例的有5艘货轮经过东北航道，但时间主要集中在夏季，航行及航海保障主要依靠俄罗斯提供的海图冰情预报和破冰船领航服务。[②]“冰上丝绸之路”为我国下一步在北极地区建设自主航行保障系统，以及更经济的冰级船舶建造技术或班轮运输方案提供了可靠的立足点。

（四）“冰上丝绸之路”加快中国沿海港口及产业结构调整

密集的远洋运输航线网络服务于全球贸易，而“冰上丝绸之路”打开了中国对欧洲与北美洲贸易运输的新航路，为促进中国航运、港口、区域经济等多个方面的发展以及区域经济格局的调整带来新动能。[③]

1.改变中国沿海港口运输结构，扩大相关腹地范围

（1）改变中国沿海港口的区位条件。在地理位置、城市发展、港口条件不变的情况下，新航线的通航会使其挂靠港与周边地区的联系程度加强，有助于提高其吸引货源的能力，从而使港口的区位条件得以改善。因此，“冰上丝绸之路”的开通对世界的主要港口都将产生一定的影响。由于“冰上丝绸之路”的开通，会有部分港口实现地位的提升，也会有部分港口因此造成地位的下降。北极航线港口是指那些由于北极航线的开通而导致海运成本大幅度降低从而受益的沿海港口。将中国港口所在城市进出口总额超过10亿美元，且符合航线密度、外贸吞吐量、油气吞吐能力等竞争指标的22个

①提升中国航运业的国际话语权——《航运标准合同系列（上海格式）》首发仪式在沪举行［J］.水运管理，2012，34（11）：8.

②李安民，赵福林.中国北极航线的安全问题［J］.亚太安全与海洋研究，2017（13）：33-45+129.

③李振福，刘超.北极航线对于中国的梯度影响分析［J］.和平与发展，2015（6）：86-104+121.

港口进行分析，通过航线、贸易、港口生产能力、港口政策4项因素的7项指标，中国北极航线港口可分为3个层次：第1层次为上海港和深圳港；第2层次为宁波港—舟山港、天津港、青岛港和大连港；其他港口则属于第3层次。由此可以看到，中国东部沿海地区位于北极航线最直接的东北亚延长线上，尤其是上海港、大连港、天津港、青岛港等港口，北极航线的通航将会使其与欧洲西海岸、北美东海岸的联系更为便捷，因此将很有可能受到航运公司的青睐。[①]特别是大连港、天津港、青岛港等环渤海区域的港口，能够因北极航线的开通形成集团优势，带动环渤海经济圈整体性的发展，有助于促进京津冀一体化的形成。以大连港为代表的东北港口将在“一带一路”的战略规划下，着力促进与俄远东地区海陆联运合作，成为建设向北开放的重要窗口。而中国的传统大港如深圳港、宁波港，通过北极航线运输缩减行距的优势虽然不大，但因其货源充足、基础设施发达，也将保持较强的竞争力。

港口的综合竞争力得到强化，会吸引更多间接腹地的货流。货运量的改变进而会影响中国港口网络结构的变化，港口网络是由不同港口及港口间的航线所连成的网络。[②]北极航线开通后，中国北方部分港口可能会因其纬度更高、更靠近北极航线的优势，航线密度和吞吐量得到增加，海上辐射范围和通达能力也将得到扩大或增强。若北极班轮航线形成，中国各港口的定位或将重新洗牌，形成以北极班轮航线干线港为中心的港口网络结构。[③]

（2）扩大相关港口腹地范围。港口的发展建设必须以腹地范围的开拓和腹地经济的发展为后盾，腹地是港口赖以生存和发展的基础。在影响港口腹地经济的若干因素中，港口所处的位置显得尤为重要。如果港口处于国家经济发展的中心，或处于国家政治的特殊区位，或位于世界主要航线或新辟

①肖钟熙.区位与机遇在港口发展中的作用［J］.水运管理，2005（12）：12–15.

②王丹，张浩.北极通航对中国北方港口的影响及其应对策略研究［J］.中国软科学，2014（279）：21–36.

③李振福，刘超.北极航线对于中国的梯度影响分析［J］.和平与发展，2015（148）：86–104+121.

航线要冲，都将成为港口扩大腹地范围最有利的条件。[①]中国2015年3月发布的《推动共建丝绸之路经济带和21世纪海上丝绸之路的愿景与行动》中，将中国沿海地区设定为“21世纪海上丝绸之路”建设的排头兵和主力军，其中北极航线港口均是中国对外开放的海路门户。因此，北极航线的通航将为中国东部沿海港口发展带来极佳的机遇。而海上运输距离的缩短将直接导致海上运输成本的缩减，对于港口来说，这将吸引到距离港口更远的货源，进而扩大港口的腹地范围。港口陆上腹地的扩大，将在一定程度上影响内陆进出口货物对于运输方式和运输路线的选择，进一步促进中国内陆运输网络的发展。大陆桥运输的总成本主要包括陆桥铁路运输成本和陆上运输成本。陆海联运的总成本主要是海上运输成本加陆上运输成本。从目前的情况来看，由于第二亚欧大陆桥设施较为完善，通行方便，通过大陆桥完成的中欧货物运输的运费比海运便宜20%左右，时间缩短近一半，可以在很大程度上提高海陆联运的竞争力，重新凸显海上运输运量大、安全性高、费用便宜的优势。伴随着北极航线的通航，中国内陆地区有一部分货物将改用陆海联运的方式，通过北极航线相关港口完成中欧贸易货物运输。这将对中国内陆运输网络和物流网络提出新的要求。连港铁路线、连港公路线加以完善，内陆地区将逐渐形成新的交通枢纽，第三方物流企业也会为内陆货主提供更为便捷、完备的物流服务。[②]

2.改善港口布局，加快东北亚航运中心建设

北极航线对于改善港口区位条件、推动临港产业发展、扩大港口腹地范围具有重要的作用。中国各个港口，特别是具有航线距离优势的北方诸多港口，应加强北极航线相关研究，制定相应的发展策略。北极航线的开通，上海港、大连港、天津港、青岛港等港口在中国—欧洲、中国—北美新航线上的区位将更具优势。因此，在航运重心北移的趋势下，中国应着力加强北

---

①②辛林.影响港口经济腹地的若干因素及其对策［J］.港口科技动态，1997（8）：1-3.

方港口建设，完善港口布局，进行港口整合，确立港口群核心。运行中可以建立区域性港口集团，合理分配货源，减少港口间的恶性竞争。①同时，进一步加快中国东北亚航运中心的建设，在东北亚地区的港口分布上，地处韩国东南沿海的釜山港是我国北方港口最有力的竞争者，它所承运和集疏的货物中，外来转运的货物就占据总量的一半，在这些外来转运的货物中，青岛港、天津港与大连港输送的货物就占了三成左右，所以，将上述3个港口视作釜山港的给养港是并不为过的。假如以上述3个港口为代表的中国港口彼此之间可以形成强强联合的功能互补关系，那么势必会令越来越多的商贸公司和航运公司选择将这些港口作为货物转运中心，进一步增加这些港口的货运吞吐量。从更为细致的操作层面讲，我们能够学习与吸收日本港口振兴之路中的宝贵经验和启示，尝试构建港口发展同盟或集团，以提高总体的硬实力与软实力。以各个港口现有的硬件设施为基础，结合独特的地缘经济优势，以统筹规划的形式拟定发展同盟或集团的战略发展方向与规划，明确各自的战略定位，制订详细的未来五年或十年的计划，科学划分每个港口的核心营运业务，充分利用大型装卸设备、停船泊位、岸边助航设施等港口资源，形成资源的优化配置，以小投入换取大产出，最终促使港口之间协调同步发展，以良好的功能互补谋求更大的上升空间，这不仅对北极航线的利用十分有利，而且也有助于服务其他传统航线的营运业务。②

3.推动中国临港产业的发展

临港产业是指那些地理位置毗邻港口，相关业务与港口关联的产业。临港产业的发展往往对于所在地区的经济发展起引领和带动作用。港口区域临港产业的发展既为港航及其相关服务业提供了业务来源，也促进了依托港

①李振福，刘超.北极航线对于中国的梯度影响分析［J］.和平与发展，2015（148）：86-104+121.

②徐晶.北极航线对中国的影响与应对研究［D］.延吉：延边大学，2016.

口的各种相关产业的发展。[①]2013年，中欧双边贸易总额为5591亿美元，中国是欧盟第三大出口贸易伙伴和第一大进口来源地。欧盟从中国进口的主要商品为机电产品、纺织品及原料和家具玩具等。因此，“冰上丝绸之路”建成后，上述产业将会向北极航线的相关港口集聚，以缩减陆上的物流费用，提升价格优势。北极航线对于冰级船舶的需求将给中国造船行业带来新的机遇，加快造船技术发展和推动船舶工业产业结构调整的时机可能来临。同时，北极航线的开通将带动钢铁生产、机械制造、船舶修造、物流等产业的进一步发展。另外，北极航线打通了中国与北欧部分城市及北极原住民——因纽特民族的文化和经贸联系，相关贸易货种的生产制造产业将会向北极航线的相关港口聚集，推动中国临港产业的发展，优化临港产业布局。[②]

（五）“冰上丝绸之路”保障中国的能源供给安全

“冰上丝绸之路”的建设有利于保障我国的能源供给安全。[③]能源合作是中俄共建“冰上丝绸之路”最重要的方面之一，北极地区资源丰富，拥有全球开发总量30%的常规天然气和13%的石油资源，在北极地区已探明的所有61个油田中，俄罗斯就占43个。此外，中俄在北极合作开发的清洁能源也有了实质性的进展。因此，中俄共建“冰上丝绸之路”对于我国的能源安全具有重要意义。[④]

---

①李振福.北极航线对我国的多重影响［J］.中国船检，2016（2）：17−20.

②李振福，刘超.北极航线对于中国的梯度影响分析［J］.和平与发展，2015（148）：86−104+121.

③崔帅，耿克欣，张汝根.“冰上丝绸之路”的开启对中国外贸的影响及对策［J］.经济师，2019（7）：30−31.

④吴大辉.“冰上丝绸之路”：“一带一路”的新延伸［J］.人民论坛，2018（9）：48−49.

二、"冰上丝绸之路"的战略架构

（一）总体定位

"冰上丝绸之路"是中国对北极地区原有政治文化、发展模式的再创新，是将"一带一路"倡议的内涵引入北极治理的一次有益尝试。"一带一路"倡议是具有开放性的，基于此，国际合作大框架为各国提供了文化交融、责任共担、利益共享、制度兼容的基本组织原则，而其"源自中国，属于世界"的普惠性为国际政治带来了新的体系，为国际交往注入了新的理念，为全球合作搭建了新的平台，为全球治理提供了新的方案。

"冰上丝绸之路"同样强调环北冰洋海域的文化交流，强调借由北极航道拉动区域国家经济发展实现共荣共进。"一带一路"倡议下的资源互补、经济共荣、文化共生，从根本上摒弃了传统国际政治中的零和思维或丛林法则，超越了"海陆对抗冲突""国家中心主义"等传统论断的局限。

"冰上丝绸之路"同样致力于通过经济层面的发展提升政治层面的互信，通过北极地区协同、合理、有效的发展来实现北极议题的共商、共建、共享。这相较于传统的北极治理模式而言，更加注重了"求同"，也更多地包容了"存异"。[①]

总而言之，"冰上丝绸之路"的提出，是中俄两国在合作中深化互信的体现，建设"冰上丝绸之路"为中俄提供了新的历史合作机遇。随着"冰上丝绸之路"建设的不断深入，中俄在各领域开展了密切合作，这些合作一方

①费帆.建构"冰上丝绸之路"——国家"一带一路"倡议的深化与延展［J］.湖北社会科学，2019（5）：34-39.

面为中俄经济发展带来了实际效益，开创了互利、互惠、共赢的良好局面，通过“冰上丝绸之路”巩固了两国合作的桥梁，有利于提高两国的互信度；另一方面，“冰上丝绸之路”的提出，为两国日益深化战略协作提供了新的机遇和平台。“一带一路”建设是中俄两国战略协作的基础，为中俄两国发展开拓了广阔的前景，“冰上丝绸之路”建设与合作将更加全面、深入地推动中俄战略协作进程。“冰上丝绸之路”与“一带一路”的深化发展，定会加强中俄两国的全面战略合作关系。①

（二）核心思想——构建北极地区“人类命运共同体”

“一带一路”是我国推进“人类命运共同体”建设的重要实践。但如果只拘泥于“一带一路”的固有框架，中国则会缺乏对北极地区长远发展的具体规划。因地制宜地培育北极地区的“人类命运共同体”意识，需要不同国家寻求在北极利益中的最大公约数，并以此为基础形成“冰上丝绸之路”的具体内容，唯此，才能将“一带一路”与“冰上丝绸之路”适时区分，进而更有针对性地为北极的发展建言、献策。

虽然北极区域内的国家数量有限，但有共同参与北极开发意愿的国际成员众多。虽然北极地区目前不存在实质性的冲突，但其国际法定位的模糊性、不同立场间的争议性给北极地区的开发造成了不小的影响，谋求北极地区长远、和谐、共进、俱荣的发展，就需要着力培育北极地区的“人类命运共同体”意识。对现有国际体系而言，“人类命运共同体”意识的培育将完善北极地区的治理机制。北极地区的治理机制长久以来是建立在现实主义和自由制度主义之上的，缺乏将人类作为一个整体来考量长远利益的观念。“人类命运共同体”的实现涵盖构建新型国际关系、打造全球普遍安全格局、推进全球发展治理进程、促进世界文化交流合作、加强全球生态治理等

①刘新霞，韩婧.“冰上丝绸之路”背景下新型俄语人才培养研究［J］.邯郸学院学报，2019，29（1）：126-128.

诸多方面。因此，在主导建构“冰上丝绸之路”的过程中，我国应当积极地促进北极区域关系的发展，夯实北极地区现有的安全格局，增强北极事务相关国的交流合作，提升北极生态的治理水平。“人类命运共同体”意识才能在北极地区得到有效培育，“冰上丝绸之路”的建构才能顺利进行。这需要有责任感、有担当能力的大国来主导，更需要国际成员的广泛参与。可以说，“人类命运共同体”意识的培育和“冰上丝绸之路”的建构是相辅相成、互助互力的。在北极，拥有广泛的“人类命运共同体”共识，“冰上丝绸之路”的建构才会更顺利，而“冰上丝绸之路”的建构也将更加有助于“人类命运共同体”思想的传播。①

三、“冰上丝绸之路”的战略目标

随着自然环境与地缘政治的变化，近年来北极问题备受关注，其中，北极航线问题又是各国关注的焦点问题之一。面对北极航线的巨大政治与商业价值，沿线国家纷纷明确了本国的战略目标，相继出台符合各国自身利益的北极航线战略，以争取在北极航线问题乃至北极事务上的主动权。此前，对于北极事务，我国并没有清晰明确的战略构想，不利于我国在激烈的北极航线权益争夺中把握机会、争取话语权。②中俄两国共同打造的“冰上丝绸之路”，是以经过北冰洋通往欧洲的北极航线为基础的，尽管“冰上丝绸之路”与北极航线两者之间具有相互渗透、交织、联动的特点，但也不难看出，相较于北极航线，“冰上丝绸之路”有明显的政治性与战略性，同时进

①费帆.建构“冰上丝绸之路”——国家“一带一路”倡议的深化与延展［J］.湖北社会科学，2019（5）：34-39.

②李振福，尤雪，王文雅.中国北极航线多层战略体系研究［J］.中国软科学，2015（292）：34-42.

一步考虑了北极航道沿线的区域与经济发展问题。[①]因此，研究我国“冰上丝绸之路”的战略目标，有助于从国家层面上理顺北极问题的战略构想，明确“冰上丝绸之路”建设的重点问题，增加我国在北极事务上的参与度，提升我国作为负责任大国的形象与地位。[②]以下将从经济发展、国际政治、国家安全、区域开发、推动北极的可持续发展等5个方面来分析我国“冰上丝绸之路”建设的战略目标。

（一）经济发展层面

北极航线作为连接亚洲、欧洲与北美洲的贸易新通道，具有缩短航程、降低成本等明显优势。据测算，如果北极航线能够全线开通，每年可节省数以千亿美元的国际贸易海运成本。[③]因此，北极航线的开通将引致国际经济格局的变化，航运、港口建设及仓储转运服务等产业在产业结构中会占有越来越重要的地位，港口布局以及国家总体经济发展战略布局也会随之发生相应的变化。同时，北极航线开通后会带动一系列新兴产业的快速发展，进而促进就业。因此，“冰上丝绸之路”的建设将对中国海洋经济的发展乃至整体经济实力的提升产生巨大的影响。[④]

由于对航运、贸易、海洋经济、产业布局等多个方面均会产生影响，因此，我国提出了“冰上丝绸之路”在经济层面的总体战略目标为：通过北极航线拓展中国国际经济贸易合作网络，推动国家航运经济及相关新兴产业建设，使中国跻身世界经济强国之列。具体目标包括：拓展与俄罗斯及其他北极国家的经济合作，形成完善的国际贸易网络；建立国际能源贸易格局变化响应机制；参与北极航线沿岸港口建设；形成更为合理的区域经济结构；全

---

①李振福.“冰上丝绸之路”与北极航线开发［J］.人民论坛·学术前沿，2018（147）：62-71.

②陈顺杰.海洋法视野下北极航道法律地位研究［D］.武汉：武汉大学，2019.

③张侠，景芳，郭培清，孙凯，凌晓良.北极航线的海运经济潜力评估及其对我国经济发展的战略意义［J］.中国软科学，2009（2）：86-93.

④李振福，尤雪，王文雅.中国北极航线多层战略体系研究［J］.中国软科学，2015（292）：34-42.

球海洋治理的均衡发展。

（二）国际政治层面

1.与“一带一路”和“欧亚经济联盟”有效对接，突破地缘政治困局

“冰上丝绸之路”是中国引领构建的包容性全球治理体系的重要组成部分，它将为中国连接世界地缘中心、突破地缘政治困局带来机遇。中国的崛起与发展已经引起了美国、日本等发达国家的担忧，以美国为首的西方国家利用北约和亚太联盟体系，并结合其推出的新南亚战略、印太战略去进一步控制欧亚大陆边缘地区，试图从3个方向围堵中国，全面打压、遏制中国的发展。“冰上丝绸之路”横穿欧亚大陆，通过与“一带一盟”的对接，将环抱欧亚大陆连接世界地缘政治中心，这一战略构想也将进一步扩大中国的地缘战略空间，成为突破西方国家所设置的地缘政治包围圈的有效途径。①

2.以“冰上丝绸之路”为契机，实现与北极地区的互联互通

2018年1月26日，国务院新闻办公室发布的《中国的北极政策》白皮书中指出，中国愿依托北极航道的开发利用，与各方共建“冰上丝绸之路”。这表明，中国参与“冰上丝绸之路”的建设是基于更大的战略视野，致力于以“冰上丝绸之路”为契机，实现中国与北极地区的互联互通。首先，中国在北极的定位是一个地理上的“近北极国家”和“北极利益相关者”，作为一个没有任何地理优势的非北极国家，中国一直无法深入参与北极事务。通过共建“冰上丝绸之路”，中国可以依靠北极理事会中的北极大国俄罗斯，实现中国在北极的利益目标，这是中国进一步参与北极事务的根本途径。其次，中俄合作打造“冰上丝绸之路”，将成为中国与北冰洋沿岸国家和北极国家合作的一个典范，创造溢出效应，促进中国与更多的北极国家合作，实现与北极地区的互联互通。②

---

①②赵先进，黄靖兹.中国参与共建“冰上丝绸之路”的动力、制约与路径选择［J］.对外经贸实务，2019（3）：34-37.

3.通过“冰上丝绸之路”缓解“一带一路”倡议诱发的国际政治摩擦

中亚五国——塔吉克斯坦、哈萨克斯坦、吉尔吉斯斯坦、土库曼斯坦和乌兹别克斯坦是中国“丝绸之路经济带”倡议的重要参与者，更是必不可少的合作对象。传统上，俄罗斯始终将上述五国视为本国绝对影响力的覆盖范围，[①]而中国与中亚五国开展的紧密合作势必会提升中国在该地区的影响力，同时也会弱化俄罗斯对中亚五国的控制力，这无疑会被俄罗斯视为一种挑战。事实上，中国的“丝绸之路经济带”倡议既不会动摇以俄罗斯为核心的欧亚联盟，也不会影响中国与俄罗斯的政治关系。然而基于国家安全和利益的考量，俄罗斯可能不会对“丝绸之路经济带”给予全力支持，进而阻碍中亚五国与中国的发展合作关系。[②]

伴随着中国综合国力的不断增强，美国和西欧各国也会凭借各种无形或隐性的贸易壁垒、贸易障碍来延缓中国经济的前进步伐。尤其是美国以自身雄厚的经济和军事实力为基础，借助北约组织的良好平台在亚洲地区组建针对中国的隐形包围圈。此外，通过阿富汗战争，美国加强了自身在中亚地区的影响力与控制力，加深了与印度等国的军事与政治合作，意在截断中国的能源通道。总而言之，中国实施和推行“一带一路”倡议的外部国际环境十分复杂。不过，“冰上丝绸之路”倡议的逐步推进能够有效缓解上述国际政治摩擦，能够有效释放“一带一路”倡议所面临的国际压力。具体来说，北极航线的开通将会以经济为纽带拉近俄罗斯、环北冰洋国家与中国的经济贸易往来，增进彼此之间的政治理解与相互信任。为了满足经济发展的共同需求，以俄罗斯、加拿大与美国为首的环北冰洋国家会以北极航线的开通为契机，密切和中国的经济往来。以互利共赢的经济贸易为前提，国际社会不会否定或抹杀中国在北极航线利用与开发方面所做出的各种贡献，这显然会提

①柳丰华.俄罗斯在中亚：政策的演变［J］.国际政治研究，2007（2）：150-166.

②李振福，王文雅，朱静.北极航线在我国“一带一路”建设中的作用研究［J］.亚太经济，2015（1）：36-41.

升中国在处理北极航线或北极事务方面的影响力，有利于维持中国在北极地区经济与政治领域的话语权。①

（三）国家安全层面

1.军事安全

冷战时期，北极地区一直是美苏等国战略核潜艇的争夺舞台和战略核武器的前沿部署阵地，也是战机和导弹攻击对方的最短路径。②冷战结束后，这种格局也没有改变，反而有加强的趋势。世界上的主要大国和军事强国都在北半球，且北极圈距离这些国家均相对较近，因而北极便成了地球上最安全、最理想的潜射弹道导弹发射阵地。③伴随着北极航线的开通，北极地区蕴藏的巨大军事战略价值会逐步凸显。如果说常年冰封的北极地区，其军事战略价值还处于一种潜能状态的话，那么北极航线开通后，其军事战略价值将由潜能转变为现实，既能够为某些国家提供军事优势，又能够威胁某些国家的战略安全空间。④随着北极航线的开通，环北冰洋国家相继宣布对邻近北极地区拥有领土和海洋主权，同时纷纷加大在北冰洋附近的军事力量投入。针对北极问题，俄罗斯总统普京表示，扩大俄罗斯在北极地区的军事存在是军队最优先考虑的问题。2014年12月1日，俄罗斯在其北方舰队基础上组建的北极战略司令部正式开始运作，并在其长达6200千米的北极圈边境部署了军事力量，旨在保护俄罗斯在北极地区的利益，强化对北极的控制。2013年11月，美国国防部发布的《北极战略》，被视为处理北极地区安全和利益问题的行动指南，提出了规划发展北极地区的海军力量和基础设施。伴随着俄罗斯在北极地区军事行动的日益频繁，美国加强了在阿拉斯加的军事力量，并

①徐晶.北极航线对中国的影响与应对研究［D］.延吉：延边大学，2016.
②李振福，刘超.北极航线对于中国的梯度影响分析［J］.和平与发展，2015（6）：82-100+117.
③程群.浅议俄罗斯的北极战略及其影响［J］.俄罗斯中亚东欧研究，2010（172）：82-90.
④同②。

拉拢盟国在靠近北极地区的海域频频开展代号为“联合勇士”“冰点”等的军事演习，来彰显其捍卫北极利益的决心。[①]

中国地处美俄两国包夹的位置，在北极航线区域将面临更大的海上安全隐患和军事挑战。鉴于中国与俄罗斯已经建立全面战略协作伙伴关系，所以，中国面临来自俄罗斯的军事战略威胁系数并不高。但是，以美国为首的北约组织会在北极航线开通后极大地威胁俄罗斯与我国的战略安全。[②]因此，中国应凭借“冰上丝绸之路”建设，着力于提高北极航线海上通道的军事保障能力，加强北海舰队的海上实力与陆上配套部署，制订北极航线区域的军事问题解决预案。同时，通过参与北极航线的良性建设与运营，缓解其给中国带来的军事安全压力。[③]

2.能源安全

能源安全是国家总体安全的重要组成部分，根据国际能源署2017年发布的《2017世界能源展望》，到2030年左右，中国将超过美国成为全球最大的石油消费国，2040年中国的人均能源消耗将超过欧盟。目前对中国能源地缘政治安全影响最大的则是能源运输通道的安全。我国的能源运输严重依赖于海上战略通道，诸如曼德海峡、霍尔木兹海峡、马六甲海峡等在我国能源运输中均占据着重要的地位，然而这些通道大都面临着海盗泛滥以及被美国封锁的潜在风险。[④]

“冰上丝绸之路”的建设，可进一步扩大我国能源进口的来源，提升我国的能源安全。“冰上丝绸之路”的建设将极大地促进中俄能源合作的广度和深度，增加我国能源进口的来源。作为中国最重要的盟友之一，俄罗斯

---

①卢雪梅.美国北极战略概览［J］.中国石化，2012（320）：72-73.

②徐晶.北极航线对中国的影响与应对研究［D］.延吉：延边大学，2016.

③李振福，刘超.北极航线对于中国的梯度影响分析［J］.和平与发展，2015（6）：82-100+117.

④赵先进，黄靖兹.中国参与共建“冰上丝绸之路”的动力、制约与路径选择［J］.对外经贸实务，2019（370）：34-37.

境内天然气和石油的储藏量分别占北极地区总储藏量的九成和八成，铜、黄金、镍、铁、锌、铅与钻石等矿产资源在北极地区也较为丰富，煤炭的储存量占全球储藏量比重的1/10，[①]再加上本身就靠近全球最主要的能源消费市场，东北航道的开通，将逐渐打破其单纯依赖陆路油气管道或铁路向中国等亚太国家输送油气资源的限制，大大提升油气资源输出的规模与便捷性。此外，北欧国家，如挪威，也拥有丰富的石油、天然气资源，东北航道的开通建立了中国与北欧国家的最佳航线，也为中国进口能源产品提供了更多选择。

“冰上丝绸之路”作为蓝色经济通道化解了能源运输通道的单一化问题，随着北极航道的开通与利用，中国在能源类产品方面将逐渐降低对中东和美国的依赖，减少美国在能源方面对中国进口的控制力，大大提高了中国的能源安全。[②]因此，“冰上丝绸之路”的建设在确保中国能源安全方面发挥着重要的战略作用。[③]

（四）区域开发层面

1.振兴东北老工业基地

“冰上丝绸之路”的开发、建设和运营能够振兴东北老工业基地的经济，特别是促进东北地区的产业升级和贸易增长，加强同东北亚和西欧国家的联系，打开东北地区对外开放的新窗口。[④]

如今，东北地区的经济发展面临诸多问题，粗放的发展模式形成对资源的过度依赖，经济增长和创新受到严重制约。因此，加快结构调整、促进产业升级是东北老工业基地振兴的重中之重，也是新一轮振兴政策能否实现预期效果的关键。“冰上丝绸之路”的开通与建设不仅能为东北地区带来便

①徐晶.北极航线对中国的影响与应对研究［D］.延吉：延边大学，2016.

②秦洪军，郭浩，赵向智.北极航道开通背景下中国与北极国家的贸易发展研究［J］.东北亚经济研究，2018，2（10）：95-110.

③同①。

④李振福，刘硕松.东北地区对接“冰上丝绸之路”研究［J］.经济纵横，2018（5）：61-67.

利的海运优势，也对世界范围内的产业布局和贸易流向产生巨大影响，不同产业都会围绕“冰上丝绸之路”这一新兴的航运中心进行布局。如果东北地区能在更深层次上融入全球价值链和产业链，顺利实现产业转型，必将有利于打破经济发展长期停滞的尴尬局面。在此基础上，优化升级产业结构，将自身的产业发展对接全球产业链，以开放的政策和优厚条件吸引外资投资建厂。在内陆地区，鼓励加工制造等轻资产模式企业发展；在港口周边，建设仓储物流中心，提升配套设施服务水平，延长产业链。“冰上丝绸之路”的开通将为东北地区的产业转型带来新机遇，真正打破东北老工业基地“闭门造车”式的发展模式，为经济发展提供新的引擎。①

2.促进沿海经济布局调整

从中国的经济现状来看，东部沿海地区因拥有直接连接世界各大经济区域的海洋通道，占据了地缘经济优势。特别是长三角和珠三角地区，区位优势突出，成为中国的经济重心。但是伴随着京津冀一体化、辽宁沿海经济带和“一带一路”对东部沿海及东三省对外战略规划的部署，中国的东部地区已经占得了跨越式发展的先机。而北极航线的开通将进一步加强中国东部沿海地区的地缘经济优势，其中渤海湾、东三省地区也将迎来更大的发展机遇和发展空间。②环渤海经济区位于东北亚经济圈的中心地带，包含其中的40多个港口，构成了中国最为密集的港口群，并形成了以港口为中心、陆海空为一体的立体交通网络，成为沟通东北、西北、华北经济和进入国际市场的重要集散地。辽宁沿海经济带战略从空间布局、产业发展、城乡发展、社会事业、基础设施、开放合作、资源环境、保障措施等方面为辽宁沿海地区提供了明确的发展方向。在“一带一路”的国家规划中，着重提出要完善黑龙江对俄铁路通道和区域铁路网，以及黑龙江、吉林、辽宁与俄远东地区海陆联运合作，建设向北开放的重要窗口。早在2009年，国务院已正式批复了《中

①李振福，刘硕松.东北地区对接“冰上丝绸之路”研究［J］.经济纵横，2018（5）：61-67.

②李振福.北极航线对我国的多重影响［J］.中国船检，2016（2）：17-20.

国图们江区域合作开发规划纲要》，该规划指出，北极航线开通之后将大大提高图们江地区经济发展的区位优势。①北极航线开通后，中国东北的东部地区以图们江为出海口，势必会加强东北三省与西欧、北美的市场联系，这对东北地区的经济发展具有重要的推动作用。因此，北极航线的开通不仅提高了中国北方港口的区位优势，更将与上述北方区域优势相结合，有力地推动中国经济布局向北拓展，促进中国区域经济的平衡发展。②

（五）推动北极的可持续发展

中国的北极政策目标是：认识北极、保护北极、利用北极和参与治理北极，维护各国和国际社会在北极的共同利益，推动北极的可持续发展。③

认识北极，目的在于提高与北极建设相关的科学研究水平和能力，不断深化对北极的科学认知和了解，探索北极变化和发展的客观规律，为增强人类保护、利用和治理北极的能力提供中国智慧。

保护北极，旨在积极应对北极气候变化，保护北极独特的自然环境和生态系统，不断提升北极自身的气候、环境和生态适应力，尊重多样化的社会文化以及土著人的历史传统。

利用北极，就是要在不破坏原生环境的同时不断提高探索北极技术的应用水平和能力，不断加强在技术创新、环境保护、资源利用、航道开发等领域的北极活动，促进北极的经济社会发展和改善当地居民的生活条件，实现共同发展。

参与治理北极，需要依据规则、通过机制对北极事务和活动进行规范和管理。对外，中国坚持依据包括《联合国宪章》《联合国海洋法公约》和气候变化、环境等领域的国际条约以及国际海事组织有关规则在内的现有国

---

①李娜.北极航线通航对我国航运业的影响研究［D］.大连：大连海事大学，2012.

②李振福，刘超.北极航线对于中国的梯度影响分析［J］.和平与发展，2015（148）：86-104+121.

③中华人民共和国国务院新闻办公室.中国的北极政策［EB/OL］.（2018-01-26）［2020-07-25］.http://www.scio.gov.cn/ztk/dtzt/37868/37869/37871/Document/1618207/1618207.htm.

际法框架，通过全球、区域、多边和双边机制应对各类传统与非传统安全挑战，构建和维护公正、合理、有序的北极治理体系。对内，中国坚持依法规范和管理国内北极事务和活动，稳步增强认识、保护和利用北极的能力，积极参与北极事务的国际合作。①

在“冰上丝绸之路”倡议下，通过认识北极、保护北极、利用北极和参与治理北极，中国致力于同各国一道，在北极领域推动构建人类命运共同体。中国在追求本国利益时，将顾及他国利益和国际社会整体利益，兼顾北极保护与发展，平衡北极当前利益与长远利益，推动北极的可持续发展。

四、“冰上丝绸之路”的建设原则

（一）中俄共建“冰上丝绸之路”的原则

中俄双方在北极战略目标上存在差异，为了顺利推进中俄双方共建“冰上丝绸之路”，双方需要共同确立和遵循一些基本原则。

1.共建共享原则

“冰上丝绸之路”作为“一带一路”倡议在新时期的丰富和发展，也要遵循共商、共建、共享的基本原则。在双边层面，中俄双方应相互尊重对方主权权利和国家利益。围绕共建“冰上丝绸之路”在政策沟通、航道贯通、设施联通、信息互通、资金融通、贸易畅通等方面加强务实合作。自2013年起，包括北方海航道议题在内的中俄北极事务对话已实现机制化。2019年4月，中俄海洋研究机构签署《共建北极联合研究中心协议书》，设立

①中华人民共和国国务院新闻办公室.中国的北极政策［EB/OL］.（2019-08-15）［2020-08-20］. http：//baike.baidu.com/view/21173773.html.

北极联合研究中心，旨在解决“冰上丝绸之路”建设过程中可能面临的各类科学问题。①

在国际层面，应坚持开放合作态度，与“冰上丝绸之路”沿线各国以及有意愿参与建设的国家共商共建。2012年，中国与冰岛签署《中华人民共和国政府与冰岛共和国政府关于北极合作的框架协议》。2013年12月，与北欧五国（冰岛、丹麦、芬兰、挪威、瑞典）设立中国—北欧北极研究中心。除此以外，我国也非常重视与非北极国家在“冰上丝绸之路”建设上的对话与合作。2016年，中日韩三国启动北极事务高级别对话，推动在加强北极国际合作、开展科学研究和探索商业合作等方面的沟通交流。此外，我国与英国、法国开展极地事务对话。共商、共建、共享原则有助于凝聚共识，消除分歧，使“冰上丝绸之路”既成为中俄两国务实合作的新领域，也成为相关国家友好合作的新纽带。

2.身份定位原则

中国参与北极事务的身份定位是积极的“参与者、建设者和贡献者”，这种身份定位原则也同样适用于中俄共建“冰上丝绸之路”合作。中国的北极政策一直为国际社会所关注，国际社会也期待中国参与北极事务。但同时，也存在认为中国要打破身份界限，超越非北极国家的身份，甚至向北极投送军事力量和掠夺北极资源等曲解与污蔑。

首先，中国是参与者而非主导者。白皮书通篇突出尊重和参与的政策基调。“尊重”是指尊重国际法和国际公约权威，尊重北极国家的主权、主权权利和管辖权，也倡导北极国家尊重非北极国家参与北极事务的权利和自由，尊重国际社会在北极的整体利益。“参与”是指中国在北极的活动不是“独善其身”，更不会“一手遮天”，而是愿意与北极国家、非北极国家以及整个国际社会一道的共同参与。

①易鑫磊.中俄共建“冰上丝绸之路”：概念、目标、原则与路径［J］.欧亚经济，2019（4）：60-75.

其次，中国是建设者而非破坏者。在开发方面，中国秉持多方共建“冰上丝绸之路”的建设性、包容性态度。在利用方面，中国参与建设，也不会一家独享。中国坚定尊重和保障各国依法享有航行自由以及利用北极航道的权利，也坚决反对枉顾他国主权和主权权利，单方面强调所谓“航行自由”，破坏国际法和国际公约等霸权行为。

最后，中国是贡献者而非掠夺者。无论是航道还是资源，应秉持北极是全人类共同财富的理念。航道畅通和资源外运是“冰上丝绸之路”的国际公共产品，是对整个国际社会的贡献。

中国在北极事务上不会超越自己的身份定位，不存在国家现实利益之外的图谋，更不会超出国家的承受能力参与北极事务。①

3.循序渐进原则

中国北极政策的目标是认识北极、保护北极、利用北极和治理北极，因此，遵循上述政策，中俄共建“冰上丝绸之路”也应遵循这4个方面。它们既存在并列关系，也存在递进关系。

首先，了解“冰上丝绸之路”海域的自然环境和条件，熟悉航道航行的法律、规范和技术要求，保护和保障航道的畅通、安全和绿色。

其次，实践是认识的来源，也是认识发展的动力。开发利用是认识和保护的根本手段和途径，在丰富、全面的实践过程中不断深化对“冰上丝绸之路”的认识，获得更好地保护北方海航道的经验和手段。努力创造条件实现“冰上丝绸之路”的贯通化、常态化。

最后，在对北方海航道的认识不断深化、保护经验和手段不断积累丰富、开发利用持续进行的过程中，各方共同参与治理“冰上丝绸之路”的客观条件和政策环境自然水到渠成。

①易鑫磊.中俄共建“冰上丝绸之路”：概念、目标、原则与路径［J］.欧亚经济，2019（4）：60-75.

4.项目导向原则

中俄共建“冰上丝绸之路”与中俄在“冰上丝绸之路”沿线的合作项目是相辅相成的关系，项目牵引和推动航道开发利用，航道贯通保障和支撑项目落实。中俄目前在北极地区的合作主要集中在能源、贸易和航运领域。与此相关的基础设施、能源工程、船舶海洋装备和通信导航、气象水文等经济技术合作，极地旅游、冰雪运动等人文合作，以及由此带动的上下游产业链和价值链发展，将大大提高“冰上丝绸之路”在人流、物流、资金流和信息流等方面的吸引力，成为俄北冰洋沿岸地区经济发展的重要拉动因素。因此，中俄共建“冰上丝绸之路”应当以项目为导向和牵引，根据具体项目的现实需求开展有针对性的建设合作，为未来进一步深化和拓展能源、贸易、科技和人文合作奠定基础。①

5.市场规律原则

中俄共建“冰上丝绸之路”的政治意愿和政策支持是开展合作的基础，但“冰上丝绸之路”的地缘经济属性决定了中俄共建“冰上丝绸之路”的实质更侧重于经济合作，因此，要遵循市场规律和国际通行规则，充分发挥市场在资源配置中的决定性作用和各类企业的主体作用。在发挥好政府引导和政策导向的同时，充分调动市场和企业的积极性。

（二）“冰上丝绸之路”倡议下中国对于北极事务的基本原则

1.中国参与北极治理的基本原则

2018年1月，《中国的北极政策》白皮书发布，这是中国首次以正式文件的形式向国际社会系统阐述在北极事务上的原则、目标、政策和主张。白皮书中明确指出，“中国是北极事务的重要利益攸关方”，中国将本着“尊重、合作、共赢、可持续”的基本原则认识、保护、利用北极。北极问题更

①易鑫磊.中俄共建“冰上丝绸之路”：概念、目标、原则与路径［J］.欧亚经济，2019（4）：60-75.

关乎全人类的整体利益，因此中国“倡导构建人类命运共同体”。中国虽然不是北极国家，但作为地缘上的“近北极国家”，与北极事务的关系十分紧密，有必要以更加积极的姿态参与北极的治理和开发。中国“是北极事务的积极参与者、建设者和贡献者，努力为北极发展贡献中国智慧和中国力量”[①]。

首先，尊重是中国参与北极事务的重要基础。尊重就是要相互尊重，包括各国都应遵循《联合国宪章》《联合国海洋法公约》等国际条约和一般国际法，[②]尊重北极国家在北极享有的主权、主权权利和管辖权，尊重北极土著人的传统和文化，也包括尊重北极域外国家依法在北极开展活动的权利和自由，尊重国际社会在北极的整体利益。

其次，合作是中国参与北极事务的有效途径。合作是要在北极建立多层次、全方位、宽领域的全面合作关系。通过全球、区域、多边和双边等多层次的合作形式，推动北极域内外国家、政府间国际组织、非国家实体等众多利益攸关方共同参与，在气候变化、科研、环保、航道、资源、人文等领域进行全方位的合作。

再次，共赢是中国参与北极事务的价值追求。共赢是要在北极事务各利益攸关方之间追求互利互惠，以及在各活动领域之间追求和谐共进。不仅要实现各参与方之间的共赢，确保北极国家、域外国家和非国家实体的普惠，并顾及北极居民和土著人群体的利益，而且要实现北极各领域活动的协调发展，确保北极的自然保护和社会发展相统一。

最后，可持续是中国参与北极事务的根本目标。可持续就是要在北极推动环境保护、资源开发利用和人类活动的可持续性，致力于北极的永续发展。实现北极人与自然的和谐共存，实现生态环境保护与经济社会发展的有

①程晓.新时代“冰上丝绸之路”战略与可持续发展［J］.学术前沿，2018（6）：8-12.

②陈顺杰.海洋法视野下北极航道法律地位研究［D］.武汉：武汉大学，2019.

机协调，实现开发利用与管理保护的平衡兼顾，实现当代人利益与后代人利益的代际公平。①

2.中国参与北极科考的基本原则

首先，将认识北极海洋作为“冰上丝绸之路”海洋科技创新的核心任务。我国北极科考起步较晚，北极科研基础比较薄弱，技术水平不高，认知不足已经成为我国参与北极海洋事务的最大短板。应当加大投入，围绕北极海洋水文、冰情、气象、地质、北极与全球变化等基础科学问题，开展深入研究，尽快使我国的北极海洋认知能力跨入国际先进行列。

其次，将保护北极海洋作为“冰上丝绸之路”海洋科技创新的根本遵循。保护北极海洋独特的自然环境和生态系统，尊重多样化的社会文化和历史传统，应当成为我国践行海洋命运共同体理念的重要行动。唯有如此，我国推动“冰上丝绸之路”海洋科技创新的理念与行动才能得到北极国家的认可和支持。

再次，将开发北极海洋作为“冰上丝绸之路”海洋科技合作的长期目标。北极航运、油气开发等经济活动具有巨大的经济开发潜力，也面临巨大的自然风险、市场风险和社会风险。应当遵循可持续发展目标，将北极海洋开发的重点放到环境友好型技术模式和商业模式探索方面。

最后，将参与北极治理作为“冰上丝绸之路”海洋科技合作的重要实践。一方面，认真履行北极理事会观察员职责，在现有国际法框架内发挥积极作用；另一方面，在北极航运、污染防治、渔业资源开发与保护、应急救援等方面的规则制定中发挥大国作用，推动相关机制、平台建设，扮演好公共服务提供者的重要角色，在北极治理深化过程中发挥关键作用。②

---

①中华人民共和国国务院新闻办公室.中国的北极政策［EB/OL］.（2019-08-15）［2020-08-20］. http：//baike.baidu.com/view/21173773.html.

②李大海，张荧楠.冰上丝绸之路海洋科技创新战略研究［J］.中国工程科学，2019，21（6）：64-70.

（三）“冰上丝绸之路”倡议下贸易争端的解决原则

1.公平且可持续发展原则

除美国、俄罗斯和加拿大之外，其余环北极国家大多是经济总量较小、国际贸易总额不高的地区性影响国家。[①]尤其是芬兰、挪威、瑞典、丹麦、冰岛，这些国家与俄罗斯毗邻，共同构筑了黄金航线的东北航道，这是目前北极黄金航道风险最低、便利性最强的航线。因此，确保芬兰、挪威、瑞典、丹麦、冰岛等域内国家在“冰上丝绸之路”建设中的共同发展和繁荣，这是北极航线稳定通航的必要条件。从这个角度出发，“冰上丝绸之路”贸易争端解决机制的规则中必然要根据域内国家的实际经济发展水平和阶段特征，强调保证冰岛、丹麦、芬兰等域内国家的可持续发展，从而使得“冰上丝绸之路”真正成为域内国家的发展之路。这不仅体现了我国提出和实施“冰上丝绸之路”的初衷，同时也是进一步加快丹麦、挪威等环北极地区国家融入经济全球化的一项具有里程碑意义的重要举措。[②]

2.多边协调原则

因区域位置特殊，部分环北极地区国家为了维持地缘政治优势，传统上高度排斥域外势力进入；同时另有部分国家由于担心域外势力会对本国经济产生致命冲击和影响，因此也在很大程度上抵触与域外经济的融合与接触。然而，随着经济全球化的不断发展，以及地缘政治的复杂变化，冰岛、芬兰等域内国家开始重视经济全球化的发展红利，并显示出了积极参与经济全球化的热情和期盼。但由于传统地缘政治的博弈，域内国家对北极航道开通所带来的政治、经济、环境和社会的影响存在不同的主张，这就要求“冰上丝绸之路”争端解决机制必须是秉承多边协商原则，杜绝少数大国利益博弈和贸易垄断所可能对域内国家产生的利益影响。共同发展、合作共赢理念，必须真正融入“冰上丝绸之路”贸易争端的解决机制当中。

---

①王沛.“冰上丝绸之路”沿线国家贸易争端的解决机制研究［J］.商业经济，2018（10）：72-73+92.

②王沛.“冰上丝绸之路”沿线国家贸易争端的解决机制研究［J］.商业经济，2018（10）：72-73.

3.灵活性与统一性相结合的原则

“冰上丝绸之路”建设尊重各国的发展道路和模式选择，强调求同存异、兼容并蓄、和平共处、共生共荣。虽然“冰上丝绸之路”是我国目前积极推进的“一带一路”的重要组成部分，但相较而言，“冰上丝绸之路”沿线国家的数量少于“一带一路”参与国的数量，因此“冰上丝绸之路”贸易争端解决机制可以采取更加灵活的方式来处理。坚持在公正透明的统一性原则基础上，“冰上丝绸之路”沿线国家应以客观事实为依据，更加灵活地与域内国家进行双边或者多边友好协商，积极主动解决域内国家的贸易争端。这既可以体现“冰上丝绸之路”共同发展繁荣的理念，同时也可以更加灵活地推进“冰上丝绸之路”的建设进程。

（四）“冰上丝绸之路”倡议下法治合作的指导原则

“冰上丝绸之路”的法治合作体系需要吸取国际合作失败的教训，借鉴全球治理的成功经验，抓住经济全球化发展的机遇，顺应时代潮流，促进全球治理体系的进一步完善。因此，相关国家构建“冰上丝绸之路”法治合作机制，在传统国际法原则中发展更为符合时代要求的新原则。①

1.平等互利原则

“冰上丝绸之路”在建设过程中发展了传统的国际法原则，其中法治合作机制最基本的原则是平等互利原则。各方平等参与，各个国家和地区之间进行优势互补，加快全球资源优势的流动性。平等与互利是相辅相成的关系，通过行之有效的措施加强与沿线各国的互相信任，深入发掘和探索“冰上丝绸之路”沿线各国的需求，而不是以中国需要什么来定义法治化原则。平等互利要求坚持国际法主体地位的平等，通过对话协商的方式促进各国之间合作。传统的国际法原则是国家主权平等原则，“一带一路”倡议的落实将赋予主权平等更深远的意义，即在维护国家主权的基础之上，平等地开展

①白佳玉，张传龙.“海上丝绸之路”法治合作及其对共建“冰上丝绸之路”的启示［J］.武汉科技大学学报（社会科学版），2020，22（1）：14-20.

合作，平等地分享发展红利，在合作中实现共赢，以合作共赢原则影响更多的国家和地区。在未来构建周边海洋命运共同体和人类命运共同体的过程中，既明确主权国家的平等地位，又在求同存异的发展中互利共赢。

2.善意履行国际义务原则

善意履行国际义务原则是指国际法主体在参与国际事务的过程中要做到遵守已经缔结的条约、国际习惯以及国际法基本原则。国家享有该条约、习惯和基本原则项下的权利，也履行相应的义务。“冰上丝绸之路”国际法治规则同样包括了上述国际法渊源，均属于国家善意履行的规则形式。善意履行国际义务原则指导国际法主体参与国际事务和开展国际法治合作。国家善意履行国际义务主要是履行《联合国宪章》的明文规定，当然也包括公认的国际法原则和规则产生的以及其作为缔约国缔结国际条约所承担的各项义务。具体到“冰上丝绸之路”参与国家应该遵守的国际义务包括在法治合作过程中达成的宣言、准则等。同时为了实现共赢的局面，扩展国际法治的发展空间，沿线国家坚持以善意履行义务维护国际关系稳健发展，促进国际法治合作不断加深，将善意履行国际义务原则作为“冰上丝绸之路”在实践过程中的指导原则。

3.绿色发展原则

“冰上丝绸之路”的不断完善发展需要兼顾发展的水平与质量。1992年联合国环境与发展大会提出“进一步制定关于可持续发展的国际法”，自该倡议提出后，可持续发展的国际法不断完善发展，在可持续发展的原则中融入了绿色发展理念。绿色发展原则不仅包括可持续发展，还包括健康发展，可持续发展原则是以人为核心的发展，遵循绿色发展原则不仅是站在人类角度求发展，也是自然界永恒的追求，所以“冰上丝绸之路”法治合作中的绿色发展原则是可持续发展原则的升华，坚持绿色可持续发展原则是保证人类可持续发展的终极要求。在环境问题日益严峻的情况下，中国提出的生态文明建设已经成为国家的基本方针政策，“冰上丝绸之路”倡议中包含的绿色发展原则有益于国内法与国际法的互动与适应，为突出的环境和发展问题提供了解决思路。绿色发展原则与“海上丝绸之路”倡议相结合，丰富了可持续发展原则的内涵。[①]

4.兼容并包原则

中华优秀传统文化向来主张和而不同，即在对差异性、独立性的尊重和包容中实现和谐发展。兼容并包原则正是这种传统文化的真实写照。在“冰上丝绸之路”建设过程中构建海洋命运共同体需要基于对差异的包容以实现和谐。“冰上丝绸之路”建设正是对和而不同理念的践行，强调寻找各国发展战略与“冰上丝绸之路”建设的契合点，在此基础上兼容并包、将自身利益与各国共同利益有机结合起来，构建人类命运共同体。中国改革开放的成就得益于同世界各国的交流合作，中国也欢迎其他国家分享自身的发展红利。因此，在“冰上丝绸之路”建设过程中要兼容文化差异，在互信互助的基础上实现共商共建。通过交往实现合作的良好互动，而交往的前提是对差异性的包容、对不同文化历史的尊重，这也是兼容并包原则的意义所在。

五、“冰上丝绸之路”的建设机制

“一带一路”倡议提出以来，已形成较为成熟的建设机制，可为建设“冰上丝绸之路”提供参考，将“冰上丝绸之路”纳入“一带一路”机制化建设。

第一，以亚洲基础设施投资银行（以下简称“亚投行”）以及丝路基

①白佳玉，张传龙.“海上丝绸之路”法治合作及其对共建“冰上丝绸之路”的启示［J］.武汉科技大学学报（社会科学版），2020，22（1）：14-20.

金为代表的“一带一路”金融机制，可为缺乏资金支持以及融资渠道的“冰上丝绸之路”沿线国家提供支持。北欧五国均为亚投行创始成员国，有利于亚投行参与“冰上丝绸之路”沿线基础设施建设投资。“丝路基金”当下对“冰上丝绸之路”的支持仍然局限在能源开采公司的参股领域，未来可进一步扩大港口、航运等产业的投资，发挥“一带一路”对“冰上丝绸之路”的资金支持。

第二，以互联互通为核心的“五通”建设可在“一带一路”的助力下，服务于“冰上丝绸之路”的推进。“一带一路”倡议可发挥自身在基础设施建设方面的优势，快速推进北冰洋沿岸航道及港口设施建设。北极地区通信和互联网建设长期处于落后状况，即使是挪威这样的发达国家，在高纬度地区仍然存在网络信息通信不佳、网络覆盖率较低等问题。为此，“一带一路”倡议对通信建设的支持也有助于促进沿途互联互通。

第三，“冰上丝绸之路”可与已对接“一带一路”的规划相协作，例如中蒙俄经济走廊、中欧班列等项目，以此发展北极地区陆海联运，既有助于“一带一路”建设的深化，也可实现“冰上丝绸之路”在多领域开花结果的局面。此外，还可通过深化现有“一带一路”沟通机制，在“一带一路”相关论坛中开辟“冰上丝绸之路”专项，以推进“一带一路”倡议对“冰上丝绸之路”的统领和带动作用。[①]

①姜胤安.“冰上丝绸之路”多边合作：机遇、挑战与发展路径［J］.太平洋学报，2019，27（8）：67-77.

第三章

『冰上丝绸之路』建设的预期效益

一、国际合作效益

“冰上丝绸之路”建设有助于欧亚大陆乃至全球的交通与贸易的均衡发展。从“一带一路”合作共建来看，这将有助于在欧亚大陆形成“一体两翼”的均衡发展格局，即以发达的铁路网络贯通东亚、中亚与欧洲的陆上丝绸之路为主体，以东南亚、印度洋航道以及太平洋、北极航道为南北两翼，形成一个以欧亚大陆为中心的国际交通网络，将从根本上整合欧亚大陆的发展资源，促进资源开发和合作发展。①

（一）拟定国际贸易合作战略

中国应积极地与北极国家建立更高级别的合作伙伴关系，以“伙伴国”的身份参与到北极事务与贸易中。②《中国的北极政策》白皮书也指出，中国主张与北极国家和域外国家之间建立合作伙伴关系，已与所有北极国家开展北极事务双边磋商。2010年，中美建立了海洋法和极地事务年度对话机制。自2013年起，中俄持续举行北极事务对话。2012年，中国与冰岛签署《中华人民共和国政府与冰岛共和国政府关于北极合作的框架协议》，这是中国与北极国家缔结的首份北极领域专门协议。中国同样重视发展与其他北极域外国家之间的合作，已同英国、法国开展双边海洋法与极地事务对话。2016年，中国、日本、韩国启动北极事务高级别对话，推动三国在加强北极国际

①李莉.走出国门联通世界［J］.中国科技奖励，2018（7）：35-36.

②秦洪军，郭浩，赵向智.北极航道开通背景下中国与北极国家的贸易发展研究［J］.东北亚经济研究，2018（6）：93-108.

合作、开展科学研究和探索商业合作等方面交流分享相关政策、实践和经验。[①]就目前的国际形势而言，与俄罗斯合作是中国的最佳选择，面对西方国家的挑战，中国与俄罗斯有许多共同的利益，并且在商品贸易方面，中国与俄罗斯有更高的互补性，所以双方的合作是共赢的。通过建立伙伴关系，可以使中国在参与北极事务和进行贸易时，避开一些不必要的麻烦，降低北极国家的戒心，减少对中国的阻碍。总的来说，在“冰上丝绸之路”深度开展的进程中，持续深化与俄罗斯之间的合作，同时与北极国家乃至域外国家建立合作伙伴关系，是中国在未来参与北极事务管理与贸易的重要途径，这将为中国与北极国家之间的贸易合作搭建新的平台。[②]

（二）推动中俄参与全球能源治理的主动引领作用

中国是世界上最大的能源进口国，对外部能源的依赖度较高，而俄罗斯能源储备丰富，是世界上最重要的能源供给国之一，中俄两国之间在能源合作上有着高度的紧密性及相互依赖性。能源合作一直是中俄两国经贸合作的重要组成部分，[③]是两国贸易稳定发展的“重中之重”。“冰上丝绸之路”建设就是中俄参与全球能源经济治理由被动跟随向主动引领的重要实践，这一合作进一步推进了中俄之间的能源合作。例如类似亚马尔液化天然气项目的顺利推进，进一步夯实了中俄能源合作在两国贸易往来和经贸合作关系中的基础性地位。这不仅对中俄两国经贸合作具有重要意义，也对中俄两国整体关系和其他领域的战略合作具有特殊意义。而在战略布局上，“冰上丝绸之路”的开通不仅是对共建“一带一路”的重要补充，也会给中俄带来巨大的经济收益。[④]

①中华人民共和国国务院新闻办公室.中国的北极政策［EB/OL］.（2019-08-15）［2020-08-20］. http://baike.baidu.com/view/21173773.html.

②秦洪军，郭浩，赵向智.北极航道开通背景下中国与北极国家的贸易发展研究［J］.东北亚经济研究，2018，2（10）：95-110.

③刘焱.21世纪以来中俄能源合作问题研究［D］.石家庄：河北师范大学，2017.

④关雪凌，杨博，刘漫与.“冰上丝绸之路”与中俄参与全球经济治理的新探索［J］.东北亚学刊，2019（44）：32-44+148.

（三）完善基础设施开发与建设

在“冰上丝绸之路”深度开发的合作背景下，北极东北航道等主要航运路线沿线相关地区的基础设施建设与完善是相关航线良好运行的重要基础和先决条件。这首先涉及中俄两国在“东北航道”途经地区的港口开发与建设。随着中俄北极航道合作的不断深入，俄罗斯远东地区和中国东北地区的相关港口和航运设施的建设步伐必将加速，沿岸地区的经济发展也将得到有效促进，从而有利于落实中俄两国各自的经济协调均衡发展战略。与此同时，两国相关地区省份间的地方合作也会在上述过程中得到加强，在两国整体合作的基础上，在地方层面进一步发挥具体的比较优势，实现共赢。进而以中俄两国合作为引领，“冰上丝绸之路”的延伸地区，如北欧、西欧地区乃至东北亚地区的相关国家也可以参与相关的基础设施建设合作，共享成果。相关国家更有望最终建成“冰上丝绸之路”高标准现代港口群，真正实现由点连线、由线成面的辐射效应，带动整个“冰上丝绸之路”相关航道沿线地区的基础设施建设与经济开放合作体系的建成。①

（四）扩大海洋开发与治理话语权

在党的十九大报告中，习近平总书记明确提出“加快建设海洋强国”。②近20多年来，中国贸易和能源等领域对海洋的“依赖”关系不断加深，海洋成了中国名副其实的“生命线”。目前，中国每年有大量的商品和能源来往于周边和世界各地区的航线和海域，并且每年生产着全球最多的各类型船舶，但只能被称为“海洋大国”，离“海洋强国”仍有差距。俄罗斯虽然在核动力破冰船等海洋装备领域具有传统优势和较强实力，但受制于自身有限的贸易规模和特殊的地理环境，在全球的海洋开发与治理领域影响力不够大。现今，在关系到全球发展的许多海洋治理领域，西方国家的主导地位仍非常明

①关雪凌，杨博，刘漫与.“冰上丝绸之路”与中俄参与全球经济治理的新探索［J］.东北亚学刊，2019（44）：32-44+148.

②李大海，韩立民.青岛市海洋战略性新兴产业发展研究［J］.海洋开发与管理，2016，33（11）：18-22.

显。因而，在“冰上丝绸之路”的背景下，中俄两国在极地科学研究、海洋工程技术、港口航线建设等各领域的合作，必使其在全球海洋治理领域的地位和话语权得到进一步提升，同时通过带动航道延伸地区其他国家的加入，使全球海洋治理领域的权力分布更加均衡。①

二、航运与港口效益

（一）获取可观航线收益

我国已经成为世界第二大贸易国，处于东亚贸易的核心位置，拥有巨大的货物进出口量，这些进出口货物绝大多数以海运方式进行运输。传统海运航线经过马六甲海峡、苏伊士运河，受限于船舶吨位小、航距远、航运时间长的弊端，还要面对各种来自海盗、恐怖主义、沿线国家政治危机等风险，增加了航运业安全成本，也使贸易成本大幅攀升。“冰上丝绸之路”的开通，将成为连接东亚、西北欧和北美的新海上通道，在很大程度上缩短了中国与欧美主要贸易区的距离。在此基础上，“冰上丝绸之路”建设将打破原有的全球航运格局，为我国提供一条更为安全的通往欧洲的航线。

1.改变全球航线格局

中国是对外贸易大国，90%以上的外贸货物运输量都是由水路运输承担。②目前主要基于两条远洋贸易航线，一条是横跨太平洋到达美洲西海岸再经过巴拿马运河到达美洲东海岸的跨太平洋航线；另一条是经过马六甲海峡和苏伊士到达欧洲的地中海航线，这两条航线的海运能力已经接近饱和且海

①关雪凌，杨博，刘漫与.“冰上丝绸之路”与中俄参与全球经济治理的新探索［J］.东北亚学刊，2019（44）：32-44+148.

②程晓.新时代“冰上丝绸之路”战略与可持续发展［J］.学术前沿，2018（6）：8-12.

盗频繁出没。在“冰上丝绸之路”中，西北航道是连接北太平洋和北大西洋的最短航线，东北航道是连接东亚和北欧、东欧以及西港地区的最短航线。随着全球气候变暖，北极航线的无冰窗口期将大大延长，为航道的开辟和利用提供了前所未有的有利条件，将成为北美、西欧和东亚间的重要枢纽。“冰上丝绸之路”的建设可以为我国前往美洲的东部港口，北欧、西欧和波罗的海港口提供不同的航路选择，不仅避开了世界上最繁忙和充满不确定因素的马六甲海峡，还将大大缩短航运里程、节约成本。

相较于其他航道，东北航道的开发程度最好，水域宽广，可用港口较多；而西北航道较为复杂，受冰情影响较大，基础设施不完善。考虑到我国与俄罗斯已达成的关于东北航道开发的共识，未来“冰上丝绸之路”的建设应该将东北航道摆在优先发展的位置。2013年，中远集团“永盛”号货轮完成首次北极之行，成为第一艘经由东北航道抵达欧洲的中国商船。截至目前，中远海运在东北航道共派出10余艘船舶，执行过14个航次的任务，为“一带一路”和“冰上丝绸之路”建设积累了丰富的极地运营经验。东北航道的开发利用将成为“冰上丝绸之路”倡议的重要平台，有力地扩大“一带一路”政策的辐射范围，巩固我国在世界经济贸易体系中的核心地位，助力我国站上新的经济高地，有助于打破海上通道单一性的局面，[①]实现中国国际航运的多元化，打造新的世界经济走廊，进而影响世界地缘经济的基本轮廓。[②]

2.缩短航行时间

作为沿海国家，我国的大陆海岸线约为1.8万千米，海域广阔。目前我国主要的贸易航线分为向东、向西、向南、向北4个方向。[③]在这4个方向的航线

①②张荣，郝大江.共建“冰上丝绸之路”背景下东北地区战略定位及对策分析［J］.产业经济评论，2018（4）：104-115.

③刘硕松.“冰上丝绸之路”背景下中国大陆沿海集装箱枢纽港选择研究［D］.大连：大连海事大学，2019.

中，向西和向东两个方向的远洋航运线路承载了我国进出口贸易主要的运输量，向西的航线到达西欧、北欧和波罗的海，向东的航线到达北美洲东岸。亚欧之间海运的传统路线有3条，其中运距最短的1条是从中国东部沿海或南部沿海港口，通过大连港、天津港、上海港、深圳港、广州港等港口出发，向西经过马六甲海峡，穿行印度洋，到达亚丁湾，而后进入红海，经苏伊士运河到达地中海沿岸，再经直布罗陀海峡，到达英国、荷兰和西北欧国家。这条航线是船运公司经常使用的经典航线，总航程约10761海里，正常航行时间在35天左右。第2条航线是通过巴拿马运河后，进入大西洋，最终到达欧洲沿岸的路线，总航行里程约为14200海里，航行时间大约为40天。第3条航线为绕行非洲好望角的航线，总航程约为13000海里，但航行需时较长，达到46天左右。①

传统的海上航线是经过马六甲海峡，穿过印度洋，再取道苏伊士运河，但这一航线面临很多的现实挑战，尤其是如果远洋油轮的重量超过了苏伊士运河21万吨的限载量，就必须要绕行非洲的好望角，如此一来，航运的时间、经济成本会更高。②此外，由于苏伊士运河受到埃及军方控制，巴拿马运河受到巴拿马政府控制，经过两条运河需要缴纳高额的运河通行费。东北航道作为“冰上丝绸之路”的主航道，作为东北亚穿越北极圈、连接欧洲的最短航线，相比传统航线，可以减少1/3的航程，极大地降低了航运成本。

“冰上丝绸之路”一旦正式开通，中国沿海港口到北美洲东岸的海上航程，会比经过巴拿马运河的传统航线减少2000—3500海里。中国上海以北的港口抵达西欧、波罗的海等沿岸港口的航程，会比传统航线减少25%—55%，每年将节约533亿—1274亿美元的海运成本。中欧、中美洲贸易的不断增长也成为未来中国开发利用北极航道的主要动力。

---

①刘力华.“冰上丝绸之路”建设研究——以产业合作为中心［D］.长春：吉林大学，2019.

②薛桂芳.“冰上丝绸之路”新战略及其实施路径［J］.学术前沿，2018（11）：62-67.

在索马里海盗猖獗、苏伊士运河和巴拿马运河日益堵塞的情况下，中国航运所面临的问题越来越突出，北极航线的战略价值将更加重要。选择北极航线不仅可以减轻马六甲海峡、苏伊士运河和巴拿马运河因水道狭窄和水浅所带来的拥堵，还可以降低遭遇海盗的风险。此外，对于我国商船而言，北极航线在贸易和战略方面都是一条可以信赖的航线。[①]海运距离的减少，不但缩短了船舶航行的距离和时间，降低了海运货物受损的风险，还缩减了运河通行费和船员薪资，对整个航运业运行效率的提高做出了巨大的贡献。最重要的是，海运距离的缩短，能够减少船舶燃料的消耗和废气的排放，这对于改善环境质量具有重要的意义。

远东、西欧、北美是当今世界贸易最活跃的地区。可以说，这3个地区之间的贸易往来是世界经济的一张晴雨表，当今世界航运相当大的一部分航线设计就是为了满足这3个地区的贸易需要。对于地处亚洲的中国的海运企业来说，西欧地区和北美地区是最大的买方。虽然北极航线在短时间内不可能取代巴拿马运河和苏伊士运河的战略地位，但是全球变暖正在改变着陆地形貌，同时也必将会改变海洋航道的布局，这已成为一个不争的事实，其实现只是一个时间问题。所以在北极航线开通之后，其所带来的运输成本的减少将占据绝对的优势，从而提高了航运企业的服务水平，增强了航运企业的竞争力，提高了航运企业整体的市场绩效。

3.降低国际贸易海上运输成本

远洋航运的运输成本主要是由燃油费、保险费、港口使用费、薪酬福利费以及其他的一些管理费用和附加费用构成的。其中，海上运输成本的主要构成因素是燃油费。由CIBC（加拿大帝国商业银行）世界市场公司所做的调查表明，海洋运输的成本百分之一的上涨幅度来源于1美元的石油价格所上涨的幅度，油价的升高还会促使其占海运总成本的比重升高。近年来，油耗甚

①李娜.北极航线通航对我国航运业的影响研究［D］.大连：大连海事大学，2012.

至占海运成本的70%以上。中国远洋运输通过走北极航道使航程缩短后，其油耗也相应减少，成本降低了15%—35%。对比以我国沿海代表性港口利用“冰上丝绸之路”和传统航线至荷兰鹿特丹港的海运里程可以发现，对中国大陆沿海大部分港口而言，“冰上丝绸之路”可以缩短22%—48%的海上运输距离。①经中国东部沿海港口北上进入北极航线东北航道，到达欧洲的海运距离仅有6700海里，航行时间仅22天，与传统航线相比缩短近50%，大幅降低了航行燃油、物料、人工和时间成本，成倍提高了海运效率。即便与传统航线需缴纳的各条运河通行费相比，经东北航道需要交纳的破冰引导费用也远低于前者。“冰上丝绸之路”开通后，亚欧间的总休航运成本大幅下降，这条航线可以成为世界各船运公司通行亚欧间最高效的航线。对船运公司而言，因海运距离缩短致使运营成本降低的费用是相当可观的。②

除了正常的保险费用以外，我国前往西北欧的传统航线，需要经过东南亚、南亚、西亚，这些地区威胁传统安全的恐怖事件、海盗侵袭常有发生，马六甲海峡、索马里等更是海盗活动频繁的海域，对海上运输安全构成了很大的威胁，也使保险费用随之增加。③此外，中国为防范沿途海盗、保护国内商船顺利通航而派出的海军护航也使得无形成本增加。目前来说，北极航道出现海盗的可能性比较小，在此项上也可以减少总成本的构成。

在北极航线比传统航线航程缩短的情况下，航程周期随之减少，所经过停泊的港口相应减少，港口使用费也随之减少。另外，航期的缩短也使与之相关的人员薪酬、运行管理等海运成本降低。利用北极航道还能够节省相关的运河管理费用。中远集团“永盛”号货轮双向往返再航北极东北航线，总航行里程比经传统马六甲海峡和苏伊士运河的航线缩短近7000海

---

①②刘硕松.“冰上丝绸之路”背景下中国大陆沿海集装箱枢纽港选择研究［D］.大连：大连海事大学，2019.

③薛桂芳.“冰上丝绸之路”新战略及其实施路径［J］.人民论坛·学术前沿，2018（21）：62-67.

里，航程时间缩短20天以上，大大降低了通航成本和碳排放量。由于再航的西行航段只雇用破冰船，东行航段全程无引导员和破冰船，完全由船舶独立完成航行，更加节省航行费用，为航运公司降低了非常可观的贸易成本。[①]

在中欧和中美两条贸易主干线上，苏伊士运河和巴拿马运河在船宽、吃水以及载重吨等方面进行设限。然而随着中国能源需求和对外贸易量的增长，为了降低运输成本，提高单次运量，许多海运企业将目光投向大型吨位的船舶，特别是20万—30万吨及其以上的巨型油气船和集装箱货船。向北走北极航道没有吨位限制，提高了单次单船的运货量，也就降低了单位货物的成本。

当然，利用北极航道也有其特殊的运营成本，由于北极生态环境非常脆弱，北极海域的生态和环境保护标准必然较高，船舶航运必然要缴纳特定的环境污染责任险。在目前海冰无法完全消融的情况下，普通商船还要额外支付破冰领航的服务费用、海冰冰情监测和预报服务费等冰区航行附加成本。综合上述各项成本，粗略估计单船单次航行经北极航线比经传统航线节约营运成本30亿美元，这也将直接转化为单航程增值利润。北极航线可以有效降低远洋运输成本，其航运优势非常明显。[②]

4.提高远洋航运安全

从航行安全方面来看，我国到欧洲的传统航线需要经过红海地区、波斯湾及印度洋东部地区等具有国际安全问题的焦点区域，特别是巴以紧张关系、索马里海盗危机、也门地区紧张局势、伊朗核问题等区域紧张局势或安全问题都深刻影响着船舶的安全航行。此外，美国在印度洋、马六甲和西太平洋地区的军事部署，美日澳等国近年来对我国南海的政治、军事骚扰，一

①刘力华.“冰上丝绸之路”建设研究——以产业合作为中心［D］.长春：吉林大学，2019.

②薛桂芳.“冰上丝绸之路”新战略及其实施路径［J］.学术前沿，2018（11）：62-67.

定程度上也影响着我国与欧洲各国之间往来船舶的稳定和安全。①然而，“冰上丝绸之路”航线经过的大西洋北部、北冰洋和西太平洋区域都是非国际安全焦点区域，相对于传统中欧航线，安全形势稳定。地处“冰上丝绸之路”咽喉区域的白令海峡，历史上曾经是俄美两国对抗的战略前沿，苏联和美国在冷战时期都曾经在白令海峡地区部署过大量的军事设施，地区安全形势曾一度非常紧张。冷战结束以后，随着国际政治、军事格局的变化和俄美关系的缓和，白令海峡区域的安全形势大为改观，能为“冰上丝绸之路”船舶安全航行提供良好的保障。东北航道沿线主要途经俄罗斯北部，安全隐患相对较少；北极特殊的地理位置和环境也可以在一定程度上使船舶避免海盗的侵袭和干扰，提高海上航运的安全度。

（二）促进港口经济发展

1.港口经济溢出效应

“冰上丝绸之路”的建设有助于促进北方地区港口发展。从港口建设方面来说，北极航线联结中欧两大贸易区域，为我国北方港口发展提供机遇，进而带动地方港口群建设。②随着北极航线的开发，营口港、葫芦岛港、锦州港等环渤海湾港口群的货运量将会大大增加，进而刺激这些港口及腹地的发展。③

北极航线的开通将使北极地区成为东北亚地区港口新的能源供应地，使东北亚地区原油港口装卸量增加，也将推动原油港口装卸、仓储、加工等相关临港产业发展。中国原油港口应抓住北极航线开通的条件，推动其原油装卸业务、炼油等临港产业的发展，提升港口在整个东北亚地区的原油运输中转地位。此外，东北亚地区原油供应量的增加将在一定程度上加剧原油港口

①韩雪文.白令海峡对中俄“冰上丝绸之路”建设的意义探析［J］.河北工程大学学报（社会科学版），2018，35（3）：55-56.

②王文.中俄共建“冰上丝绸之路”支点港口研究［R］.北京：中国人民大学重阳金融研究院，2018.

③木森.“冰上丝绸之路”奏响“一带一路”新乐章［J］.中国远洋海运，2018（7）：44-47.

的繁忙，造成港口压船压货，船舶排队过长，给船舶与货物造成一定的经济损失。因此东北亚港口应进一步提高原油码头的吨级与通过能力，并建设与匹配相应的储存与集疏运设施，以应对北极航线开通带来的影响。[①]

以目前“冰上丝绸之路”最大的能源项目——亚马尔液化天然气（LNG）项目为例，亚马尔LNG项目的投产会刺激我国北方港口的发展。中国大部分LNG接收站位于沿海港口城市，东北地区共有15个LNG接收站。2019年亚马尔LNG项目全线投产后，中国是LNG重要进口国，通过亚马尔LNG项目，刺激接收站所在港口，以及港口所在地区的经济发展。[②]

2.南北方港口重新布局

随着北极航线的不断开发，以及“冰上丝绸之路”的持续建设，北极地区汇聚了全世界的焦点，大国之间为了争夺北极资源而进行的政治博弈愈演愈烈。北极航线的通航，将加快北极地区资源和能源的开发和利用，如同经济学中的“乘数效应”，会带动世界市场的巨大变化。北极航线的开通，不仅减少了国际贸易间的海运距离，拉近了欧洲、北美和东亚的市场距离，还能够影响国际分工和贸易格局，同时也会对我国沿海地区的产业分工和港口产业布局产生深远的影响。[③]

港口区域发展不平衡是中国大陆沿海集装箱发展面临的一大问题。“冰上丝绸之路”的开通将有效地缓解我国南北方集装箱港口发展失衡的问题。[④]改革开放以来，我国经济处于高速发展时期，沿海地区更是充当经济发展的“排头兵”。在国家调整产业结构和加快城市化的宏观经济政策引导下，中国沿海地区的经济发展和开放已经从“三大四小”格局演进到“三大五小”的格局，其中“三大”是指京津冀地区、长三角地区和珠三角地区，“五

①赵昕.面向北极航线的东北亚区域原油港口竞争力研究［D］.大连：大连海事大学，2017.

②木森.“冰上丝绸之路”奏响“一带一路”新乐章［J］.中国远洋海运，2018（7）：44-47.

③李娜.北极航线通航对我国航运业的影响研究［D］.大连：大连海事大学，2012.

④刘硕松.“冰上丝绸之路”背景下中国大陆沿海集装箱枢纽港选择研究［D］.大连：大连海事大学，2019.

小”是指辽宁沿海、江苏沿海、山东沿海、海峡西岸和北部湾。由此可见，中国沿海地区的经济发展布局规划已逐渐完善和明朗，为中国经济的新一轮腾飞奠定了基础。2009年底，国务院正式批复了《中国图们江区域合作开发规划纲要》，在规划中明确指出，北极航线开通之后将大大提高图们江地区经济发展的区位优势，其核心内容是以租借朝鲜北部罗津港的形式，取得日本海出海口的地位。如果利用北极航线缩短中欧海运距离这一优势，从图们江出海口到北美东岸和到西欧的海运航程大约会缩短一半，这在我国沿海各港口中具有无法比拟的优势，几乎与日本横滨港的优势相当。①

如果北极航线开通，中国以图们江为出海口，势必会加强东北三省、内蒙古甚至蒙古与日本、韩国的市场联系，更加强了与西欧、北美的市场联系。从图们江的发展规划中可以看出，我国沿海各港口中上海以北的港口在地理位置上离北极较近，利用这些港口经北极航线到西欧或北美等地区的港口具有航程距离短的优势，而且越往北优势越明显，这对于我国北方地区的经济发展，特别是对环渤海以及东北地区的经济发展具有重要的推动作用，使东北地区成为中国继珠三角、长三角和环渤海之后的第4个经济增长极。因此，北极航线的开通，不仅加强了我国北方港口的战略地位，而且将有力地推动我国港口产业布局的向北拓展，形成具有一定功能的港口产业集群，特别是对振兴东北规划的实施和将大连建设为东北亚国际航运中心具有积极的推动作用，有利于北方港口资源的优化配置和区域经济的平衡发展。②

3.港口产业集聚效应

海洋运输、港口建设、仓储服务等相关产业在沿海地区经济发展中占有重要的地位。北极航线通航之后，将有效地促进上述产业在沿海地区的发

①李娜.北极航线通航对我国航运业的影响研究［D］.大连：大连海事大学，2012.

②刘硕松.“冰上丝绸之路”背景下中国大陆沿海集装箱枢纽港选择研究［D］.大连：大连海事大学，2019.

展。随着船舶大型化的进程不断加快，中小型船舶逐渐被替代，而北极航线的通航更是促进了这一趋势的发展。这就要求港口的基础设施建设能够与船舶大型化发展相匹配，提供船舶靠港的深水泊位、仓储服务和集疏运系统等。另外，北极地区丰富的矿产资源，也是各个国家争相获取的对象。由于北极地区的资源与我国大陆的第一个接触点便是港口，因此，为方便我国对北极资源的利用，必须提前做好港口建设的规划，建设大型的天然气码头、原油码头和煤码头等，促进港口的专业化发展。[①]有计划地加强港口建设，必然会增加港口天然气、原油和煤等能源物资的运输密度，从而形成化工、冶金、电力和建材产业为主的产业集聚效应。为了提供更好的服务，一些船舶租赁、货运代理、仓储管理、金融保险等相关产业也会在港口集聚，形成功能完善的港口产业群。

（三）确保北极航道安全

我国于2015年7月通过的《中华人民共和国国家安全法》中，将极地作为“战略新疆域”之一，包括北极航道在内的北极安全是“极地”的重要组成部分。贯彻总体国家安全观，全面、综合、系统和辩证地观察、认识和处理国家安全问题，是国际国内安全形势发展的迫切要求。[②]从国家长远利益看，北极安全是确保中国国家安全的重要版块，北极航道安全则是北极安全的重要组成部分，也是与我国安全利益直接相关的部分。我国商船通往西方的海上运输传统航线面临海盗威胁，甚至可能因航道沿岸国的军事动荡而被迫改道。北冰洋连通亚欧美三大洲和太平洋、大西洋两大洋，是军事大国核潜艇活动的优势区域。确保北极航道作为亚洲通往欧美的最短航线的传统和非传统安全，攸关中国的军事安全、经济安全、资源安全、生态安全以及核安全。

中国在北极航道的安全利益可分为传统安全利益和非传统安全利益。传

①李娜.北极航线通航对我国航运业的影响研究［D］.大连：大连海事大学，2012.

②密晨曦.北极航道治理的法律问题研究［D］.大连：大连海事大学，2016.

统安全主要是指与军事因素、特别是使用武力或武力威胁引起的安全威胁。冷战期间，北极一直是美苏核潜艇布局和对峙的热点区域。当前美国在本土共部署了30套陆基中段反导拦截系统，其中有26套部署在北极地区的阿拉斯加州。[①]美国反导系统布局反映了北极地区在美国安全战略中的重要地位。北极是从北美洲到亚洲最短的空中航线，即使缺少亚太前进军事基地，美国的陆基洲际弹道导弹、潜射导弹和战略轰炸机仍可直接经北极抵达中国的东北以及华北等地区。任何国家在冰盖下排兵布阵，核潜艇的水下攻击力和破坏力都不容忽视。中国周边海洋传统安全面临复杂局面：一方面美国推行“亚太再平衡”战略，军事部署向亚太转移；另一方面日本和越南、菲律宾等南海周边国家多点联动，海上摩擦频发。[②]借助北极战略通道，美国具有以北极地区为基地发起攻击的地理优势。若北极战略通道再遭利用充当发起进攻的基地，后果不堪设想。除了传统安全利益外，中国在北极航道还面临海上经济活动、海洋生态环境、海上恐怖主义和海上跨国犯罪等非传统安全威胁。

以上北极航道安全问题，虽多为潜在危险或威胁，但“安全”与“危险”或“威胁”本就密不可分，没有危险或威胁则不存在安全问题。因此，中国肩负维护北极航道安全利益的责任和义务。中国的国防政策始终将战略防御作为基本原则。作为主权国家，中国肩负维护国家主权、安全、发展利益的国家责任和义务；作为联合国安理会的常任理事国，中国肩负“参与联合国维和行动、履行安理会授权、致力和平解决冲突、促进发展和重建，维护地区和平与安全”的国际责任和义务。维护中国在北极航道的传统和非传统安全利益，中国需打造一支适应北极特殊自然地理环境的军事和后勤保障力量，在危机时能执行保护商船安全的作战任务，在必要时能执行北冰洋海洋救援任务，并可以为北极科考提供支援。同时，中国军队有必要持续跟踪

---

①贺鉴，刘磊.总体国家安全视角中的北极通道安全［J］.国际安全研究，2015（6）：132-150+156.

②密晨曦.新形势下中国在东北航道治理中的角色思考［J］.太平洋学报，2015（8）：71-79.

和关注北极安全态势和北极航道动态，具备执行战略威慑任务的能力，多角度、全方位地维护中国在北极航道的安全利益。[①]

三、能源效益

（一）提供丰富的能源补给

北极地区被称为“人类最后的宝库”，其丰富的资源能够为我国提供能源补给。[②]根据美国地质调查局（USGS）2008年发布的《北极地区油气潜力评估报告》显示，北极圈内已探明并可用现有技术开发的石油、天然气、液化天然气储量估计分别高达900亿桶、1669万亿立方米和440亿桶，其中石油约占世界已探明储量的13%、天然气约占30%、液化天然气约占20%；[③]北极地区煤炭资源丰富，超过全世界已探明煤炭资源的总量；此外，金、铜、铅、铁等资源在北极也分布广泛。[④]中国是能源消耗大国，应该开辟能源新通道，保障能源进口多元化，规避因我国能源进口渠道单一以及中东区域不稳定而带来的能源进口风险；应该充分参与北极能源开发，将北极区域纳入未来中国能源整体战略体系，在科学考察和气候环境变化研究中加入实现中国能源安全的目标；应该鼓励企业参与，通过能源企业，采取合资合作的形式与所在国公司共同开发经营。2017年，中俄亚马尔LNG项目在北极圈落地，建成后每年将有400万吨液化气运往中国市场，这为各国企业间共同经营北极资源提供了良好范本。

---

①密晨曦.北极航道治理的法律问题研究［D］.大连：大连海事大学，2016.

②程晓.新时代“冰上丝绸之路”战略与可持续发展［J］.人民论坛·学术前沿，2018（11）：6-12.

③朱明亚.北极航道通航对中国与北极八国的贸易潜力影响分析［D］.上海：上海海洋大学：2015.

④程晓.新时代“冰上丝绸之路”战略与可持续发展［J］.人民论坛·学术前沿，2018（11）：6-12.

油气资源是我国资源型城市的重要组成部分，其高速、稳定地发展对我国全面建成小康社会起着至关重要的作用。到2020年，中国天然气消费量预计达到3000亿立方米（2016年是2060亿立方米）。到2040年，这个数字将再翻一番，达到6000亿立方米。我国天然气产量难以满足我国快速增长的天然气需求，所以开发新的海外天然气能源是我国能源战略急需迈出的重要一步。[①]

资源禀赋与结构互补是中俄能源合作的重要基础。亚马尔LNG项目对中国出口的天然气可以缓解国内市场需求增长的压力，为我国经济持续增长做保障。面对我国快速增长的天然气需求，我国的进口依存度也呈正相关式增长。按照中国的能源消费趋势，未来中国的油气消费对外依赖度会越来越大。但是由于地缘政治原因，中国能源在海外获取的形势十分严峻。目前我国的能源合作中70%的原油进口来源于伊朗、伊拉克、利比亚、苏丹等国。[②]这些国家或者自身内部政局不稳，或者与西方大国存在矛盾和冲突。这种能源合作局面也致使我国在处理地区问题时，外交立场和手段的选择空间受到很大程度的压缩。因此，我国与俄罗斯在北极的能源开发合作势在必行。我国与俄罗斯是全面战略伙伴关系，能源合作的稳定性优于中东能源国家。我国应从战略角度审视与俄罗斯在北极的能源开发，通过合作可以将北极建成保障我国社会发展的重要海外资源基地之一，从而确保我国的经济安全，减少我国能源依赖的脆弱性。[③]

（二）优化油气供给空间结构

我国是石油进口依赖度极高的国家，2017年我国石油进口依赖度为72.3%。北极蕴藏着丰富的海洋油气资源，有可能成为重要的油气开采区，成为我国新的重要油气供给来源地。[④]根据美国地质调查局公布的调查结果，北

---

①孙凯，马艳红.“冰上丝绸之路”背景下的中俄北极能源合作——以亚马尔LNG项目为例［J］.中国海洋大学学报（社会科学版），2018（6）：1-6.

②张婷婷，陈晓晨.中俄共建“冰上丝绸之路”支点港口研究［J］.当代世界，2018（3）：60-65.

③同①。

④李大海，张荧楠.冰上丝绸之路海洋科技创新战略研究［J］.中国工程科学，2019，21（6）：64-70.

极能源的主体是天然气，其所拥有的储备量约占全球天然气储备总量的30%。中俄共建的亚马尔LNG项目，是“冰上丝绸之路”倡议提出后最早实施的项目，也是世界特大型天然气全产业链合作项目，整个项目包含综合勘探、开发、液化、运输、销售的全过程。在该项目中，我国以29.5%的股份份额成为第二大股东。2019年全线投产后，年均可向我国提供60亿立方米的天然气，从一定程度上能够缓解我国的“气荒”问题，使中国能源中心发生转移。①

中国改革开放40多年来，经济增长迅速，但也形成了过剩的产能与库存，还存在国内能源不足的内生缺陷。“冰上丝绸之路”建设能够将中国东北地区和欧洲地区通过“冰上丝绸之路”进行联结，一方面实现内部产能循环，从西部、中部再到东北的产能也会快速输出；另一方面实现外部从亚洲到欧洲的流通，打破北极开发瓶颈，实现内外部共同促进，完成贸易互通，资源共享，从而改变中国的国内经济格局。

（三）保证能源安全

在“煤改气”大背景下，共建“冰上丝绸之路”对缓解我国的天然气供应紧张局面意义重大。②根据国家统计局公布的数据显示，2017年1—9月，我国天然气产量为1087亿立方米，同比增长9.1%；绝对消费量为1671亿立方米；绝对消费量和增幅高于产出。而同期我国的天然气进口量达604.7亿立方米，同比增长22.3%，占实际需求的1/3以上。产量远远无法满足需求量，需要从海外大量进口，中俄合作亚马尔LNG项目可以在一定程度上缓解我国“气荒”的局面。亚马尔LNG项目2019年全线投产后，每年可以向中国提供大量的天然气，开采许可至少到2045年。③

考虑到油价下降的影响，2014年，中方与该项目签订的LNG长贸合同到

①张荣，郝大江.共建“冰上丝绸之路”背景下东北地区战略定位及对策分析［J］.产业经济评论，2018（4）：104-115.

②孙凯，马艳红.“冰上丝绸之路”背景下的中俄北极能源合作——以亚马尔LNG项目为例［J］.中国海洋大学学报（社会科学版），2018（6）：1-6.

③张婷婷，陈晓晨.中俄共建“冰上丝绸之路”支点港口研究［J］.当代世界，2018（3）：60-65.

岸价格低于来自澳大利亚、卡塔尔的LNG项目价格，一定程度上摊薄了中国进口国外LNG的长协成本。[①]从某种意义上来讲，对于消费者而言，北极气在价格上可能会更加优惠。

中俄共建“冰上丝绸之路”支点港口对我国实现能源进口多元化，保障能源安全意义重大。近年来，对我国出口LNG最多的两个国家分别是澳大利亚和卡塔尔。但是由于澳大利亚近年频出“反华”声音，同时卡塔尔所处的中东地区局势也不稳定，如何在我国能源需求不断加大的背景下确保能源安全也是亟待解决的问题，而亚马尔LNG项目则有助于我国实现能源进口多元化，在一定程度上缓解能源安全问题。

四、实现东北老工业基地振兴

（一）推动东北地区企业“走出去”

“冰上丝绸之路”连接了中国北方和欧洲两大贸易区域，为我国东北地区加强与欧洲联系提供了一条安全的短距离航线，为吉林、黑龙江这两个没有出海口的省份将货物运送到欧洲地区提供了可能。[②]借助“冰上丝绸之路”建设契机，东北地区企业也纷纷“走出去”。多家企业参与俄罗斯扎鲁比诺港经济合作区项目建设，或作为筹资方，或作为原材料、零部件供应商，或为项目提供园区内基础设施、轨道交通建设等。通过参与“冰上丝绸之路”相关项目建设，鼓励东北地区企业“走出去”，参与国际分工，反哺地方经济，进一步助力东北经济振兴。

①陆如泉.亚马尔天然气及LNG一体化项目的战略意义［N］.中国石油报，2017-12-19.

②王文.中俄共建“冰上丝绸之路”支点港口研究［R］.北京：中国人民大学重阳金融研究院，2018.

（二）吸引更多高素质人才服务东北地区

高素质人才的大量流失严重制约东北地区经济的发展。“冰上丝绸之路”开通带来的世界产业转移浪潮，将有力提升东北地区的人才吸引力。长期以来，东北地区高校、科研院所的数量和质量都位居全国前列，如哈尔滨工业大学、吉林大学、东北大学、大连理工大学等高校及其附属科研机构在国内都具有较强的竞争优势。因此，东北地区面临的不是人才的“生产枯竭”问题，而是人才流失问题。围绕“冰上丝绸之路”建设，航运企业、物流企业、加工制造业将在全球范围内重新布局。东北地区经济将被重新盘活，进而使其人才吸引力相应大幅提升。东北地区用新的发展活力集聚本地优秀人才、吸引外地优秀人才，将带动东北地区经济的健康持续发展。①

（三）扩大东北地区对外开放程度

2016年4月发布的《中共中央国务院关于全面振兴东北地区等老工业基地的若干意见》指出，要明确东北地区在“一带一路”建设中的定位，探索新的发展模式，努力将东北地区建设成为我国向北开放的新窗口。2017年6月发布的《“一带一路”建设海上合作设想》提出，21世纪海上丝绸之路的重点方向是在原有基础上积极推动共建经北冰洋连接欧洲的蓝色经济通道。②至此，北极航线成为名副其实的“丝绸之路”。从地理位置看，丝绸之路经济带、21世纪海上丝绸之路和北极航线3条线路及其相关支线，形成了横跨东西、贯通南北的全球性、综合性交通运输网络，对全球贸易的流向和世界经济的发展将产生深远影响。③因此，“冰上丝绸之路”可以看作是“一带一路”的具体实现目标与实施路径之一。通过对接“冰上丝绸之路”，东北地区将作为一个整体参与全球贸易，对外开放程度将不断提升。“冰上丝绸之路”与“滨海国

---

①李振福，刘硕松.东北地区对接“冰上丝绸之路”研究［J］.经济纵横，2018（5）：61-67.
②李振福，邓昭.参与“冰上丝绸之路”：朝鲜的条件和策略［J］.东北亚经济研究，2019（4）：15-17.
③同①。

际运输走廊”交会于远东港口，形成陆海联运交通大动脉，将推动俄罗斯远东开发与中国东北老工业基地振兴相结合，打造出更多元的价值链和更广阔的合作平台。[①]黑龙江、吉林两省通过连接俄远东港口，以陆海联运的方式进入“冰上丝绸之路”，向东通往日韩、向西穿越北冰洋驶向北欧，进而极大地拓展贸易市场纵深，扩大资本多样化的需求，带动经济发展迈向新阶段。

（四）加快北极航线商业化进程

一直以来，新航线商业开发的主要原因来自对海上货物运输的需求。东北地区经济振兴将带来外贸货物运输量的持续增加，尤其是对欧美发达国家的商品输出。伴随着国际油价的波动上涨，地区冲突的不确定性，单航次成本的控制和航线的安全可靠性显得尤为重要。而北极航线恰恰具备航运成本低、航线安全性较高的优点。我国永盛轮多次进行商业试航，天禧轮和祥云口轮在北极航道上进行的货物和大型设备运输都体现了北极航道商业化进行的稳步推进。[②]此外，近几年东北地区致力于通过政府间的对话协商和企业的资本输出，努力为广大内陆地区开辟在日本海沿岸直接面向北极航线的出海口，为未来大量的商品输出寻找最经济的运输方案。这一系列举措都证明，东北地区希望利用“冰上丝绸之路”所提供的区位优势实现经济转型发展，而东北地区的振兴又将进一步推动北极航线的商业化运营。

五、促进中国相关产业发展

“冰上丝绸之路”的建设不仅有助于缩短到达欧洲、美洲的航运距离，

①村本华子.冰上丝绸之路背景下图们江区域（珲春）国际合作示范区发展研究［D］.延吉：延边大学，2019.

②李振福，刘硕松.东北地区对接“冰上丝绸之路”研究［J］.经济纵横，2018（5）：61-67.

降低海运成本，推动港口发展，辐射腹地经济，还有助于推动相关产业的发展，为国内相关产业的企业带来了新的发展机遇。

（一）能源产业

能源一直是中俄两国合作的主要领域，也是中俄两国共建“冰上丝绸之路”的重要领域之一。[①]中国大型国有石油企业——中石油是这一产业的重要参与方和受益方。2013年，中石油开始与俄罗斯诺瓦泰克就亚马尔LNG项目进行谈判。2014年，双方签署了战略合作协议，亚马尔LNG项目正式投产。该项目是目前全球在北极地区开展的最大型的液化天然气工程，属于世界特大型天然气勘探开发、液化、运输、销售一体化项目。亚马尔LNG项目是“冰上丝绸之路”的重要支点，[②]它不仅能带动俄罗斯能源产业和边疆地区发展，还能够丰富中国的清洁能源供应，加快推进我国能源结构的优化。由于北极地区绝大部分油气资源分布在主权国家管辖的空间之内，中国与北极国家通过双边协议进行合作将是中国在北极参与开发资源的主要方式，也是促进我国能源产业发展的重要举措。[③]

（二）船舶与装备制造业

北极航线与其他传统航线最大的不同在于，北极洋面上有浮冰的存在。虽然北极航线已有通航的可能性，但是由于洋面上存在浮冰，普通商船依然无法通过，必须借助破冰船或抗冰能力较强的船舶才能安全通过。因此，通过技术研发提升船舶的破冰或抗冰能力，才能满足北极航线航行的需要。

早期，造船业的发展前景可观，众多民营企业和地方政府涌入造船业，导致航运市场的产业结构发展不均衡，供过于求。2009年金融危机后，航运

①村本华子.冰上丝绸之路背景下图们江区域（珲春）国际合作示范区发展研究［D］.延吉：延边大学，2019.

②③夏立平，谢茜.北极区域合作机制与“冰上丝绸之路”［J］.同济大学学报（社会科学版），2018，29（4）：48-59+124.

市场持续低迷，整个航运业都遭受到“严冬”的洗礼，造船业更是无法独善其身。各大公司纷纷重组或合并，一些小的造船厂甚至面临倒闭的命运。北极航线通航后，可以有效地刺激对造船市场的需求，有利于造船企业清库存，获得新的订单。同时，由于北极航线的特殊性，对于破冰船或具备北极航行的船舶需求激增。我国造船产业实力强劲，物美价廉，北极航线的通航，以及“冰上丝绸之路”的建设与开发将为我国的造船业发展起到推动作用。①

与传统航线不同，北极航线对船舶吨位没有限制，任何大型船舶都可自由出入北极航线，大型运载船舶将在北极航线运输中起到举足轻重的作用。长距离运输中，相比较中小型船舶而言，大型船舶具有更好的经济效益。为此在未来一段时间内，我国的造船市场上将接受更多的大型以及超大型船舶的订单，相对而言，中小型船舶的订单将会逐渐减少。这对我国船舶建造向高科技、高附加值、适合北极航线航行的各类破冰船提供了良好的市场发展空间。因此，北极航线的开通，不仅能够促进我国造船产业的发展，调节航运业的产业结构，也会推动造船产业自身产业结构由低级向高级的演化，这对于我国航运产业结构的优化具有重要的意义。

得益于“冰上丝绸之路”建设，过去几年中，我国多家企业先后从“冰上丝绸之路”建设中受益。2014年，大宇造船海洋（山东）有限公司接获亚马尔LNG项目15艘17万立方米冰级LNG船的建造合同，每艘造价约为3.2亿美元。船舶预计于2020年上半年之前完成交付。②2016年3月，大宇造船宣布成功交付LNG项目第一艘冰级LNG船“Christophe de Margerie”号，这也是全球首艘北极专用（ARC7冰级）LNG船。2016年12月14日，由青岛北海船舶重工有限责任公司为俄罗斯红星造船厂建造的4万吨举力浮船坞正式开工。这一

①李娜.北极航线通航对我国航运业的影响研究［D］.大连：大连海事大学，2012.

②王文.中俄共建“冰上丝绸之路”支点港口研究［R］.北京：中国人民大学重阳金融研究院，2018.

浮船坞由上海船舶设计研究院（SDARI）设计，总长280米，型宽62米。根据红星造船厂有限公司和中国南通中远重工有限公司签订的协议，2016年到2017年间，后者向红星造船厂提供1座1200吨级龙门吊以及4座320吨级、4座100吨级起重机。2016年1月和4月，广州广船国际股份有限公司向红星造船厂分别交付了两艘ARC7冰级重载甲板运输船。该船舶能在1.5米冰厚的海况下保持2节航速，主要承担将大型海洋工程模块运到亚马尔LNG项目工地的任务。同年11月，该企业又开始为亚马尔LNG项目建造一艘ARC7冰级凝析油运输船。

（三）金融业

中国金融企业的参与为“冰上丝绸之路”建设提供了重要支撑，金融企业也从中受益。中国工商银行、国家开发银行与丝路基金一起为中俄共建亚马尔LNG项目融资190亿美元，占据整个项目总投资额的63%。两家来自中国方面银行的投资，有力地支持了亚马尔LNG项目。此外，“滨海1号”和“滨海2号”国际运输走廊项目吸引了来自中国进出口银行、国家开发银行等的投资。①

北极航线的开辟，除了其自身条件达到通航的要求外，航道的特殊性对参与其中的船舶、企业、技术条件等也提出了新的要求。船舶企业参与北极航线，需要投入大量的资金、技术，改善生产设备，购买适航船舶，而这些改变都需要大量的资本作为支持，一般的中小型企业很难达到这种要求。因此，北极航线开通后，希望参与其中的企业通过银行机构寻求大量的融资贷款，帮助企业进行战略转型，增加对金融业务的需求，从而带动航运金融业的快速发展。②

除了银行机构参与“冰上丝绸之路”的建设之外，保险业也积极投身于

①葛新蓉.新形势下中俄区域经济合作的几点思考［J］.对外经贸，2018（8）：9-11+40.

②李娜.北极航线通航对我国航运业的影响研究［D］.大连：大连海事大学，2012.

“冰上丝绸之路”的建设。航运金融保险行业属于航运产业结构中的第三产业类型，随着航运业的发展，金融和保险在航运业中所占的比重逐渐增大。尤其是在北极航线开通之后，航运金融和保险行业将发挥巨大的作用，同时也会促进航运产业结构的调整。

海运保险则是船舶航行时必不可少的项目。海运保险主要防范的是海上风险，包括自然灾害、意外事故和外来风险（偷窃、短量、变质、战争、拒收、罢工、行政）等。海运保险通常包括货运险、船舶保险和理赔保险及相关险种。一般来说，海运保险费占货物总价值的1%—3%。在马六甲海峡、索马里海域等传统航行区域，海盗活动和海上恐怖主义盛行，过往的船只屡遭劫持，导致这些航线上的保险运费居高不下。海盗险属于保险运费中的附加险，保费占船舶货物总价值的0.125%—0.2%。①但实际上，各国为了防范海盗，纷纷派出了自己的舰队为船舶护航，其中投入的成本更是无法估计。相比之下，北极航线由于其特殊的地理位置和恶劣的自然环境，海盗极少在该海域活动，因此发生海盗劫持船舶的事件很少，不需要支付海盗险。虽然如此，出于保护环境的原因，北极航线可能会支付传统航线所没有的环境污染责任险。相关部门一定会对北极制定更高的环境和生态保护标准，来限制船舶在北冰洋海域、沿岸港口或所经航线的废气排放。

（四）海洋工程产业

共建“冰上丝绸之路”为中国的海洋产业带来了发展机遇。中俄共建的亚马尔LNG项目中，以中国石油集团海洋工程有限公司和中国海洋石油集团有限公司旗下的海洋石油工程股份有限公司为主力，中石化炼化工程（集团）股份有限公司、青岛武船麦克德莫特海洋工程有限公司、蓬莱巨涛海洋工程重工有限公司、博迈科海洋工程股份有限公司和南通太平洋海洋工程有限公司等中国企业最终承担了约120个模块的建造项目。

---

①李娜.北极航线通航对我国航运业的影响研究［D］.大连：大连海事大学，2012.

建设“冰上丝绸之路”，积极开发北极航线，同时建设“支点港口”。建设“支点港口”中，加强港口码头建设将是重中之重，也为中国建筑企业提供了新的发展机遇。几家中国企业受邀参与了位于俄罗斯远东滨海城市“大石头”红星造船厂基地建设。①

（五）物流与信息服务业

由于北冰洋地处欧、亚、北美三大洲的顶点，地理位置极具特殊性，当北极海冰融化、北极航线可以通航时，这三大洲之间的航运距离将大大缩短，传统的航运地理格局也会被打破。近些年，有些学者提出构建北极大平台的设想，即在北极点设立一个集海运、空运、中转、仓储、技术提供、信息服务为一体的北极大平台，而附近的岛屿或港口则可以提供仓储、补给和分流的功能。可以想象这个北极大平台一旦建成，将会成为第一个真正地理意义上的国际航运枢纽中心，现有的带状贸易格局将被打破，世界航运格局会形成一个以北极大平台为中心的辐射网状结构，北极将成为世界的“北集”。②

如今，航运业已不再是只包含船舶运输、航运企业、货运代理等传统要素的集合系统，而是包含了众多与航运相关的上、中、下游产业链的综合系统，航运业中的产业关联性不断加强，港口地区的产业集聚度普遍较高。北极航线的开通促进了北极平台的建立，使得出现全球航运枢纽成为可能，相关产业向靠近北极大平台的港口或地区转移会成为未来的产业发展趋势，同时可以为中国第四方物流的发展提供天然的实际载体，形成真正的第四方物流平台。第四方物流平台的建立，不仅能够将该区域的资源进行协调整合，而且也会吸引需要船舶运输的相关产业的供应商、制造商和分销商在该区域的聚集，以及航运融资，航运咨询、海事管理等配套设施的聚集，完善了整

①王文.中俄共建“冰上丝绸之路”支点港口研究［R］.北京：中国人民大学重阳金融研究院，2018.

②李娜.北极航线通航对我国航运业的影响研究［D］.大连：大连海事大学，2012.

个航运产业链条的功能。另外，第四方物流平台的建立还可以根据客户的要求安排航期、规划航线，使得北极平台与各地间的运输服务更加科学合理，实现无缝衔接和快速装运转运。可见，北极平台的建立可以使航运领域的第四方物流得到充分发展，从一个整体的角度对航运产业链进行综合协调优化，从而最终提高整个航运业的运行效率，对航运产业链的布局和优化都起到了良好的促进作用。

（六）其他新兴产业

除了以上传统产业之外，北极海洋捕捞和海洋旅游也有望发展成为重要的海洋新兴产业。海冰融化使商业捕捞的边界向北推移，也提升了北极海上旅游的经济可行性，有望形成新的海洋新兴产业。但是，北极海洋渔业资源分布及其随气候变化而改变的幅度尚未得到充分评估，缺少一定的破冰能力及较强续航、通信、安全保障的能力，也缺少能够满足捕捞作业和观光旅游需求的极地渔船和极地邮轮，以及配套船用装备。所以，加强相关领域的科技创新，是发展北极海洋新兴产业的前提和支撑。①

六、北极科研效益

北极是特殊的地理单元，鉴于北极气候环境变化对全球的影响以及北极生态系统的特殊性，北极成为各国开展海洋科学研究的竞技场。依据《联合国海洋法公约》，中国具有在北冰洋公海开展海洋科学研讨的自由。作为《斯瓦尔巴条约》的缔约国，斯瓦尔巴地区是我国参与北极事务、促进极地科学研究的重要支点，中国在此也有科研利益。除此之外，中国还有依据环

①李大海，张荧楠.冰上丝绸之路海洋科技创新战略研究［J］.中国工程科学，2019，21（6）：64-70.

北极国家的法律法规在沿海国专属经济区、领海甚至内水以合作或独立的形式开展海洋科学研究的权利。北极航道是中国赴北极相关海域以及斯瓦尔巴地区开展科学考察活动的重要捷径。中国在北极航道开展科学考察，积累航行经验，掌握海冰分布，服务于北极航道的航行安全、环境保护和污染防治，既是权利，也是责任。[①]2012年，中国北极科考队在开展第5次综合科学考察期间，首次跨越北冰洋，成功首航东北航道。在穿行高纬度航线中，“雪龙号”船在海图和实时冰情信息缺乏的情况下，坚持在俄罗斯12海里以外全程独立航行，避免俄罗斯强制领航，积累了穿越极区航行的实践经验，巧妙地避开“北方海航道”敏感的法律地位争议问题，开启了合作破冰之旅。2014年，中国北极科学考察队第6次对北冰洋太平洋扇区进行了考察，完成了相关作业以及1个长期冰站、7个短期冰站的观测。

依托“冰上丝绸之路”的共建，推动我国与北极国家建立长期稳定科技合作关系，逐步强化与国际主要北极科技强国的交流与合作，是促进我国积极参与“冰上丝绸之路”建设的重要因素之一。[②]解决我国观测能力不足、观测支点薄弱的瓶颈问题，基本建立“冰上丝绸之路”海洋观测体系，推动北极海洋研究、海冰研究的全面展开，实现海—冰—气综合观测和高精度模式构建，提高气象水文预测预报的准确性。基于综合观测系统的北极海洋生物多样性与生态系统演化研究取得重大进展，对北极海洋酸化、微塑料污染等重大环境问题的认知水平大幅提升，开发适用的海洋环境污染评估和治理技术。基本摸清北极与全球气候变化的关联及全球变化对北极的影响，并将之纳入北极海洋治理的总体考量。基本摸清北极海洋航道资源、油气资源、渔业资源、金属矿产资源等重要资源的分布和储量，与北极开发相关的装备

①密晨曦.北极航道治理的法律问题研究［D］.大连：大连海事大学，2016.

②李大海，张荧楠.冰上丝绸之路海洋科技创新战略研究［J］.中国工程科学，2019，21（6）：64-70.

制造技术、造船技术、油气勘探开采技术、渔业探捕技术达到产业化开发要求，北极海洋通用技术达到世界领先水平。北极涉海人文社科研究全面展开，取得丰硕成果，使我国在北极治理中发挥重要作用。[①]

①李大海，张荧楠.冰上丝绸之路海洋科技创新战略研究［J］.中国工程科学，2019，21（6）：64-70.

第四章

『冰上丝绸之路』倡议下北极相关国家的博弈

近年来，与地球上的其他地区一样，北极地区也没有逃脱全球气候变暖所带来的影响。[①]北极大量冰川的融化，改变了传统意义上北极地区静谧的地理与生态环境，曾经长时间被冰封的矿产资源、能源以及海洋渔业资源都变得可望而又可即了。[②]然而，气候变暖所带来的不仅仅是丰富的物产资源，还将北极地区推向了地缘政治竞争的风口浪尖，北冰洋沿岸国家以及世界其他在北极地区有着重要利益的国家纷纷加大对北极的关注。美国国防部2010年发布的国防检阅报告指出，气候变化充当了导致北极地区局势不稳定的催化剂，这将直接影响未来北极地区的环境安全。由于加拿大、丹麦、挪威、俄罗斯和美国5个国家紧邻北冰洋，因此被称为沿岸五国。同时，由于瑞典、冰岛与芬兰也都被认为是传统意义上的北极国家，因此上述8国与北极地区均存在着紧密的利益关系。事实上，上述国家在北极地区的领土争议也一直存在。丹麦属格陵兰岛，有距离北极点最近的海岸线，并且与加拿大及俄罗斯在穿越北极点的罗蒙诺索夫水下海岭的主权问题上存在着不同的主张与要求；而美国与加拿大在波弗特海地区、俄罗斯与挪威在巴伦支海地区也都存在领土主权争议，领土主权争议的背后实质上是对北极地区丰富油气资源的争夺。为了保护北极地区的环境，促进北极地区在经济、社会和福利方面的可持续发展，上述8国于1996年9月正式成立北极理事会。然而，美国认为当前北极地区国际政治形势的发展与变化正在对美国国家安全产生严重

①曹升生，郭飞飞.瑞典的北极战略［J］.江南社会学院学报，2014，16（4）：50–54.

②宋黎磊.北极治理与中国的北极政策［J］.国外理论动态，2015，8（8）：108–116.

的威胁，而北极理事会也没有发挥应有的作用，[①]北极地区正在变成一个充满各种环境问题和各种复杂挑战的中心。因此，当前北冰洋沿岸国家以及世界其他在北极地区有着重要利益的国家，都在积极制定自己的北极战略，投入大量资金用于北极科考和技术研发，为各自的需求主张搜集证据。而“冰上丝绸之路”倡议的提出，势必会给相关国家带来新的发展机遇和资源开发前景。

一、北欧五国在北极地区的利益与战略

由于固有领土自然延伸到北极地区，因此，在北极事务的治理中，8个环北极国家对北极事务拥有天然的话语权，也是参与北极博弈最主要的国家。根据国家实力和在北极扮演的角色，可以将这8个国家分为两个梯队，其中俄罗斯、美国、加拿大为第一梯队；其余国家即北欧五国，包括丹麦、挪威、瑞典、芬兰、冰岛为第二梯队。[②]与俄罗斯、美国、加拿大相比，北欧五国体量较小、实力较弱、潜力不足，无论是从领土面积、人口数量还是经济总量等各个方面，都是小国，但他们却有着长远的战略与抱负。就第一梯队的3个大国而言，北极方向只不过是其国家发展的方向之一，北极战略也只是其国家战略的一部分而已；但对于北欧五国而言，北极就是其国家最重要的发展方向，北极战略就是其国家的核心战略。因此，北欧五国在北极事务中始终保持着极高的参与权和话语权，并发挥着重要的作用。基于当前的北极现状及国家实力，北欧五国也纷纷制定了切合自身利益的北极战略，其中丹麦和挪威最为积极。各个国家的北极战略虽各有特点，但在北极利益方面却具有

①袁瑞阳.北极国际海底区域法律制度研究［D］.黑龙江：哈尔滨工程大学，2019.

②万宇，梁逸乾.北欧小国的北极独特生存之道［J］.军事文摘，2017（15）：17-20.

很高的相似性。国家利益决定国家行为，明确本国的利益诉求往往是各国参与北极治理的起点。①

（一）挪威在北极地区的利益与战略

1.挪威在北极地区的利益诉求

挪威政府先后于2005年、2006年、2009年发布了《北方的机遇与挑战》《挪威政府的北极战略》《北方的新进展：挪威政府北极战略的下一步》，申明将北极作为未来最重要的战略优先领域，②提出举全国之力开发北方地区的经济潜力。总的来说，推动挪威不断完善北极战略、积极参与北极治理的利益诉求可以概括为3个方面：

（1）维护国家安全。挪威领土由本土和孤悬海外的斯瓦尔巴群岛、扬马延岛构成，其本土东北部与芬兰和俄罗斯接壤，东部临接瑞典，南部隔北海与丹麦相望。对于挪威而言，“俄罗斯一直是一个在北极有着巨大经济和安全利益的不可预知的邻国”。③在“北极热”的影响下，俄罗斯相继出台一系列战略文件，全面利用北极区域出现的地缘政治新空间，实现经济发展利益和传统安全利益的协同发展，并采取重整军备和基础设施建设等手段强化在北极地区的存在，缓解美欧在其南部和西部边界带来的地缘政治压力。因此，如何应对俄罗斯的北极军备建设行为，减轻自身的地缘政治压力、维护国家安全，成为挪威政府北极战略的重要议题。④

同时，北冰洋冰川融化所引发的环境风险，也对挪威的环境安全、经济安全和社会安全形成不可小觑的挑战。北极变化的环境风险可以归纳为两类：第一，北极冰川大面积融化无疑会打破该区域的自然生态系统，使得巴

---

①赵宁宁.小国家大格局：挪威北极战略评析［J］.世界经济与政治论坛，2017（3）：108-121.

②曹升生，郭飞飞.瑞典的北极战略［J］.江南社会学院学报，2014，16（4）：50-54.

③Bekkevold，J.I.，Offerdal，K.Norway’s High North Policy and New Asian Stakeholders［J］.Strategic Analysis，2014，38（6）：825-840.

④同①。

伦支海生物多样性受到影响；第二，北极地区人类活动范围和强度的增加，可能增加挪威海域受到污染的可能性，对北极生物资源的养护和生态环境的维护带来新挑战。挪威作为北冰洋沿岸国家，由于地理上的临近性和生态上的关联性，北极自然环境的变化和生态环境的恶化将加剧其国家安全的脆弱性和敏感性。因此，从国家安全的视角重视和应对北极环境风险，未雨绸缪，也是挪威北极战略的关注所在。挪威外交大臣博尔格·布伦德在2016年1月召开的第十届北极前沿论坛上明确指出：“尽管北极的开发和利用越来越成为各国的焦点，但北极的生态环境也面临着威胁，挪威将永远站在北极环境保护的最前线。”

（2）挖掘北极变化的经济机遇。挪威政府对北极事务的重视不仅仅是出于地缘政治的考量，更是因为北极的经济价值。挪威北极地区的经济发展对整个国家而言，起着至关重要的作用。[①]挪威政府在一系列战略文件中都着重强调挖掘北极环境变化所带来的经济机遇，期望北极地区成为推动挪威经济发展的新区域。[②]

具体来说，挪威政府较为注重北极油气资源开发、渔业和尖端科技的发展及输出这3个方面。第一，挪威是在世界能源市场具有重大影响力的国家，[③]油气工业是挪威国民经济的重要支柱。[④]根据挪威石油和能源部公布的资料，挪威大陆架发现的可采油气资源总量约为125亿立方米油当量；已探明的可采油气资源总量达90亿立方米油当量，其中北海占83%，挪威海占14%，巴伦支海占3%；未探明的可采油气资源总量为35亿立方米油当量，其中北海占39%，挪威海占37%，巴伦支海占24%。[⑤]但过去挪威油气勘探和开发主要集

①Czarny，R.M.The High North between Geography and Politics［M］.New York and London：Springer，2015.

②③赵宁宁.小国家大格局：挪威北极战略评析［J］.世界经济与政治论坛，2017（3）：108-121.

④王越.挪威油气资源管理体制研究［J］.上海经济，2014（8）：45-48.

⑤《北极问题研究》编写组.北极问题研究［M］.北京：海洋出版社，2011.

中在挪威海和北海区域，油气资源储量丰富的巴伦支海区域被挪威政府视为“油气资源战略新区域”。[①]第二，挪威是世界第二大海产品出口国，[②]渔业部门为挪威的经济发展做出了重大贡献。渔业部门在其国民经济中的地位，仅次于油气开采部门。巴伦支海的水产资源丰富，具有重要的经济价值。保障巴伦支海渔业经济的可持续发展，是挪威渔民协会等国内非政府组织和环境保护组织的重要利益诉求。最后，依托高寒地区开发的长期经验，挪威在油气资源勘探设备制造业、造船业、海域清洁技术等方面遥遥领先。这些尖端技术与北极经济开发活动密切相关，是各国挖掘北极经济机遇的必要前提。把这些尖端技术优势转化为经济收益，是挪威北极战略的核心目标之一。[③]

（3）提升国际政治影响力。长期以来，北极事务被认为是北极国家的内部事务，甚至在北极国家内部也处于边缘地位，很少引起相关国家高层决策者的重视。[④]全球气候变化引起的北极冰融，使得北极这片曾经仅限于科学研究的“冰冻沙漠”转变成为各国间商业、政治、安全利益相互竞争的地缘战略要地。正如国际知名北极问题专家奥兰·扬所言，[⑤]北极地区正在经历着一场新的形势变革。这场变革使公众的注意力聚焦于北极，加深了北极与世界其他地区的联系，夯实了北极地区作为国际关系独特地区的基础。[⑥]作为一个整体的、政治性的北极地区在国际社会中的地位得到提升，吸引了更多的国际政治行为体参与北极事务，国际社会进入“重新发现北极”时代。[⑦]在这种时代背景下，不仅北极国家相继颁布北极战略文件来强化其在北极地区的实

---

①Jensen，L.C.，Skedsmo，P.W.Approaching the North：Norwegian and Russian Foreign Policy Discourses on the European Arctic［J］.Polar Research，2010，29（3）：439-450.

②高翔.中国与挪威水产品贸易研究综述［J］.中国渔业经济，2005（6）：23-25.

③赵宁宁.小国家大格局：挪威北极战略评析［J］.世界经济与政治论坛，2017（3）：108-121.

④孙凯，武珺欢.北极治理新态势与中国的深度参与战略［J］.国际展望，2015（6）：66-79+154-155.

⑤同③。

⑥赵宁宁.中国北极治理话语权：现实挑战与提升路径［J］.社会主义研究，2018（2）：133-140.

⑦赵宁宁，欧开飞.冰岛与北极治理：战略考量及政策实践［J］.欧洲研究，2015（4）：114-125.

质性存在，北极域外国家等也相继涉足北极事务，纷纷通过加强北极科考、开展双边经济外交等方式向国际社会宣示自身拥有参与北极治理的意愿和能力，并乐意承担相关的义务和责任。[①]在挪威政府看来，作为北冰洋沿岸国家，全球气候变化所带来的地缘政治新空间，为挪威发挥国际政治影响力、提升国际政治话语权提供了重要舞台。正如挪威外交大臣博尔格·布伦德所言，“北极已经成为亚洲、欧洲和北美洲国家开展国际合作的重要场域，这为挪威提供了发挥国际政治影响力的历史机遇”。[②]

2.挪威的北极战略

作为更新北极战略“最为迅捷”的北极国家，[③]挪威政府时刻关注快速变化的北极地缘政治环境和经济环境，采取具体措施不断修正和完善其北极战略，成为在北极治理中立场最为坚定和采取的政策措施最为明确的北极国家。挪威北极战略的核心目标也没有发生改变，其多个战略文件在目标追求和利益界定方面表现了较强的持续性和连贯性。[④]其战略内容和特点主要体现在以下几个方面：

（1）以对俄“双轨”政策为思路，减轻地缘政治压力。挪威与邻国俄罗斯的关系是促使其密切关注北极地区的重要原因之一。构建与俄罗斯的北极合作关系是挪威北极战略的最为显著的一个特点。第二次世界大战之后，挪威所承受的地缘政治压力，使得挪威尤为重视与美国、北约的合作关系，并把此视为其国家外交和安全政策的基石，支持美国军事力量在欧洲的存在甚至扩大这种存在。[⑤]同时，挪威也努力保持与俄罗斯和平稳定的政治关系。为此，在冷战期间，挪威北极政策的根本目标在于使其北部疆界处于安定状态，并积极通过发展与苏联的双边合作，处理巴伦支海海域划界和渔业纠纷

①赵宁宁.小国家大格局：挪威北极战略评析［J］.世界经济与政治论坛，2017（3）：108-121.

②万宇，梁逸乾.北欧小国的北极独特生存之道［J］.军事文摘，2017（15）：17-20.

③曹升生.挪威的北极战略［J］.辽东学院学报（社会科学版），2011（6）：143-147.

④同①。

⑤孔寒冰.小国中的“大国”：挪威现象［J］.世界知识，2005（5）：36-37.

问题。而在冷战后的20世纪90年代和21世纪初期，则积极推动巴伦支海区域多边机制的构建，期望把俄罗斯纳入多边安全体系当中。当前，挪威政府沿袭冷战期间的对俄“双轨”政策思路，一方面强化自身北极地区的军事存在，强力推动北约介入北极事务，应对俄罗斯在北极地区的“整军经武”行动。[①]另一方面，挪威尤为重视发展与俄罗斯的北极合作关系，于2010年“一揽子”解决了两国长达40年的海洋划界争端及渔业与跨界油气田开发问题，排除了一个可能引起北极冲突的争议问题，为双方在巴伦支海的油气共同开发和渔业养护合作奠定了法律基础。2014年乌克兰危机，虽然强烈冲击了挪威对周边安全环境的评估，但在它看来，“乌克兰危机反映出俄罗斯的领土野心和随时利用武装力量捍卫自己目标的决心”。[②]然而具体到北极事务上，挪威却谨慎地使用具有“对抗性”和“挑衅性”的政策话语，担心会从根本上改变北极合作的发展方向，因而采取了较为务实的政策立场，“在确保北极成为俄罗斯和挪威等北欧国家之间合作的场所之际，也在国内采取现实主义的政策（譬如加强与北约的联系），避免遭受乌克兰危机之类的噩梦”。[③]

（2）以强化北极科研为基础，提升北极治理参与能力。在当前国际公共事务的治理过程中，科学知识往往能在公共政策的制定中发挥决定性作用。北极科研成果日益成为主权国家维护北极权益、发挥北极治理影响力的重要基础。[④⑤]挪威政府认为，通过加强北极科学研究，夯实北极知识储备，既有助于强化对北极的认知并促进相关政策的制定，又有助于开展北极外交和推

①Bekkevold，J.I.，Offerdal，K.Norway’s High North Policy and New Asian Stakeholders［J］.Strategic Analysis，2014，38（6）：825-840.

②Klimenko，E.Russia’s Evolving Arctic Strategy：Drivers，Challenges and New Opportunities［J］.Policy Paper of SIPRI，2014，（41）.

③赵宁宁.小国家大格局：挪威北极战略评析［J］.世界经济与政治论坛，2017（3）：108-121.

④韩旭.北极东北航线经济带贸易演变研究［D］.大连：大连海事大学，2019.

⑤肖洋.地缘科技学与国家安全：中国北极科考的战略深意［J］.国家安全研究，2015（6）：106-131+155-156.

进北极国际合作。[①]2006年和2009年的挪威北极战略文件明确提出，“知识是挪威北极政策的核心”，并强调挪威政府将在维护主权的前提下，依托科研成果加强北方环境和资源的使用和管理。2011年6月，为推进挪威北极战略的执行，挪威科研理事会发布《2011—2016年北极区域的研究方案》，列出了六大优先研究领域，包括气候与环境变化研究、环境与生物资源开发研究、能源和矿产资源分布及开发技术研究、北极文化和社会的研究、基于知识的工业发展研究以及其他具有特殊潜力的科学研究等。需要特别指出的是，由于历史和地理因素，挪威在北极科学考察和研究中积累了历史性优势，构建了以“四校两所”（特罗姆瑟大学、卑尔根大学、奥斯陆大学、挪威科技大学、挪威极地研究所和挪威海洋研究所）为核心的北极科研体系，其北极科研水平处于世界领先地位。同时，挪威完善的北极科研领导体制为其强化北极科研和夯实北极知识储备提供了制度保障。挪威政府首先确定北极科研的总体目标和科研方向，具体的政策制定和战略实施由挪威科研理事会负责。挪威科研理事会则依托其下属的战略顾问机构——国家极地科研委员会，确定科研项目、分配科研经费预算以及推动北极科研国际合作等。[②]

（3）以发展尖端技术为依托，实现油气开发和环境保护之间的平衡。在“北极开发时代”，如何实现北极油气开发和环境保护之间的平衡，是挪威政府决策者需要认真面对的问题。其一，虽然20世纪70年代以来，挪威油气公司在挪威海和北海的能源开发中积累了国际领先的大陆架能源勘探和开发技术、海域污染清洁技术等，为北极油气开发提供了重要技术支撑，但北极地区极寒的自然环境对油气探测、开发和运输有更高的技术要求。其二，北极油气开发和渔业发展、环境保护之间潜在的冲突是挪威选举政治的关注焦点之一。随着挪威油气资源开发重心向北极巴伦支海海域转移，油气开发与渔业开发的区域重叠将会越来越严重。不同利益团体的认知分歧迫使挪威

①赵宁宁.中国北极治理话语权：现实挑战与提升路径［J］.社会主义研究，2018（2）：133-140.

②赵宁宁.小国家大格局：挪威北极战略评析［J］.世界经济与政治论坛，2017（3）：108-121.

政府努力寻求平衡点。[①]其三，北极虽然是自然生态环境的敏感区域，但也是资源绿色开发技术可能取得突破性进展的地区。[②]抢占先机，充分利用北极这个技术突破的试验场，已经受到国际社会众多国家的重视。为此，挪威政府强调，挪威北极开发方案要严格遵循“共存”和“知识”两个发展原则，要依托尖端技术实现油气开发和渔业发展、旅游开发等产业部门之间的平衡发展，[③]积极推动能源领域持续的技术积累、研究与开发，使挪威成为北极地区资源的最佳守护者，并在北极地区实行超前的和面向未来的产业政策，把重点放在该地区具有特殊竞争力的部门，如环保技术部门，促进北极地区知识性产业的发展等。[④]

（二）丹麦在北极地区的利益与战略

1.丹麦在北极地区的利益诉求

丹麦位居全球十大航运国之列，优先利益之一就是发展北极交通走廊，尤其是北方航道，因此“冰上丝绸之路”的提出和丹麦的北极利益息息相关。世界上第一艘通过北方航道的外国船只为2010年将挪威铁矿石货物运往中国的丹麦籍散货船——北欧巴伦支号。

丹麦为达成既定战略意图，与格陵兰和法罗群岛就北极议题开展更为密切的合作，继续开展对北极的科学研究，加强其在海洋和大陆地区的主动与控制权；还有意借助国家措施，不仅积极在国际组织内（北极理事会、国际海事组织、北欧部长理事会）活动，而且与美国、加拿大、挪威、冰岛和俄罗斯通过双边合作的形式推进和巩固自己在北极地区的地位与立场。

---

①Peimani，H.Energy Security and Geopolitics in the Arctic［M］.London：World Scientific Publishing Ltd，2013.

②杨剑.北极航运与中国北极政策定位［J］.国际观察，2014（1）：123-137.

③Czarny，R.M.The High Northbetween Geography and Politics［M］.New York and London：Springer，2015.

④赵宁宁.小国家大格局：挪威北极战略评析［J］.世界经济与政治论坛，2017（3）：108-121.

2.丹麦的北极战略

丹麦的北极战略以《2011—2020年丹麦王国北极战略》和《变革时期的丹麦外交与防务》为基础，分别体现了丹麦的北极战略从“由外到内”到“由内到外”的转变，具体来说：

《2011—2020年丹麦王国北极战略》首次明确了丹麦的北极战略目标为“应对北极事务日趋国际化”和“巩固丹麦作为北极行为体的地位”，并列举4个方面的工作议题。一是维持北极的和平稳定和主权管理。主要任务包括：依照《联合国海洋法公约》解决北冰洋划界争端；改善相应安全防范基础设施以加强北极海事安全；加强丹麦在北极领土的主权控制。二是提升格陵兰的自我可持续性经济发展。主要任务包括：在最严格的国际环保标准下开采矿物资源；推广使用可持续能源；合理开发海洋生物资源；开拓新型北极经济发展模式；保持极地科研领先地位；促进在北极公共健康和文化领域的合作。三是在北极环境与气候科研信息的基础上管理北极事务。主要任务包括：完善北极知识体系；建立北极防污措施和环保标准。四是加强北极治理的国际合作。主要任务分为全球合作——强调丹麦要与联合国、世界贸易组织等全球性国际组织围绕北极气候与环境变化、北极航运安全和原住民权益保护等北极事务进行协调；区域合作——包括加强与北极理事会、欧盟、环北冰洋五国集团、西北大西洋渔业委员会等地区性组织进行双边与多边对话。《2011—2020年丹麦王国北极战略》定下的基调是对话与合作，注重从国际机制、环境保护、国际贸易等维度提升丹麦在北极事务的影响力，因此从一开始就兼具区域与全球性视野，[①]不仅重塑丹麦作为北极地区“全球性行为体”的角色，更敏锐地觉察到北极地区在全球地缘政治经济格局中的分量不

①叶江.丹麦北极战略分析［M］.北京：社会科学文献出版社，2015.

断加大的事实，从而将格陵兰定位为丹麦能够在北极事务中“有所作为”的奠基石。①

《变革时期的丹麦外交与防务》则从外交与国防两个方面进一步细化了任务分工，列举出六大议题体系。一是建立基于丹麦国家利益的北极外交政策，同时寻求与其他利益攸关方的共同利益。任务有三：维护在北极事务中的事实存在、建立牢固的伙伴关系以及维护先进的北极专业知识体系。二是评估2030年之前的全球与欧洲经济发展前景与地区安全局势，确定丹麦的北极区域战略以北欧和波罗的海地区为重心。三是改革北极外交的工作体系。任务有四：增大对涉北极外交的资金投入；招聘具有处理北极事务经验的外事人员；将传统外交渠道与非正式外交渠道相结合，构建北极外交网络；在欧盟框架下，与荷兰、北欧、波罗的海国家开展多边与双边合作。四是大力开展经济外交，绿色开发格陵兰的自然资源。主要目标是建立跨区域经贸伙伴网，为北极经济开发提供政治保障。五是加强在格陵兰的防务力量。任务包括4个方面：巩固与美国的军事合作；进行军民并举的北极军事演习；维持国防支出GDP2%的比率；提升丹麦军队在格陵兰进行监控、巡逻、搜救的能力。六是建立三维伙伴关系网。欧洲维度是指维护与德国、英国、法国等欧洲大国，以及北欧国家的友好关系；跨大西洋维度是指借助美国这一超级大国的力量，维护丹麦在北极的安全利益；亚洲维度是指通过加强与印度的战略伙伴关系，来推动北极的商业议程。②

由此看来，相对于《2011—2020年丹麦王国北极战略》由外至内的、以环境保护为主旨的北极战略决策思维，《变革时期的丹麦外交与防务》则采取由内到外的方式，以国家安全和经济发展为主旨，注重提升自身的北极战略实施能力，尤其是加强丹麦王国内部的凝聚力，特别是从军事方面加强对格陵兰的控制，逐渐减少对格陵兰经济发展的援助，以削弱其走向独立的经

---

①②肖洋.格陵兰：丹麦北极战略转型中的锚点［J］.太平洋学报，2018（6）：78-86.

济实力。可以说，丹麦的北极战略，逐渐从重视环境保护、制度构建、外交斡旋等温和路线，向既重视极地环境保护、经济发展、科学研究等软实力建设，又重视北极防务能力、主权护持与领土管辖能力等硬实力建设的复合路线转型。

（三）瑞典在北极地区的利益与战略

1.瑞典在北极地区的利益诉求

瑞典在2011年发布了《瑞典在北极的战略》，[①]从多个方面阐述瑞典与北极的联系，表明瑞典参与北极事务的立场。瑞典的北极利益主要体现在安全方面、经济方面、调查研究和文化方面。

在安全方面，瑞典的安全政策是以“协作安保”为基础的，由于欧洲各国相互依赖的性质，欧盟成员国和北欧国家的安全政策将会在很大程度上影响自身的安全政策。换言之，瑞典在安全问题上是不占主动权的，主要依靠欧洲整体安全的大环境。[②]

在经济方面，瑞典在北极地区开展广泛的商业贸易。瑞典的“矿石和矿物提取在目前全球经济议题中占很高的份额，使得瑞典在采矿工业的投资相当高。瑞典有世界上主要的纸浆和木材工业，都是使用北极地区的木材资源”。[③]瑞典的渔猎业和驯鹿畜牧业很发达，给周边的挪威、芬兰、俄罗斯提供了很多的就业岗位。此外，瑞典在北极环境领域专业技术的研究和发展是引领世界的，其在商业领域的合作和资源的高效利用是处于领先地位的。瑞典拥有在北极海运方面和极地环境下交通工具检测方面的一流专业人才，这为其在交通领域的空间扩展提供了技术支持。正是由于早

---

①刘益迎.北极航线经济性及海上突发事件应急响应复杂网络研究［D］.大连：大连海事大学，2016.

②曹升生，郭飞飞.瑞典的北极战略［J］.江南社会学院学报，2014（4）：50–54.

③Government Offices of Sweden.Sweden’s strategy for the Arctic region［M］.Stockholm：XGS Grafisk Service，2011.

期瑞典在北极地区开展的科考研究活动，使其在人才技术方面积累了优越的资源。①

在调查研究和文化方面，瑞典认为本国在北极地区的研究是世界级的，其引导的领域不仅是在工程科技和自然领域，还涉及社会科学和人文科学。

2.瑞典的北极战略

瑞典的北极战略以《瑞典在北极的战略》为基础，主要包括以下几个方面：

（1）气候与环境。气候与环境是每一个进驻北极的国家不可回避的问题。在这一方面，瑞典把自己的主要工作放在对气候与环境的生物多样性的保护上。如致力于大幅降低温室气体和具有温室效应的短寿命物质的排放；减少并最终消除汞在北极敏感地区的使用和扩散；在《联合国海洋法公约》和《斯德哥尔摩公约》框架下，为减少“大气污染物的长程漂移”问题积极贡献力量，致力于减少污染和辐射等。另外，瑞典还表示会通过一些国际组织，如政府间国际气候变化专门委员会（IPCC）、国际北极科学委员会（IASC）和北极理事会支持下的北极可持续观测网络（SAON）等，对北极进行科学考察和研究，并致力于相关知识体系的构建。所有的这些工作都能够使瑞典掌握北极各方面的一手信息和材料，在提高北极地区科研水平的同时使自己拥有更多的话语权。

（2）经济发展。经济发展是瑞典3个优先发展领域中的主要方面，瑞典陈述了在北极各经济领域的利益和发展战略，主要包括：采矿、石油（石油和天然气）和林业三大行业，以及陆路运输和基础建设、海事安全和航运环境、海上和空中营救、破冰活动、能源开发、旅游业、驯鹿畜牧业、信息技术、电信技术和空间技术等。此外，瑞典还强调要加大对教育和研究领域的投入。瑞典在每个部分中对工作原则和目标均做出了解释说明。

---

①曹升生，郭飞飞.瑞典的北极战略［J］.江南社会学院学报，2014（4）：50-54.

例如：①瑞典强调北极地区自由贸易的重要性。由于其贸易政策是建立在自由贸易的基础上的，瑞典致力于打破影响自由贸易的技术障碍，大力发展边境贸易，并提倡交通领域的自由通行。②瑞典拥有先进的北极航运技术和破冰技术。这些技术不仅可以帮助其提高在北冰洋的商业航运利益，还对海洋环境的监测起到技术支持。③在能源开发方面，瑞典分析了国际上关注的各国在北极地区“淘金热”的原因，批评了公众们对各国“淘金热”有可能引起资源争夺甚至地区性战争的看法。瑞典认为北极地区的特点是高水平的合作和低层次的冲突，并表示其在北极地区扮演着提倡可持续发展、保护环境和利用技术降低各种风险和负面影响的角色。④关于教育的发展，瑞典敦促欧盟对北极研究和高等教育持续进行资金投入，包括对“伊拉斯莫斯世界计划”和“博洛尼亚计划”项目的支持，为经济的发展不断注入后续的人才资源。[①]

（3）人文发展。瑞典强调要把人文发展作为一个重要工作。气候的变化和新经济因素的注入给当地原有的生产和生活方式带来了冲击，瑞典作为北极原住民——萨米族人的主要聚居地之一，也一直关注萨米族人这个特殊群体的生存和发展。其主要内容包括：北极的地理环境对人们健康的影响；气候变化和危害物质对人口的影响；新经济因素对本土文化以及传统产业的冲击等。对于这些问题，瑞典表示，正配合其他北极国家密切关注北极气候变化对社会和人们健康问题的影响，确保原住民有足够的生活与活动范围，发展他们的文化和传统行业；将积极支持并提高年轻人和妇女尤其是他们当中的原住民群体在北极政治活动中的参与度，并表示会在重要的北极理事会议召开前夕，就相关事宜咨询萨米委员会的议员们。此外，瑞典还关注萨米族人的文化发展，如对原生态的、不成文的萨米传统文化知识，瑞典将组织搜

①曹升生，郭飞飞.瑞典的北极战略［J］.江南社会学院学报，2014（4）：50-54.

集、翻译、传播和保护，并将成立一个跨学科的萨米社会研究项目。

（四）芬兰在北极地区的利益与战略

芬兰在2011年发布《芬兰北极地区战略》，表明自身的北极国家身份，旨在从多方面强化芬兰在北极地区的地位。①②

1.芬兰在北极地区的利益诉求

芬兰约有1/3的国土位于北极圈内，在北极地区有着广泛的政治、经济、安全和科研等利益诉求。北极地区局势的变化将会对芬兰的安全政策产生深远影响。随着北极地区安全问题的发酵，很难预测北欧国家（特别是芬兰）会遭受到多大程度的军事安全威胁。因此，在战略价值日渐凸显和安全态势不断变化的北极维持国家安全稳定、保证北极经济活动能够顺利开展，将成为芬兰重要的安全利益。在经济方面，芬兰地处北极地区矿产资源最丰富的地带，在北极经济投资中应当占有相当大的权重，尤为关注造船、木材与采矿业，以及相关的基础设施建设；③在文化方面，北极原住民萨米人是芬兰原住民的主要组成部分，萨米人的历史和文化对于芬兰民族和社会发展有着非常深远的影响；在科研方面，芬兰还拥有涉及海事产业、航运、气象、矿产、环境、社会等多领域的领先的专业技术知识。拉普兰大学是芬兰进行极地气候变化、可持续发展、环境保护和原住民法律研究的主要机构。④

2.芬兰的北极战略

2010年8月，芬兰颁布《芬兰北极地区战略》；2013年8月23日，芬兰颁布了《芬兰2013年北极地区战略》。芬兰北极战略强调北极经济发展与环境

---

①於维樱，王琳，冯志纲，张灿影.1998～2017年国际北极地区海洋科学研究文献计量与发展态势［J］.海洋科学，2018，42（10）：64-81.

②孙凯，吴昊.芬兰北极政策的战略规划与未来走向［J］.国际论坛，2017，19（4）：19-23.

③高天明.中俄北极“冰上丝绸之路”合作报告［M］.北京：时事出版社，2018.

④孙凯，吴昊.芬兰北极政策的战略规划与未来走向［J］.国际论坛，2017，19（4）：19-23.

保护及北极国家内部的协商与内外互动，着力提升芬兰参与北极事务的能力，实质性地推进芬兰的北极外交，维护芬兰的北极利益。基于芬兰的北极利益诉求，其北极战略主要包括以下几个方面：

（1）致力于北极地区的环境保护和应对气候变化问题的国际合作。气候变化对北极地区的影响是根本性的，因此保护北极地区的环境和减缓气候变化所带来的冲击将是北极治理的重要内容，芬兰一直将此作为其北极政策的优先事项。北极地区的环境保护和气候变化问题的应对需要包括北极国家在内的国际社会通力合作。芬兰通过加强北极环保条约的实质性签署与落实，促进北极环保行动的切实开展。芬兰在《探寻共同方案：芬兰的北极理事会轮值主席国（2017—2019）议程》文件中明确指出，芬兰的北极政策将以2015年签署的《巴黎协定》以及落实联合国2030年可持续发展目标为指导，推动国际社会在应对气候变化的谈判中加强对北极事务的重视。芬兰将继续加强在北极理事会工作小组中的深度参与，加强工作机制的优化与完善、强化与原住民的功能性联系，在变化的环境中推进北极合作，以使北极理事会在应对气候变化和环境保护中发挥更加有效的作用。

（2）推进北极事务的科学合作，注重北极地区的教育发展。对北极事务的科学研究，是认识北极及制定北极政策的基础。2017年5月，在北极理事会第十次部长级会议上，北极八国签署了有约束力的《加强北极国际科学合作的协议》，在信息共享、科研合作等方面进行了详细的规定，协议的签署将极大地推动国际北极研究方面的科学合作，为北极研究者的跨国交流提供便利。芬兰将以此为基础，推进北极国家和国际社会在北极科学研究方面的合作。芬兰将继续实行美国担任轮值主席国时的一些优先项目，开展北极理事会的海洋科技合作工作。北极地区由于人口稀少、文化多样、位置偏僻等原因，教育的发展相对落后，芬兰力图在这个方面采取行动，明确将北极地区的教育发展作为其担任北极理事会轮值主席国期间的四大优先议程之一。芬兰将推进北极地区基础教育的发展，尤其是教师培训，以改变师资缺乏的局面。芬兰计划由芬兰教育研究协会组织以北极地区教师培训为主题的国际研讨会，推动北极地区教育的发展，加强北极国家对北极地区教育问题的重视。[①]

（3）推动并重视北极理事会在北极治理中的重要作用。芬兰较早就非常注重北极地区的环境保护和可持续发展，在芬兰的推动下，北极八国1991年在芬兰小城罗瓦涅米召开了部长级会议，签署了《北极环境保护战略》，这也成为北极理事会的前身。在1996年升级为北极理事会之后，芬兰在北极理事会中发挥了重要作用，并担任多个工作组的联合主席。作为北极理事会中的重要一员，芬兰积极推动北极国家间的合作与协商及北极合作机制的构建；推动北极理事会的开放化与国际化，通过接纳新观察员，为北极治理增加更为充实的可用资源；促进北极理事会拓展关注领域，如航运、经济安全和环境保护等诸多领域；推动北极理事会观察员制度的机制化，在多边合作中发挥重要作用。

（五）冰岛在北极地区的利益与战略

冰岛在2011年发布《关于冰岛北极政策的议会决议》，[②]形成全面系统的北极政策。

1.冰岛在北极地区的利益诉求

与上述北欧五国相似的是，冰岛的北极利益主要体现在经济利益、安全利益和环境利益3个方面。

在经济利益方面，首先，渔业是冰岛国民经济的主导产业，[③]而北极与冰岛的渔业又息息相关；其次，冰岛拥有丰富的可再生资源，北极地区的地热资源为其可再生资源的重要组成部分，同时北极新航线的开通也将为冰岛提

①孙凯，吴昊.芬兰北极政策的战略规划与未来走向［J］.国际论坛，2017，19（4）：19-23.

②王晨光.北极治理法治化与中国的身份定位［J］.领导科学论坛，2016（1）：76-85.

③钱婧，朱新光.冰岛北极政策研究［J］.国际论坛，2015，17（3）：58-64.

供新的经济发展机会。[1]

在环境利益方面，主要表现在北极气候环境的变化对冰岛的影响，包括气候变暖导致冰岛渔业捕捞量下降，石油开采过程中的溢油事件造成生态系统受损以及旅游业的迅速发展使环境承载力受到考验等。

在安全利益方面，冰岛是一个非军事国家。根据1951年冰岛与美国双方签订的防务协定，冰岛的防务由美国承担部分职责，由于冰岛是北约的成员国，北欧也承担冰岛的空中监视和空中巡逻的部分职责。然而，美国于2006年撤离了驻扎在冰岛协议区域的部队，加之日益严峻的北极权益纷争，冰岛的自身安全面临着一定程度的威胁。另外，除了军事、政治领域的传统安全威胁外，冰岛还需要应对资源单一、经济衰退、海难事故等非传统安全威胁，可以说冰岛在北极地区存在着广泛的安全诉求。

2.冰岛的北极战略

2011年批准通过的《关于冰岛北极政策的议会决议》，阐述了北极在国际事务中的重要性、自然资源利用、生态因素、主权权利、国际法、大陆架权利争端、安全问题、与北极地区居民相关的问题等，具体提出了以下12条原则：

（1）确保北极理事会作为北极问题最重要的协商性论坛地位，努力在北极理事会做出关于北极问题的国际决策。

（2）确保冰岛作为北极地区内一个沿海国家的地位，基于法律、经济、生态和地理缘由对该地区的发展以及地区性问题的国际决策施加影响。

（3）提升对北极地区既包括严格意义的北极点区域，也延伸至与其紧密相连的北大西洋北部这一事实的认识。

（4）根据《联合国海洋法公约》解决涉及北极的分歧。

（5）增进与法罗群岛、格陵兰在北极问题方面的合作，提升这些地区或

①钱婧，朱新光.冰岛北极政策研究［J］.国际论坛，2015，17（3）：58-64.

国家的利益和政治地位。

（6）维护北极原住民的权利，支持其直接参与地区问题的决策。

（7）以协定为基础，促进与其他国家和利益相关者关于冰岛北极利益的合作。

（8）使用一切手段阻止人类引起的气候变化及影响，增进北极居民和社会的福祉。

（9）通过民事手段维护在北极地区广泛意义上的安全利益，反对任何形式的北极军事化。

（10）进一步发展北极地区国家之间的贸易关系。

（11）推进冰岛人对于北极问题的了解，使冰岛成为举行有关北极地区会议和讨论的场所。

（12）加强关于北极问题国内层面的磋商与合作，提升对于北极地区重要性、实施政府北极政策的民主讨论和团结协作的认识。

二、美国和加拿大在北极地区的利益与战略

如前所述，美国、加拿大和俄罗斯三国为8个环北极国家中的第一梯队，在北极事务中掌握着话语权和主动权，因此很有必要对美国和加拿大的北极战略和利益进行剖析。

（一）美国在北极地区的利益与战略

1.美国在北极地区的利益诉求

首先，北极地区蕴藏着丰富的自然资源，[1]美国在北极的阿拉斯加州也储

①田延华.加拿大北极安全战略研究［D］.青岛：中国海洋大学，2012.

有大量的战略性矿产资源，如铀和钚等放射性元素。此外，北极还拥有丰富的水力、风力、森林、动物资源，[①]还有一定量的固态淡水资源，因此对于美国，想要维持世界霸主地位与其资源能源短缺之间的矛盾，决定着北极将成为美国全球战略中的重点关注地域；另外，随着北极气候的变化，北极航道的逐渐通航，对于资源消费量巨大的美国来说，北极航道的开通无疑具有较大的战略价值；与此同时，北极地区对于美国具有较大的军事战略价值，[②]成为越来越重要的军事战略地区。首先，北极特殊的地理位置成为武器理想的部署点。如美国在阿拉斯加的格里利堡部署的导弹系统的弹道若经由北极，则会以最短最快的方式打击敌方。其次，北极地区是核武器最好的隐蔽场所，北冰洋常年被厚达1米的冰层覆盖，并存在频繁的电磁波扰动，所以成为核潜艇最好的掩护。[③]因此，从地缘政治学的角度来说，北极作为连接欧亚北美大陆的核心地带，只要控制了北极，就会占据有利的军事战略位置。最后，北极地区具有广阔的科研价值前景。早在2013年初，美国政府就发布了《2013—2017年北极研究计划》，主要研究领域涉及：海冰与海洋生态系统研究，陆冰与生态系统研究，地表热量、能量以及质量平衡的大气研究，区域气候模型研究以及人类健康研究等。[④]这一系列研究不仅对美国的自然科学发展大有裨益，同时也将增强美国对北极自然环境的了解，提高对北极地区的认识，更好地实现美国在北极地区的安全、经济以及战略利益。[⑤]

2.美国的北极战略

为了适应北极地区的新态势，特朗普政府在短时间内发布了一系列北极战略文件。2019年1月，美国海军发布了新版《北极战略展望》，随后时任空

①杨剑.北极航运与中国北极政策定位［J］.国际观察，2014（1）：123-137.

②王娟.北极问题与中国的政策选择［D］.南京：南京师范大学，2015.

③史佳卉.北极资源的开发与利用［J］.湖南农机，2012（1）：137-138.

④王佳存.美国2013-2017年北极研究计划［J］.全球科技经济瞭望，2013（9）：17-22.

⑤陈旭伦.冷战后美俄北极战略研究［D］.上海：上海师范大学，2017.

军部长希瑟·威尔逊和空军参谋长大卫·古德芬联合发文对外阐述了空军的北极战略。4月，美国海岸警卫队也发布了《北极战略展望》。6月，美国国防部出台了新版《北极战略》。这一系列北极战略文件的出台既是对特朗普政府执政以来美国北极行动的总结，也是指导美国未来在北极地区开展竞争的行动指南。其主要内容和战略举措包括以下几个方面：

（1）强化北极军事存在，提升行动和威慑能力。特朗普政府抛弃了奥巴马政府关于“北极是一个和平、稳定、没有冲突的地区”的认知，将北极地区视作未来大国竞争可能爆发冲突的地区，因此注重运用军事手段来提升美国在北极的行动和威慑能力。

特朗普政府主要从以下3个方面在北极地区展开军事行动：一是增加军力部署，提升威慑能力。美国各军种纷纷加快了布局北极的步伐。2017年8月，美国空军开始在阿拉斯加州部署大量F-22战斗机，并持续开展飞越北极点的实战演练。美国已有200多架远程海上巡逻飞机驻扎在科迪亚克岛，并在白令海峡和北极圈内执行任务。此外，美国空军计划于2020年在阿拉斯加州建成两支先进的F-35A战斗机中队，以补充原有的主要由两个F-22战斗机中队构成的空对空作战力量。海军是美国在北极地区保证威慑能力的主要力量，通过部署常规潜艇、发射舰载飞机和定期航行实现军事存在。未来第二舰队将成为美国在北极地区强化行动能力，扩大军事存在，争夺北极优势的重要依托。

二是更新极地装备，增强控制能力。在北极地区，破冰船标志着各国在北极真正的海上存在。北极地区军事行动最大的困难在于突破极厚冰层的限制，只有足够数量的破冰船才可以实现美国在北极“长期存在”而非“季节性存在”的目标。2018年8月，国会通过了支持建造新破冰船的预算法案。2019年4月23日，海岸警卫队与新加坡佛蒙特霍尔特海事公司签订了一份造船合同，计划建造3艘新一代重型破冰船，首艘破冰船于2020年开工建造，2023年完成交付。如果交付顺利，另外两艘重型破冰船将在2027年或2028年前部署完毕。

三是增加训练演习，提升行动能力。美国驻阿拉斯加陆军是美国在北极地区进行地面作战的主要军事力量。自2016年起，阿拉斯加陆军每年都组织北极作战特训，训练课程包括在寒冷天气下进行登山训练、山地作战、军事滑雪等。海军陆战队致力于为美军北极行动实施远征部署，提供海洋、空中、地面任务部队。[①]为此，军陆战队需要经常组织进行不同规模的寒冷天气训练，这些训练通常在海军陆战队山地战争训练中心进行。

（2）加强与北极盟友和伙伴国家的安全合作。由于俄罗斯在北极地区已逐渐建立起军事能力上相对领先的优势，美国无法凭借自身力量抗衡，因此加强与北极盟友和伙伴国家的安全合作成为特朗普政府北极战略中必不可少的重要举措。从冷战结束后历届美国政府的北极战略来看，与北极盟友和伙伴国家进行安全合作一直是美国应对北极威胁的重要手段。在回归“大国竞争”的战略背景下，特朗普政府显然遵循并加强了这一传统路径。

一是升级防空系统，加强空中预警合作。空中预警能力是美国在北极地区保持态势感知的关键，格陵兰岛和加拿大是美国北极防空力量的两大重要合作伙伴。2017年9月12日，美国空军装备司令部司令艾伦·帕里考斯基上将及其他空军高层领导人首次考察了阿拉斯加州、格陵兰岛和加拿大的军事基地。这是美国空军高层领导人首次考察北极，主要目的是进一步了解美国在北极地区的防空系统现状和空中预警能力，并与格陵兰岛和加拿大建立进一步的防空合作关系。位于格陵兰岛西北部的图勒空军基地是此次北极考察的第一个国外考察点。图勒空军基地是美国在全球最北端的永久性军事基地，深入北极圈1200千米，侦测覆盖范围包括北冰洋全境和俄罗斯北部海岸，是美国防御俄罗斯洲际弹道导弹的重要力量。

---

①肖翀，王振星.美军北极行动战略分析［J］.国际资料信息，2012（9）：7-12+29.

二是扩大驻军规模，增加极地联合训练。在俄罗斯扩大北极军事行动的背景下，美国更加重视挪威和冰岛在地缘战略上的重要性。挪威和冰岛地处北大西洋与北冰洋间的交通要道，在为美国搜集俄罗斯潜艇活动和北极地区海上训练情报方面发挥着重要作用。面对俄罗斯在北方的军事威胁，挪威和冰岛在防务上都需要借助美国的力量，与美国进行北极安全合作的需求增加。

（3）加强基础设施建设，增强态势感知能力。基础设施建设水平是各国在北极地区保持常态存在和提升态势感知能力的基础。尽管特朗普政府提升了北极的战略地位，①宣称要在北极地区进行大国竞争，但目前美国在阿拉斯加州的基础设施仍然比较有限，难以满足美国在北极地区进行经济开发和维持军事存在的现实需求。与此同时，特朗普政府认为俄罗斯和中国已经在北极地区建造并升级了大量的基础设施，而美国处于明显的劣势地位，这将导致美国与俄罗斯和中国产生越来越大的战略资源差距。因此，加强基础设施建设成为特朗普政府在北极地区争夺战略优势的重要手段和未来北极行动的重点。②

（4）加大能源开发力度，追求获取经济利益。基于气候变化怀疑论的立场和对奥巴马政府能源政策的“颠覆性”调整，在北极加大能源开发力度成为特朗普政府北极战略中的重要举措。创造就业，提振国内经济，打造全球“能源主导”优势是特朗普政府在北极能源开发时的优先考量因素，而北极气候变化问题和环境保护则被暂时忽略。就任以来，特朗普在能源政策上贯彻了竞选时的主张，坚持扩大化石燃料生产，减少对外能源依赖。③

①肖洋.竞争性抵制：美国对“冰上丝绸之路”的拒阻思维与战略构建［J］.太平洋学报，2019，27（7）：66–75.

②赖雨琪.特朗普政府北极战略研究［D］.郑州：中国人民解放军战略支援部队信息工程大学，2019.

③陈腾瀚，姜蕾.特朗普政府“美国优先能源计划”探析［J］.国际研究参考，2017（8）：31–37.

（二）加拿大在北极地区的利益与战略

1.加拿大在北极地区的利益诉求

加拿大北极地区面积超过了全国国土的1/3，这一地理位置决定了加拿大比其他国家更重视北极的安全和稳定。与美俄不同，加拿大国家战略中的北极战略更为重要，而美俄的北极战略为其全球战略服务。①加拿大在北极的利益主要包括其在北极地区的主权，这是保障的重点；此外，加拿大拥有西北航道的控制权，以及促进加拿大北方的经济平稳发展；与此同时，维护自然环境可持续发展。

2.加拿大的北极战略

2009年7月26日，加拿大印第安与北方事务部发布了加拿大政府最新、最系统的北极战略报告《加拿大北方战略：我们的北方、我们的遗产、我们的未来》，加拿大的北极战略则以此为基础，主要包括以下几个方面：②

（1）行使国家主权。在主权方面，加拿大认为：加拿大在北极的主权是悠久的、完整的，建立在历史称呼上的，部分奠基于从人类有时间记忆以来因纽特人和其他原住民在该地区的存在基础上的。③但是，由于北极环境变化带来的经济利益凸显以及北极治理机制的缺失，加拿大在北极的主权和主权权利主张受到威胁。首先，最大的威胁来自俄罗斯。北极一直被俄罗斯视为国家复兴的重要筹码和21世纪能源基地。④另外，在独联体国家发生颜色革命、北约和欧盟东扩、乌克兰危机后，俄罗斯的生存空间不断受到挤压，争夺北冰洋、扩大战略纵深，也就成为俄罗斯的重要战略。目前加拿大和俄罗斯在罗蒙诺索夫海岭存在争端，考虑到俄罗斯对领土主权的一贯强硬立场以及对北极地区的重视，加拿大试图证明罗蒙诺索夫海岭是本国大陆

---

①赵雅丹.加拿大北极政策剖析［J］.国际观察，2012（1）：72–79.

②朱宝林.解读加拿大的北极战略——基于中等国家视角［J］.世界经济与政治论坛，2016（4）：141–155.

③陆俊元.北极地缘政治与中国应对［M］.北京：时事出版社，2010.

④顾志红.事实与真相——俄罗斯地缘政治与外交［M］.长春：长春出版社，2010.

架延伸的行为，肯定会遭到俄罗斯的强力抵制。其次，加拿大的北极主权面临着美国的威胁。加拿大和美国存在波弗特海划界和西北航道法律地位之争。美国虽然是加拿大的传统盟友，但在涉及其主权和航行自由等核心利益的问题上是不可能让步的，加拿大对此心知肚明。再次，加拿大和丹麦存在汉斯岛之争，两国围绕该岛主权已经进行了长达几十年的斗争。最后，英国、法国、德国、韩国、日本、新加坡和中国等北极利益相关国，以及欧盟、北约等国家集团也逐渐认识到了北极地区的重要性，逐渐深入地参与到北极事务中，使得北极地缘政治格局的动态性增强、复杂性加大，影响着加拿大北极主权利益的实现。除了传统安全威胁外，加拿大的北极主权还面临着不法分子和恐怖组织的入侵等非传统安全的威胁。因此，加拿大一直把行使北极主权作为最重要、最优先的议题，而且表达了坚决维护北极主权的能力和决心。①

（2）促进北极地区的经济和社会发展。加拿大北方战略指出：北方地区是加拿大国家认同的核心，加拿大北方地区首要的是人民。然而与全国平均水平相比，加拿大北极地区居民在收入、住房、受教育程度和寿命等方面指标仍相对较低，而且社会问题越来越严重。②加拿大的北极地区蕴藏着丰富的石油、天然气、煤炭、铁矿石、钻石等资源以及具有“黄金水道”性质的西北航道。如何利用好这些资源优势，促进北极地区的经济和社会发展，改善北方居民生活，增强他们对国家的认同感，让其更好地参与到对北极的主权维护中，是加拿大北极战略的重要内容。③

（3）促进北极地区环境保护。很少有国家比加拿大更直接受到北极气候变化的影响。北极理事会和国际北极科学委员会在2004年发布的《北极气候

---

①朱宝林.解读加拿大的北极战略——基于中等国家视角［J］.世界经济与政治论坛，2016（4）：141–155.

②West，C.T.The Survey of Living Conditionsin the Arctic：A Comparative Sustainable Livelihoods Assessment［J］.Euvirou Dev Sustain，30（13）：220–231.

③朱宝林.解读加拿大的北极战略——基于中等国家视角［J］.世界经济与政治论坛，2016（4）：141–155.

影响评估报告》指出：北极变暖的速度是全球变暖速度的两倍。这种迅速暖化的消极影响造成了北极地区冰雪、永冻土层的融化，海岸的侵蚀，房屋的倒塌，公路、机场、石油管线等设施的毁坏和动物的被迫迁徙，严重地威胁到加拿大北极居民的生存安全和生活方式。另外，北极地区正成为其他地区产生并释放的有害物质的汇聚地或大水槽。由于气温低，漂流到北极的放射性元素和汞等重金属元素容易形成聚集，然后通过食物链进入加拿大北极原住民的体内。一项研究表明，加拿大和格陵兰岛的因纽特人已经成为世界上受重金属影响最为严重的人群，这些地方的胎儿以及受母乳哺育的婴儿在这些物质的侵害下显得更为脆弱。①因而保护北极环境就成为加拿大北极战略的重要目标。②

（4）实现北极地区的良好治理。加强北极地区治理是加拿大北极战略的重要内容，也是实现前3个战略目标的基础。《加拿大北方战略》指出，北方地区的经济发展取决于高效运作的机构和透明可预期的规则。在加拿大促进北极经济和社会发展的背景下，建立管理北方地区经济发展的重要机构，可以保障经济健康发展。在环境保护领域，通过改进北方地区的管理制度，解决环保项目的复杂审批程序，可以有效保护北极环境。在最重要的行使北极主权方面，加拿大联邦政府认识到，北极地区的很多事务可由北方地方政府管理，这对北极地区的发展和整个加拿大是有利的。

①②奥拉夫·施拉姆·斯托克.国际合作与北极治理：北极治理机制与北极区域建设［M］.北京：海洋出版社，2014.

三、日本与韩国在北极地区的利益与战略

（一）日本在北极地区的利益与战略

1.日本在北极地区的利益诉求

首先是日本的能源诉求，日本政府已经将北极圈和东西伯利亚列入新资源开发战略的重点区域。[①]福岛核事故后，日本对石油、天然气等传统能源的依赖程度提高。参与北极资源的上层开发，能够分散资源进口来源，遏制油气价格大幅上涨，从源头上维护日本的经济利益。其次是航线利益，北极航线一旦全线开通，日本到北美和北欧国家的运输距离将极大缩短，同时将提高对北极地区能源的可获得性。北极航线将成为联系北欧、东北亚以及北美洲国家的黄金水道，甚至改变世界贸易格局；日本还积极谋取地区主导权，在参与北极事务中发挥主导性作用，[②]有助于维护日本在北极航运、能源、渔业等领域标准制定以及实际操作过程中的各项权益。最后是环境保护的诉求，出于保护本国以及北极地区生态环境的考虑，日本政府在强化国内立法[③]的同时，积极参与有关北极环境保护行动的国际合作，确立在这一议题上的主导地位，提升在北极事务中的话语权。[④]

---

①卢昊.日本对北冰洋的战略关注及行动［J］.日本问题研究，2019，33（1）：10-19.

②张朋飞.俄罗斯北极政策及其决策机制研究［D］.青岛：中国海洋大学，2015.

③如1970年颁布实施的《水质污浊防止法》《废弃物处理法》，1972年的《海洋污染及海上灾害防止法》，1976年的《关于防止海洋污染和海洋灾害的法律》，1990年的《环境基本法》等。

④张光新，张晶.地缘政治视阈下日本的北极战略［J］.东北亚学刊，2018（2）：26-30+54.

2.日本的北极战略

2013年，日本成为北极理事会正式观察员国之后，[①]开始考虑制定本国的北极战略，同时积极参与北极各种机制构建。伴随着国际社会愈来愈重视北极的发展，[②]2013年4月，日本内阁会议修订了《海洋基本计划》，[③]提出重点推进关于北极问题的综合性、战略性政策。其北极战略主要体现在以下几个方面：

（1）研究开发方面。加强有助于研判国际政策相关课题的北极研究：根据2015年开始的北极研究推进项目，在掌握北极环境变化和对全球环境影响的情况下，了解北极环境变化导致的社会及经济影响，强化与北极研究相关的国际行动以及与利益相关方的合作体制；制定观测制度以及开发最先进的观测机器：获取有关北极环境变化的更加详细的科学数据，利用卫星、观测基地以及观测船等设施强化持续观测，开发能抵抗北极恶劣环境的观测机器；整合国内研究力量：目前很多大学和研究机构已经形成一个联盟；促进各个领域政策的实施；综合利用卫星、研究船、计算机资源等多种研究手段，推进解决北极问题；整合北极圈国家的研究观测基地：整合地处北极圈的美国、俄罗斯等国的国内研究观测基地，强化北极研究的国际合作；资料共享及利用：为了提高北极的研究效率，克服北极圈相关科学数据不足的缺陷，将各个研究机构、研究人员所持有的资料共享，并推进资料共享国际组织的建立；人才培养：为了持续进行北极研究，日本加快培养能够进行北极课题研究的青年人才，并向国外大学、研究机构派遣青年学者；北极研究船的研究：利用无缆水下机器人参与北极圈观测计划，并在新的北极圈研究平台上实施北极圈研究船的建造计划。

---

①郑晖.北极的国际治理与中国参与——以国际法为中心［D］.南京：南京师范大学，2017.

②谢曾红.日本北极战略对我国北极战略的借鉴［J］.法制博览，2018（24）：218.

③赵羿羽.深海稀土资源发展动态［J］.船舶物资与市场，2018（4）：49-51.

（2）国际合作方面。积极应对关于北极的全球性课题并制定国际规则：北极环境变化加剧了全球变暖、气候变化，日本根据其观测和研究，积极向全球传达科学的研究成果，与此同时，采取更广泛的国际合作制定新的可实现的北极议事日程。根据《国际海上人命安全公约》《国际防止海洋油污染公约》等相关条约，积极参与国际海事组织（IMO）关于“极地规则”[①]、包括沿海国家在内的相关国家水资源保存管理等国际规则的制定；为北极理事会（AC）的活动贡献力量：2013年5月，日本获得了北极理事会永久观察员的身份，[②]这增加了日本在与AC相关的集会（执行委员会、特别调查委员会等）中作为专门国和政府关系国被派遣的机会；同时也为促进日本与AC轮值主席国以及成员国的政治对话做出更大的贡献；扩大与北极国家的国际合作：促进与北极圈国家间交换意见的同时，讨论订立相关北极协议的可能性。根据北极圈国家间的科学技术合作协定，推进极地研究等相关领域的科学技术合作，并通过北极国家的研究、观测基地的整合和研究人员的派遣，强化有关北极的国际共同研究。积极出席与北极相关的国际论坛，广泛传播日本的观测数据和研究成果。

（3）持续利用方面。整顿北极航道有效利用的环境：了解北极航道的自然、技术、制度、经济等相关议题，构建海冰分布预测和气象预测等航行支援系统，推进北极环境的整顿，以保障日本海运企业能够利用北极航道；矿物资源：格陵兰石油开发股份有限公司正计划通过独立行政法人“石油天然气金属矿物资源机构（JOGMEC）”持续出资支援北极战略；生物资源：开发海洋生物资源的时候，要考虑北极环境，以科学数据为基础，在可持续利用的保存管理机制方面与相关国家合作进行探究。

---

①中国船级社.中国船级社发布《极地水域操作手册编制指南》[J].船舶标准化工程师，2017，50（1）：2.

②肖洋.日本的北极外交战略：参与困境与破解路径[J].国际论坛，2015，17（4）：72-78.

日本作为北极理事会成员国和观察国，[①]其北极战略制定得较晚，科学研究、海运、资源开发利用、对原住民社会和文化的尊重、对北极诸国主权的尊重以及对北极理事会的尊重等内容，构成了日本北极政策的核心。

（二）韩国在北极地区的利益与战略

1.韩国在北极地区的利益诉求

在经济发展方面，韩国正在积极寻找新的经济合作伙伴，而韩俄在经贸层面各有优势且存在一定的互补性，尤其是在矿产资源方面。北极地区资源开发的提速，对韩国经济复苏及进一步发展，将产生重要的助推作用。韩国的造船、机械制造等优势产业，将有更多机会参与北极地区开发，从而为其国内产业发展和转型升级注入新动力；在提升地区主导权方面，韩国计划通过更深地参与北极事务，不断提升韩国在北极事务中的话语权和影响力，[②]赶上甚至超越本地区的中日两国，进而对提升韩国在东北亚地区的话语权和影响力，具有现实意义和战略影响；在保障能源安全方面，韩国属于自身资源匮乏的国家，其化石燃料、水资源等十分有限，要大量进口石油、天然气等能源，对外依存度达90%以上。伴随俄罗斯北极能源开发步伐的加快，输入距离更近、运时更短、运输更安全的北极能源，成为韩国极力争取的重点对象。在2019年第五届“北极——对话区域”国际北极论坛上，[③]普京总统表示俄方将继续推动北极地区交通运输和基础设施建设，尤其是北极航道、沿岸地区基础设施及市政建设，使之成为全年无阻断运行的海上新航线。这为韩国大量进口北极地区能源、深度参与该地区开发和基础设施建设创造了有利条件，对确保韩国能源安全、推动产业发展具有深远意义。[④]

---

①崔浪.奥巴马政府北极政策研究［D］.青岛：青岛大学，2015.

②马皓.合作治理理论视阈下的北极环境治理模式创新［J］.理论月刊，2017（6）：165-170.

③刘锋，刘瑞.俄罗斯强化北方海航道管辖权的战略考量及其潜在影响［J］.东北亚经济研究，2020，4（2）：63-74.

④郭锐，孙天宇.韩国“新北方政策”下的北极战略：进程与限度［J］.国际关系研究，2020（3）：136-153+159.

2.韩国的北极战略

2013年，韩国成为北极理事会观察员国，[①]当时朴槿惠政府随即制订了挺进北极计划，涉及北极科研、航道开拓、能源开发等多个项目。文在寅政府基本继承了上届政府的北极战略，并在“新北方政策”框架下把能源合作、航道开发、“极地城市”建设作为推动实施其北极战略的布局重点。[②]

（1）加强北极能源合作。文在寅政府提出朝鲜半岛“新经济地图”构想，意在打造东海圈（日本海）能源—资源经济带，包括与朝鲜共同开发金刚山、元山—端川、清津—罗先等地方，连接朝鲜半岛东海岸与俄罗斯远东地区，修建俄罗斯—朝鲜—韩国的天然气管道等一系列重大项目。[③]但受韩朝关系波动的影响，上述项目一直未有进展。2018年初，韩朝关系有所改善，推进该合作项目的可能性增大。据分析，若上述项目得到实施，韩国会以仅为目前1/4的价格大量输入俄罗斯远东西伯利亚乃至北极地区的廉价天然气，朝鲜每年从中获益的“过路费”将超过1亿美元。具体来说，文在寅政府把北极地区能源合作纳入“新北方政策”的“九桥战略规划”框架下，以此作为韩国加强对俄能源合作的重要方面。为推进韩俄能源合作，两国在2018年2月21日举行第15届资源合作委员会议，旨在强化双方在能源领域的合作，并在液化天然气和电力合作方面达成共识。

（2）促进北极航道的开发。北极航道开发是韩国北极战略的核心内容之一。北极航道一旦实现常态化运营，对东亚和北欧国家将具有革命性意义。目前，中国、日本、德国、丹麦等国家的企业已完成北极航道商业化试航。韩国在朴槿惠时期完成了北极航道商业化试航。文在寅政府上台后继续推进这一进程，建设北极物流体系成为其中的重点任务。

在北极航道商业化运营上，文在寅政府奉行政府与企业并进的方针。在

---

①郑晖.北极的国际治理与中国参与——以国际法为中心［D］.南京：南京师范大学，2017.

②HAN HEE JIN.中韩经济合作的新机遇、新战略、新思路［D］.杭州：浙江大学，2019.

③董向荣.韩国文在寅政府对外经济合作政策及其前景［J］.当代世界，2018（7）：67-70.

政府层面，韩国外交部与北方经济合作委员会分别同俄罗斯有关机构举行会谈，这为两国开发开拓北极地区提供了政策基础和保障。在企业层面，韩国现代集团计划利用2500－3500TEU（标准箱）级船舶实现北极航道常态航行，目前正讨论订购装置在集装箱船前方的破冰船或没有破冰船也能保持航行的船舶。一旦该计划实现，无疑会增强韩国航运公司在北极航运领域的竞争力，并对韩国造船业乃至航运业产生巨大影响。CJ大韩通运（CJKE）在2018年3月与俄罗斯的远东海洋轮船公司（FESCO）签订“战略合作及推进共同开发协议”，该协议将为韩企参与北极航道沿岸地区基础设施建设及日后构建北极物流体系奠定必要基础。此外，韩国继续推进“勒拿河走廊”开发项目，其已进行大量勘探工作，并对流域沿岸的地理、社会、人文等情况展开深入研究。“勒拿河走廊”项目一旦成功实施，将成为韩国“一带一路一圈（北极圈）”规划中重要的南北纵向通道，形成区位价值独特的“勒拿河经济带”，进而推动朝鲜半岛、中国东北、俄罗斯远东和北极航道一体化发展。[①]

在北极物流体系建设上，韩国致力于物流航线和港口基础设施建设两大方面。在物流航线建设方面，韩俄正讨论建设彼得罗巴甫洛夫斯克—摩尔曼斯克的北极集装箱航线，[②]韩国渔业部和俄罗斯远东发展部已就该项目举行会谈。集装箱船航线规划一旦完成，将极大地提升韩国商船企业的航运效率。在港口基础设施建设方面，“把环东海（日本海）的韩国港口建为进军北方物流的基地”的观点，被韩国专家所广泛接受。目前，韩国浦项迎日湾港正申请更多的项目支援，以打造北方物流基地港口；韩国江原道东海港正加紧完善道路基础设施，以提升其港口竞争力。可以说，北极航道的良好愿景，

①郭培清，宋晗．“新北方政策”下的韩俄远东——北极合作及对中国启示［J］.太平洋学报，2018（8）：5-6.

②单天雷．“新北方政策”与韩俄经济合作的现状及前景［J］.现代商贸工业，2020（9）：64-67.

极大地刺激了韩国疲软的航运业与造船业，激发了韩国相关企业的积极性，成为韩国经济复苏发展的新动力。①

（3）推动极地城市建设。伴随北极航道开发的深入，利用该航道的船只数量增多。韩国港口凭借有利的地理位置，成为众多船舶经停和补给的基地。目前，来自中国大连、青岛、上海等港口的不少船舶，均会经停韩国釜山港。未来北极航道一旦通航，釜山港将成为北极航道沿线的重要中转据点。韩国交通研究院认为，“釜山港将是推动北极航道开发中获益最大的港口”。考虑到釜山港特殊的地理区位及发展前景，由韩国海洋水产部、企划财政部等政府和地方机构积极推进的釜山“极地城市”建设，越来越引起韩国企业及民众的关注。虽然“极地城市”建设并非韩国明确的国家战略，但釜山等韩国港口城市对此抱有极高的热情。2017年，韩国决定在釜山市设立第二极地研究所。以此为契机，釜山市加快“极地城市”建设步伐，并制订了详细方案。根据此方案，釜山市的“极地城市”规划面积为2.3万平方米，其中建筑面积为1.8万平方米，预算经费达1600亿韩元。同时，釜山市还将规划建设极地体验馆、极地博物馆等一系列大型博览馆。目前，釜山市龙湖湾地区是建设“极地城市”的最热门选地。

此外，釜山市还积极争取成为韩国第二艘破冰船的母港，计划在其影岛东三新区建设海洋研究船舶专用码头。虽然韩国的“极地城市”建设还处于规划建设阶段，但这表明其地方政府有发挥自身优势对接本国北极战略的强烈意愿。除釜山港外，蔚山港、浦项新港、江原道东海港等城市纷纷提出对接北极航道开发的设想，致力于打造“极地城市群”，这成为文在寅政府推进和实施其北极战略的重要途径。

①郭锐，孙天宇.韩国“新北方政策”下的北极战略：进程与限度［J］.国际关系研究，2020（3）：136-153+159.

四、相关国家在北极航道利益上的相互博弈

北极航道的全线贯通尚需时日，与之利益相关的国家间的关系也处于变动与调整阶段。但北极航线相关国之间，基于本国的利益诉求，通过外交、贸易、军事、文化等方式连接在一起，构成了今天北极航道权益博弈的基本态势。根据各国的北极战略与地缘政治实践现状，可大致将北极航道权益相关国家分为三大利益集团：[1]

（一）以俄罗斯和加拿大为代表的利益集团

该集团包括俄罗斯、加拿大、冰岛、芬兰和瑞典等国，主要以争取北极航道沿线权益为主。目前，北极的西北航道和东北航道分别处于加拿大和俄罗斯的控制之下。早在20世纪30年代，苏联就把东北航道建成了一条连接其欧洲部分与远东的国内航线。1991年，俄罗斯宣布该航线对外开放，希望赚取外汇，以此作为振兴本国经济的手段之一。此外俄罗斯还通过立法，强制外国船只接受破冰、领航服务，并征收高额服务费用，引起各国的强烈不满，因此除俄罗斯之外，其他国家对此条航线的利用率较低。2008年9月18日，俄罗斯联邦总统令批准了《2020年前俄罗斯联邦北极地区国家政策原则及远景规划》，提出俄罗斯在北极地区的国际利益，包括使用东北航道，将它作为俄联邦在北极地区统一的国家交通运输干线。面对逐渐乐观的通航形势，俄罗斯加紧制定新的北冰洋航行规则，以加强对东北航道的控制。加拿大早在1986年就宣布以其北冰洋最外缘群岛之间的直线作为领海基线，划定12海里领海和200海里专属经济区，宣布西北航道属于加拿大主权范围。2009年7月，又通过了《加拿大的北部战略：我们的北部、我们的遗产、我们的未

①肖洋.北冰洋航运权益博弈：中国的战略定位与应对［J］.和平与发展，2012（127）：44-49+72-73.

来》的政策报告，阐述了其强化北极领土主权的措施。[①]近年来，加拿大政府逐渐加强对西北航道的管制，宣布要实施航行申请制度。为了加强对北冰洋地区的管理力度，2007年，6-8艘破冰巡逻船进入西北航线，加强对加拿大在北极地区的领海与岛屿的海防安保工作。俄罗斯和加拿大作为北极航道最大的沿岸国，拥有北冰洋航运权益的地利优势，并建立了各自的北极航道管理机制。然而近年来两国在北冰洋大陆架的划界争端，透露出北极航道沿岸国可能会借助地缘优势以及《联合国海洋法公约》的模糊条款来获取北冰洋航运最大管理权的信息。与俄加两国相比较，芬兰、冰岛和瑞典等国虽有地利优势，却国小力微，在北冰洋航运权益分配问题上可能会依附于俄加等国，推动北冰洋航运权益分配的小集团化。[②]

（二）以美国为代表的利益集团

该集团包括美国、丹麦、挪威、日本和韩国等国，由于缺乏地理优势，该集团以全人类权益和沿海线权益相结合的姿态出现。俄罗斯、加拿大加大对北冰洋航线的控制遭到奉行航海自由的美欧日韩等国的反对。例如，东北航道之争主要发生在俄罗斯与美国、欧盟等国之间，而西北航道之争则主要发生在美加之间。俄罗斯坚持对北极东北航道的控制，而欧美日则提出在个别航段应享有无害通过权和自由通行权。加拿大主张西北航道属于加拿大内水，而美国则坚持北极航线属于公海领域，外国船舶有无害通过的权利。为此，美国与俄罗斯、加拿大在20世纪曾发生多起航线纠纷。加拿大与美国在波弗特海的海洋边界划分以及与丹麦在北极汉斯岛的主权归属问题上也存有争执。挪威具有世界一流的冻土能源开采技术，并拥有全世界最详尽的北冰洋航运信息库。它在北冰洋航运权益博弈中侧重于经济领域，集中在北极能源开采、存储、运输等方面。由挪威政府控制的斯塔托尔石油公司正在北极

①史春林.北冰洋航线开通对中国经济发展的作用及中国利用对策［J］.经济问题探索，2010（8）：51-56.

②肖洋.北冰洋航运权益博弈：中国的战略定位与应对［J］.和平与发展，2012（3）：44-49+72-73.

建造一个大型天然气工厂，以期在未来能源开发上分得更多的地缘政治权益。而日本和韩国等则会搭“美国便车”，在壮大美国利益集团的声势之余，期待获得一些北冰洋航线的权益。

（三）非北极圈国家集团

这一集团以中国、英国等近北极国家为主，还包括南美的巴西、阿根廷，以及亚洲的印度、巴基斯坦和新加坡等国，受到北冰洋航线通航直接影响的巴拿马和埃及等国也在其中。该集团主要以争取北冰洋航运权益全球共享化为主，倡导共同开发北极航道，反对北极航道权益分配的小集团化。这些国家的经济发展都与海运事业紧密相连，与北冰洋航线开通密切相关。但由于它们都远离北极圈，难以争取到北冰洋航运事务的平等参与权。但是在当今世界和平与发展的大背景下，仍然拥有参与其中的机会。

根据上述分析，美国、俄罗斯、中国、英国、日本等国对国际远洋航运网络的依赖程度较高，因此均将是北冰洋航运权益博弈中的重要棋手。由于北极航道管理与权益分配的国际协调机制尚未形成，主要海洋大国纷纷加大了在北冰洋地区的科研力度，北极航道国际化趋势日益明显。随着战略学家将目光投向北极地区，关于北冰洋航运权益的国际纷争日趋激烈。为了争夺北极地区的丰富能源和北冰洋航线的巨大地缘政治权益，围绕北极及北冰洋航线归属权的博弈正在逐步升级，俄罗斯、加拿大、丹麦等国均向联合国提出对北极的领土要求。其中俄罗斯表现得最为高调，不仅大量搜集有利的地质证据，甚至将国旗插在北冰洋洋底的北极点，为这场博弈抢占先机。但从以上三大利益集团的现有力量对比和发展趋势来看，尚未出现具有绝对优势的一方。而且，北极航线地缘政治权益博弈的最终分配机制尚未成型，特别是在全球化和世界多极化的背景下，形成符合包括中国在内的非北极圈国家利益的北极航道权益的国际协调机制，前景还是比较乐观的。[①]

①肖洋.北冰洋航运权益博弈：中国的战略定位与应对［J］.和平与发展，2012（3）：44-49+72-73.

五、图们江机制

图们江地区是东北亚的核心区域，自20世纪90年代以来，一直被认为是全球最具增长潜力的经济区域之一。[①]1991年，由联合国开发计划署正式提出图们江开发计划，[②]拟用20年，吸引300亿美元投资，把图们江三角洲（中俄朝三国交界地带）建设成为东北亚的香港与鹿特丹。[③]2012年4月，经国务院同意，正式批准设立“中国图们江区域（珲春）国际合作示范区”。[④]但是图们江地区经过近20年的建设，各方期待的开发愿景大多并没有实现，原因在于图们江区域合作机制的滞后性。因此，对图们江区域合作机制的创新显得尤为重要，另外，借助“冰上丝绸之路”的建设助力图们江区域的建设，具有重要的现实意义。

（一）大图们江区域合作开发的变迁

图们江区域合作历经几次大的变迁，目前的合作地域范围基本确定。在图们江地区开发项目设立之初，联合国开发计划署在1991年提出的《图们江地区开发愿景》中，明确合作区域的地理范围是图们江下游中国、俄罗斯、朝鲜毗邻的两个三角地带，其中，“小三角”是指连线中国珲春、朝鲜罗津—先锋、俄罗斯波谢特和扎鲁比诺港，约1000平方千米的图们江经济带；“大三角”是指连线中国延吉、朝鲜清津、俄罗斯纳霍德卡港，约10000平方

①杨东亮，王科惠.“新常态”下大图们江次区域合作新机制研究［J］.东北师大学报（哲学社会科学版）2016（4）：104-110.

②张利利，李洪涛，王秀东，臧良震，潘征新.大图们区域农业合作的主要模式、成效及建议［J］.新疆农垦经济，2020（5）：1-7.

③同①。

④村本华子.冰上丝绸之路背景下图们江区域（珲春）国际合作示范区发展研究［D］.延吉：延边大学，2019.

千米的图们江经济开发区；目标是在该地区建设东北亚的贸易与交通枢纽。1995年，图们江地区开发项目获得东北亚各国的积极支持，进入实质开发阶段；各参加国确定项目的地域范围是位于中国、俄罗斯、朝鲜三国的边境地区，具体由朝鲜罗先自由经济贸易区、中国延边朝鲜族自治州的延吉和珲春特别经济区、俄罗斯符拉迪沃斯托克和纳霍德卡自由经济区（包括滨海边疆区城镇和东方港等南部港口）组成，总体目标是以图们江地区开发为核心促进东北亚整体的区域性合作。2005年，图们江地区开发项目正式更名为“大图们倡议”（GTI），大图们江区域合作开发范围扩大，新范围包括中国东北三省及内蒙古自治区、朝鲜罗津—先锋经济贸易区、蒙古国东部省区、韩国东部港口城市、俄罗斯滨海边疆区的部分地区。①②

纵观图们江区域合作开发地域范围的变化，发现中俄朝的边境地区一直是图们江区域合作开发的重点。项目设立的目的在于发挥该区域的区位优势、三国的资源配置的整合优势，建立市场机制主导的经济快速发展集聚区。同时寄希望于中俄朝三国建立更加优惠、更具吸引力的制度安排，吸引外部资金，成功实现对整个地区的重点开发。然而，图们江区域是远离中俄朝经济中心的边缘地带，尽管接壤，但该地区不具备有效的市场需求规模；在借助区位优势发展外向型经济时，又因地缘政治等因素导致国际大通道建设滞后，而不具竞争力。这些客观因素严重制约了图们江区域合作的发展，在区域经济一体化过程中的市场机制和政府，在前期和中后期无法发挥出有效的主导作用。

（二）大图们江合作开发模式的演变

图们江地区开发项目在大图们江合作开发模式的探索上走了较长时间的弯路。最初，联合国开发计划署在推进区域合作的各方面发挥着主导作用，

---

①2009年，朝鲜正式退出GTI合作机制，但朝鲜参与大图们江区域合作的地域范围没有发生变化。

②杨东亮，王科惠.“新常态”下大图们江次区域合作新机制研究［J］.东北师大学报（哲学社会科学版）2016（4）：104-110.

牢牢掌控主导权，从将图们江地区开发纳入其第5期（1992—1996年）的优先支持项目开始，就给予资金安排，编制系列图们江地区开发专项规划。①此后又积极承担着项目关键资助者、项目可行性研究组织者、协商或协调会议召集人、合作方案倡导者和磋商谈判协调人等重要角色。②但是，在评估当地的实际需要、贸易潜力、制度性障碍以及融资可能性的不足，特别是对俄罗斯、朝鲜关于项目开发积极性的考虑不充分，导致其提出的从中朝俄三国接壤的图们江地区租借土地，建设共同管理的经济特区的方案构想落空。在主权国家高度重视领土主权完整的现行国际体系下，这一方案的先天不足必然导致其不可能成功。③

此后，联合国开发计划署决定将项目开发的领导权让渡给项目所涉及的有关各国，成立由中朝俄韩蒙五国副部长组成的图们江地区开发项目管理委员会，协调各国给予项目开发的各种便利，发挥计划署对项目的支持作用。在体制建设方面，按功能成立协商委员会、协调委员会、国家小组、图们秘书处、部门工作组。协商委员会作为最高的管理和决策机构，协调委员会负责图们江地区开发有关的贸易投资便利化、跨境运输、环境问题的协调工作，部门工作组按合作重点领域单独设立，负责实施推进区域合作动议，图们秘书处作为管理实体部门，负责图们江区域合作组织内的所有具体工作。由于最高级别是副部长，图们江国际开发的管理体制架构，难以解决实质性困难，有效推动跨境经济合作向好发展。此期间（1996—2005年），图们江区域合作不可避免地落入以自主开发为主导的封闭发展中，例如中俄朝分别在其设立的珲春经济开发区和边境经济合作区、罗津—先锋自由经济贸易区、哈桑自由经贸区和纳霍德卡自由经济贸易区内，进行独立的招商引资

①杨东亮，王科惠．“新常态”下大图们江次区域合作新机制研究［J］.东北师大学报（哲学社会科学版）2016（4）：104–110.

②李雪楠，马晶.推进新时期图们江区域合作开发的对策建议［J］.产业与科技论坛，2014（15）：28–29.

③同①。

工作，主要借助地方和各自国内力量进行经济发展所必需的各种基础设施建设。受制于中俄朝三国边境地区财力物力的孱弱，图们江经济开发区建设进展缓慢，甚至落后于三国其他地区的发展；同时由于缺乏口岸、关税、运价、基础设施建设等领域的国际协调，次区域合作产生了诸多矛盾与现实困境。毫无疑问，自主开发模式与图们江地区开发项目设立的宗旨背道而驰，缺乏国际合作的联合开发和多国共同开发，图们江区域合作没有任何的发展优势与成功可能，注定了这一模式下的图们江次区域合作走向终结。[①]

为了挽救图们江区域合作开发项目，吉林省作为参与中国图们江区域合作的重要省份，积极推动图们江区域合作开发提升规模和层次级别。推动各成员国共同签署了《成员国关于大图们倡议的长春协定》，一致同意确立新的合作区范围，新增了蒙古国东部与韩国东部港口、吸纳了中国整个东北地区，通过具有重要指导意义的《GTI战略行动计划（2006—2015）》，期望集中更多的力量与资源支持大图们江区域合作开发。此期间（2006年至今），在发挥自主开发积极作用的同时，双边联合开发获得重要进展，特别是以中国主动参与的双边合作取得显著成果。表现在中俄、中蒙、中朝政府主导的经济合作日益密切，且发展势头强劲。2009年，中俄两国政府确定了《中华人民共和国东北地区与俄罗斯联邦远东及东西伯利亚地区合作规划纲要（2009—2018年）》；蒙古国依赖中国建立更便捷的国际大通道、发展紧密的过境运输合作的需求十分迫切；朝鲜积极加强对中国的开放合作，2010年3月达成向中国吉林省延边朝鲜族自治州出租罗津港10年协议，提出对朝鲜的黄金坪岛、威化岛和罗先经贸区（简称“一区两岛”）实施中朝两国“共同开发、共同管理”。

可以预见的是，中国在图们江区域合作开发项目中的地位将进一步提

---

①杨东亮，王科惠.“新常态”下大图们江次区域合作新机制研究［J］.东北师大学报（哲学社会科学版）2016（4）：104-110.

升，以中国为主导的双边联合开发模式将会继续发挥重要作用，最终向多边联合开发与多国共同参与的国际次区域合作开发模式转变，真正实现图们江区域的跨国自由贸易区构想。

（三）大图们江次区域合作机制的创新

总结大图们江区域合作开发的经验，建立科学的大图们江次区域合作机制，是保障大图们江区域合作开发工作有序快速推进的基础。通过机制建设，在保证参与各方基本利益的前提下，协调各方各层面的关系，形成一个目标清晰一致的经济体，推动经济体内各构成要素的合理配置与功能发挥，实现经济体的有效运行，不断向好向前发展，自发地走到可持续快速发展路径上来。在中国经济新常态背景下，借鉴我国“一带一路”倡议实施经验，提出大图们江次区域合作机制的创新措施。①

第一，建立推动大图们江区域合作开发的激励机制。合理利用经济手段和制度安排，创新大图们江次区域合作开发项目的形成、投融资、风险管控、验收奖励机制。

创新项目形成机制。决策投资建设的项目以支持区域的运输便利化为重点，以实现与周边国家互惠互利、共同发展为依据，以多边的利益需求为出发点；结合中国经济新常态下的产能过剩行业（水泥、钢铁等）的产品出口需求，以及人口稀疏地区的基础设施建设改善需求，重点支持有利于区域全体成员的国际运输通道，确立重点基础设施建设项目。克服蒙古及朝鲜基础设施差、流程欠佳、监管乏力、便利化水平低等不利因素，加快投资建设蒙古乔巴山—中国阿尔山铁路，形成贯穿大图们江区域，以及与周边快速联通的国际运输通道：蒙古乔巴山—中国阿尔山—白城—长春—珲春—俄罗斯扎鲁比诺港和朝鲜罗津港、清津港。增加投资改善提升已联通的中俄通道、中朝通道、中朝韩日海上联运通道的运输能力与性价比。通过中蒙俄及中俄

①杨东亮，王科惠.“新常态”下大图们江次区域合作新机制研究［J］.东北师大学报（哲学社会科学版）2016（4）：104-110.

朝的运输走廊、物流走廊和经济走廊建设，降低大图们江区域的交通运输成本，提升运输效率，方便货物物流跨越各国国境，促进各国贸易的发展。不断整合各国间、各地区间运输标准差异，推动大图们江区域的运输便利化和贸易便利化，彻底解决大图们区域交通运输通道不畅的制约问题，促进相关国家的经济发展与区域一体化水平提升。

创新投融资体制。借鉴丝路基金设立经验，积极推动由大图们江地区参与国中央政府设立大图们江区域开发基金，形成必要的资本金储备。在具体的基础设施项目建设上，运用公共私营合作制的（简称“PPP”）创新模式。由大图们江区域开发基金提供部分资金，项目所在国政府提供较大比例资金，控制杠杆比例，吸收亚洲基础设施投资银行贷款，积极引入主权财富基金、各种银团贷款、私营部门资本的参与，形成所有参与国与项目所在国、政府部门与私营部门共同分担项目投资风险和利益回报的共同体，确保投资方的资金安全，项目的顺畅开展。在支持区域内经济活力培育与发展过程中，加强对重点产业与战略新兴产业的支持力度，包括汽车、电子等重点产业和互联网+等新兴产业。设立产业发展配套资金与项目融资增信资金，促进区域内企业的做大做强与跨区域发展。①通过建立富有活力的区域投融资体制，推动大图们江区域的经济快速发展。②

创新风险管控机制。强调契约精神与仲裁结构的作用，形成诚信与积极作为的政政、政商、商商合作机制。加快建立具有权威的仲裁机构，明确违反契约合同的处罚措施，加强处理国际纠纷与国际问题的制度规则建设，在设立跨国投资项目的伊始，尽可能注明全部的违约事项与赔偿要求。设立一家专门的保险机构解决涉外业务的保险问题，保险机构可由各参与国入股经营，在各参与国的股本中设立一定比例的保证金，以便解决可能发生的违约

①孙黎，李俊江，董凤双.财政政策促进图们江区域外向型经济发展研究［J］.经济纵横，2015（6）：87-90.
②杨东亮，王科惠.“新常态”下大图们江次区域合作新机制研究［J］.东北师大学报（哲学社会科学版）2016（4）：104-110.

赔偿问题。

创新验收奖励机制。新设大图们江区域开发合作的奖励资金，采用国际化的方式对大图们江区域开发建设项目进行验收，根据项目困难与完成状况，对重要的人员和公司进行奖励。突出社会文化交流对大图们江区域合作开发的积极作用，设立奖学金重点资助蒙俄朝等国的官员及公司高管等到中国学习，输出中国的经济发展经验、企业管理方法，为大图们江区域内国家培养互联互通专业人才。支持有关大图们江区域开发合作的智库建设和国际合作研究，支持区域内的文化交流、青年交流、学者交流、民间交流。①

第二，形成保障大图们江区域合作开发的管理体制与目标设定机制。结合区域内各国和地区的经济发展客观实际，关切地方发展的重大需求，创新政府的参与机制。②

明确中国在大图们江区域合作开发中的主导地位，积极发挥以中国为主导的双边联合开发模式作用，突出中俄蒙和中俄朝经济走廊建设，将大图们江区域合作开发有效融入国家“一带一路”倡议中。让周边国家分享中国经济增长的红利，适时稳步向多边联合开发模式转变。选择有利时点，如大图们江国际大通道建设完成，区域运输、物流、经贸和投资获得实质性发展后，形成多边合作的制度性框架，明确各参与国中央政府在区域开发中的决定性地位。彻底解决大图们江地区自主开发、同质竞争的发展模式弊端，实现大图们江区域合作开发的有序、共赢发展。提升会议的级别，建立国家领导人定期会晤机制，确定会议的最高决策地位。从顶层保证大图们江区域合作开发的不断推进。加强东北亚地方政府首脑会议的建设性作用，重点落实参与国领导人会晤达成的各项重大协定。扩大东北亚地方政府首脑会议的规模，在包含中国吉林省、日本鸟取县、俄罗斯滨海边疆区、蒙古国中央省、

①王品飞.长白山文化对长吉图区域经济发展的促进作用论析［J］.通化师范学院学报，2015（5）：53-56.

②杨东亮，王科惠.“新常态”下大图们江次区域合作新机制研究［J］.东北师大学报（哲学社会科学版）2016（4）：104-110.

韩国江原道基础上，要求大图们江区域开发范围内的所有地方政府参与会议，签订相关责任书。积极发挥吉林省在地方政府合作中的常务理事作用，推进长吉图交通走廊建设，发挥中国（长春）东北亚博览会作用，加快中国（珲春）国际合作示范区向自贸区的提升转变。通过两个层级的政府官方会议，为大图们江区域市场经济发展提供必要的政府保障，保证合理确定大图们江区域合作开发的重点项目与年度目标。确保所列项目的具体性、可实现性与时限性完整，能够清晰划分政府应履行的任务职责；并且设立分阶段的定期监督评价计划与项目进展公示。①

（四）“冰上丝绸之路”背景下图们江区域的发展建设

1.着力推进“四区”建设

尽力推进珲春边境经济合作区、出口加工区、中俄互市贸易区和国际合作示范区“四区”建设，珲春继续提升综合承载能力，深化区域国际互助。作为重要的开放平台，加快建设边合区、互市贸易区、综保区、珲春出口加工区基础设施。②

要做大做强中俄互市贸易区，进一步开展边境小额贸易。在珲春中俄互贸区第三方结算和商品展示交易中心启动运行以来，不出国门就能购买到俄罗斯的进口商品。该中心促进了双边贸易，提高了边民的生活水平。前来购买商品的边民熙来攘往，很多商品出现了售空断货的情况。2018年4月，国务院批准同意珲春出口加工区升级为珲春综合保税区；2019年2月末，通过海关总署验收，珲春综保区由此成为吉林省第二家综合保税区。今后，珲春综保区将在海关的特殊监管指导下，积极引导企业开展、执行保税港区的税收和外汇政策等相关各项业务，不仅为珲春，还为吉林省全面振兴、努力做出新的更大的贡献。同时，珲春市要推动转型升级促开放发展，抓好一批重点税

①杨东亮，王科惠.“新常态”下大图们江次区域合作新机制研究［J］.东北师大学报（哲学社会科学版）2016（4）：104-110.

②村本华子.冰上丝绸之路背景下图们江区域（珲春）国际合作示范区发展研究［D］.延吉：延边大学，2019.

源型项目建设，比如切实推动中药饮片、雅戈尔国际服装城等工业转型发展项目。还要继续加快推进珲春矿业集团低阶煤新能源产业。该项目的建设，将对珲春产业支撑起到积极作用，提升项目的辐射和带动作用。[①]

2.推动内贸货物跨境运输

推动示范区的持续深入发展，必然要不断扩大和加强同更多地区的贸易往来和文化交流。而示范区陆上交通的运力相对有限，成本较高，陆上交通覆盖的有效区域人口较少，所以珲春国际合作示范区的长远发展，必然还是要依靠海运这个途径。尽管吉林省作为内陆省没有港口，借港出海也面临着诸多限制，但随着朝鲜和俄罗斯发展远东贸易的实际需求的加深，以及该区域各种不确定因素的解决和稳定，借港出海受限情况会有所改善和缓解。

2018年9月，珲春—扎鲁比诺港—宁波舟山港内贸货物跨境运输航线正式开通，为多方的贸易发展创造了条件。将补齐吉林省无出海口的短板，让吉林省的大宗货物通过新陆海联运通道，高效率、低成本地向中国南方地区运输。这就为珲春国际合作示范区的国际贸易发展提供了一个很好的范本，随着示范区建设的不断深入推进，可探索尝试开辟与华北地区、华东地区、胶东半岛、华南地区港口的航线，发挥规模效应，减少朝俄两国对借港出海的限制。

近年来，宁波港和吉林省在探寻航线物流领域对口合作项目，合力打造“内贸外运”方面合作健康发展，取得了初步成效。宁波市因地制宜推进区域港口一体化改革，全力打造现代化枢纽港，促进港口、产业、城市深度融合。推动宁波航线方面帮助组织回程货源，实现航线集装箱双向运输；引进宁波资本，共同打造珲春宁波轻工产业园、珲春中俄跨境自由贸易试验区。推进珲春国际合作示范区与宁波保税区对接合作。珲春国际合作示范区也应主动融入国家“冰上丝绸之路”，认真借鉴宁波港口进步的经验，充分利用

①村本华子.冰上丝绸之路背景下图们江区域（珲春）国际合作示范区发展研究［D］.延吉：延边大学，2019.

周边港口资源，积极协调各方，宁波舟山港要与珲春市一道，加强与宁波舟山港集团内贸货物跨境运输合作，助推珲春打造一流的边境物流城市。①

3.加快推进跨境电商发展

近年来，延边州坚持政府引导、市场主导、企业主体、社会参与、进出口并重、多模式共存的原则，以延吉、珲春为重点，以综保区、保税物流中心、快件监管中心为支撑，全面支持跨境电子商务企业、平台和产业区的发展。进一步完善跨境电商产业链，跨境电商发展越来越壮大。图们江区域（珲春）国际合作示范区跨境电子商务公共服务平台项目位于珲春出口加工区内，占地面积1万余平方米，建筑面积5000余平方米，主要建设内容包括监管仓库、跨境电商监管平台、物流信息平台及周边绿化等。项目功能发展规划分近期和远期，近期到2019年12月30日计划竣工，项目功能初步形成，能够满足企业进出口产品通关辅助及监管服务功能以及智能分拣功能；远期到2025年，项目跨境电子商务系统平台功能完善，各项配套功能齐全，实现跨境电商交易商品“一次申报、一次查验、一次放行”，满足“信息互换、监管互认、执法互助”的要求，形成多功能、多元化具有较强辐射能力的现代跨境商贸综合服务中心。本项目借鉴中国（杭州）跨境电子商务综合试验区的建设和运营经验，按海关总署保税电商A型（监管代码1239）标准，项目充分结合珲春的区位、政策优势，紧抓“冰上丝绸之路”“一带一路”倡议机遇，依托“珲春东北亚国际贸易中心”项目。通过构建六大体系，按照国家跨境电子商务综合试验区标准，充分结合珲春的区位、政策优势，努力为跨境贸易提供全方位的综合服务平台，全面解决跨境企业供应链瓶颈和政府监管难题，实现地方政府、监管部门、金融机构之间信息互联互通，推动信息流、资金流、物流“三流合一”。建设日韩俄及东北亚电商商品集散地、产品制造供应地，实现珲春跨境电商的便利化、自由化、规范化发展。

---

①村本华子.冰上丝绸之路背景下图们江区域（珲春）国际合作示范区发展研究［D］.延吉：延边大学，2019.

珲春国际合作示范区跨境贸易（电子商务）综合服务产业园项目建成后，有利于改变大宗货物的交易模式，推动东北亚区域国际贸易合作；打通珲春对外通道，促进珲春和吉林省对外交流，打造跨境贸易生态圈建设。在“互联网+”经济模式下，建立珲春第一个跨境电商服务平台，充分整合资源，促进产业转型和集聚发展，增强珲春在东北地区和吉林省的城市地位，提升综合性和现代城市的竞争力。本项目建成后，在“冰上丝绸之路”倡议的推动下，珲春市将进一步发挥区位优势，凭借其在跨境电商等方面所拥有的先天优势，加速产业结构调整和经济转型升级，实现珲春市经济效益和社会效益双丰收，把珲春跨境贸易（电子商务）综合服务平台建设成为以“一站式通关—跨境贸易—综合服务”为主要特征的跨境电子商务服务中心和跨境电子商务大数据中心。①

①村本华子.冰上丝绸之路背景下图们江区域（珲春）国际合作示范区发展研究［D］.延吉：延边大学，2019.

第五章

中俄共建『冰上丝绸之路』

一、中俄共建“冰上丝绸之路”的正当性

中俄共建“冰上丝绸之路”有着坚实的相关国际法基础。中俄推进“冰上丝绸之路”建设的合作符合《联合国宪章》的基本宗旨，也符合《联合国海洋法公约》的有关规定。《联合国宪章》的主要宗旨是“加强国际合作，解决国际问题”。作为世界大国的中国和俄罗斯，是联合国安理会常任理事国，在国际关系中一贯主张维护联合国的权威，遵守《联合国宪章》，这不仅符合中国“平等互利、合作共谋”的外交原则，而且也是俄罗斯外交政策一贯强调的原则。联合国也一直强调“合作”是《国际法》的基本原则。因此，在《联合国宪章》框架下，中俄两国在各个领域的合作有着广泛的前景。另外，北极地区的合作在很大程度上牵涉到北冰洋海域的治理和秩序。关于国际海洋治理和秩序的国际法基础就是1982年联合国制定的《联合国海洋法公约》，该公约对国际海洋秩序、各国海洋权益的维护和获取有着非常详细的阐述和规范。《联合国海洋法公约》是中国积极参与北极事务和北极治理、实现中国合法权益的主要国际法依据。《联合国海洋法公约》的序言中指出，公约的制定就是各国“本着以互相谅解和合作的精神解决与海洋法有关的一切问题的愿望”。《联合国海洋法公约》也规定了各国的义务，要求各国促进海洋环境保护和保护的多种方法和程序。《联合国海洋法公约》第238条还表明：“所有国家，不论其地理位置如何，以及各主管国际组织，在本公约所规定的其他国家的权利和义务的限制下，均有权进行海洋科

学研究。”这为中俄两国政府在北极地区开展相关海洋科学研究提供了法律支持。①

关于北极治理的其他相关法律也为中俄两国推动“冰上丝绸之路”建设提供了国际法支撑。北极地区受到全球环境问题的影响，如臭氧的不断消耗、气候变化和持久性有机污染物。因此，大多数国际环境公约，如《联合国气候变化框架公约》《斯德哥尔摩持久性有机污染物公约》和其他公约，都适用于北极地区。20世纪90年代初，国际海事组织（IMO）主持了一项倡议，重点是在极地水域调节船舶建造、装备和操作。2009年12月2日，国际海事组织大会第二十六届会议通过了一项新的指导方针。2009年，国际海事组织开始着手建立具有法律约束力的极地航行规则。国际海事组织于2014年制定的《极地水域船舶航行国际准则》，于2017年初开始生效。②此外，北极理事会制定的具有法律约束力的协议在一定程度上也表明了国际法在北极治理中的重要性。其中第一个是北极理事会于2011年制定的《北极搜索和救援协议》，该协议为北极理事会成员国之间的法律搜索和救援合作建立了一个框架。第二个是2013年制定的《北极海洋石油污染预防与应对合作协议》。2017年5月11日，8个北极国家外交部部长在美国阿拉斯加州费尔班克斯市北极理事会第十届部长级会议上签署了《加强北极国际科学合作协议》。这也是中国在北极地区与俄罗斯和其他国家合作进行科学考察的重要法律依据。毫无疑问，所有这些协议将有助于促进北极地区包括中俄合作在内的国际合作进程。③

---

①张耀.中俄“冰上丝绸之路”合作的发展与前景辨析［J］.山东工商学院学报，2018，32（6）：100-107+124.

②IMO：《极地规则》1月1日起正式生效极［EB/OL］.（2017-01-06）［2020-10-20］.http：//jasi.just.edu.cn/2017/0106/c6693a62854/page.htm.

③张耀.中俄“冰上丝绸之路”合作的发展与前景辨析［J］.山东工商学院学报，2018，32（149）：106-113+130.

二、俄罗斯推进“冰上丝绸之路”建设的原因

2017年7月初，习近平主席在访俄期间，同俄方签署并发表了《中俄关于进一步深化全面战略协作伙伴关系的联合声明》，宣布两国将继续开展“一带一路”建设与欧亚经济联盟的对接，开展北极航道合作，共同打造“冰上丝绸之路”。①

“冰上丝绸之路”构想的落地、成长并迅速结出果实，这背后有其特殊的历史原因。“冰上丝绸之路”从一个方面来说，正是俄罗斯传统北极东北航道的3.0版本。拥有百年历史的俄罗斯北极东北航道，西起西北欧北部海域，东到符拉迪沃斯托克，途经巴伦支海、喀拉海、拉普捷夫海、新西伯利亚海和白令海峡，是连接东北亚与西欧最短的海上航线，也是北极现有的东北、西北及北极中央3条航道中通航条件最好的一条航线。今天，中俄建设“冰上丝绸之路”，必将赋予历史悠久的俄罗斯东北航道崭新的使命，使其焕发出新的亮点。②

“冰上丝绸之路”与“一带一路”的对接，可将世界上最大的两个经济区——东亚经济区和西欧经济区，以及中间资源丰富的俄罗斯连接起来，从而有力地推动相关国家经济的可持续发展。在中俄共同打造“冰上丝绸之路”的进程中，中方的技术、资金与俄方的航道资源可以实现优势互补。③

而俄罗斯参与“冰上丝绸之路”的原因具体可从经济、能源、航运、国

---

①中国与俄罗斯将共同打造“冰上丝绸之路”［EB/OL］.（2017-07-27）［2020-10-20］.http://www.zgsyb.com/news.html?aid=418759.

②韩雪文.白令海峡对中俄“冰上丝绸之路”建设的意义探析［J］.河北工程大学学报（社会科学版），2018，35（127）：61-62+68.

③周超.中俄奏响北极合作新篇章［N］.中国海洋报，2017-07-11.

际关系与地缘政治、国家安全、区域开发等方面进行探析。

（一）“冰上丝绸之路”为俄罗斯带来的经济效益

“冰上丝绸之路”的开通将为俄罗斯带来巨大的经济利益，能推动北极航道沿线地区经济基础设施建设，进一步促进远东地区、北极地区的经济发展，同时能够平衡俄罗斯国内不同地区之间经济发展的不均衡。目前中国东北地区的石油、天然气以及煤炭都会从俄罗斯远东地区进口，所以当北极航线正式开通之后，中国将成为俄罗斯在该航线最大的客户，而中国也通过这条航线满足了对于能源的巨大需求。[①]因此，“冰上丝绸之路”的建设将对中俄之间的贸易往来产生重要的影响。

1.促进经济基础建设

中俄共建“冰上丝绸之路”不仅有坚实的政治基础，还有巨大的经济推力。北极地区能源开发在俄北极战略中占有核心地位。油气资源是俄罗斯经济的主要支柱，现有的主要油气产区经过长期开发，储量已日渐枯竭。俄罗斯需要开发新的油气产区，以确保其经济的可持续性发展。中国的经济发展也需要巨大的能源进口作为支撑。特别是近年来，中国还同时面临着国内外对环保减排议题的双重压力。中国民众对治理空气污染等生态环境问题的关注和诉求，国际社会对碳排放大国承担节能减排责任的期待和压力，都要求中国加大对包括液化天然气在内的清洁能源的进口力度，以替代传统的高碳排放能源。当前，俄罗斯多家能源巨头已在亚马尔半岛地区布局多个大规模液化天然气项目。

亚马尔LNG项目是目前俄北极地区最大的能源开发项目，也是“一带一路”倡议提出后中国落实的首个海外特大型项目。[②]项目开发许可有效期至2045年。项目4个股东分别为“中石油”、中国丝路基金、俄罗斯诺瓦泰克公司和法国道达尔公司。其中，“中石油”参股20%，丝路基金参股9.9%。该项

①汪巍.中国与俄罗斯共同打造“冰上丝绸之路”的背景与前程［J］.经济师，2018（4）：86-87.

②方梦遥.中俄北极战略及北极合作前景研究［D］.北京：对外经济贸易大学，2018.

目现有合同期内96%的液化天然气产品，已根据长期协议预先销售给包括中国企业在内的客户，每年将至少有400万吨液化天然气销往中国市场。①

诺瓦泰克公司在亚马尔半岛以东的吉丹半岛开发的“北极液化天然气2号”项目，其探明储量为2350亿立方米。该公司规划在产区建设天然气液化加工厂，并计划于2025年投产。俄国能源部部长亚历山大·诺瓦克表示，希望中国公司参与“北极液化天然气2号”项目。此外，还有“伯朝拉”和“什托克曼”等北冰洋沿岸液化天然气项目同样规模巨大。

上述能源项目的实施将对北方海航道的航运、基础设施、金融和装备等上下游产业链产生极大的刺激，也将带来物流、人流、资金流和信息流等价值链的巨大预期，这些将成为北方海航道坚实的经济基础和现实动力。曾任中国驻俄罗斯大使的李辉说，一旦北方海航道正式开通，中国将成为最大的客户；中国充足的货运量及对能源的巨大需求，将成为中俄务实合作的新亮点。②

2.出口促进区域经济增长

在俄罗斯远东地区的能源得到全球各国的重视之后，俄罗斯出台了《2030年前俄罗斯能源战略》，在这一文件中明确了俄罗斯对外能源政策的战略目标，比如说强化俄罗斯在国际能源市场中的地位，争取最大的经济利益，保证能源市场的稳定。不仅如此，俄罗斯远东地区特殊的地理位置，决定了在进行能源开发和合作的时候，必须要符合俄罗斯的国家利益，而俄罗斯远东地区能源的大量出口也使当地的经济得到了快速增长，其中俄罗斯远东地区经济增长的一大部分来源于中国东北部地区的进口，而除了能源的进口获得的经济利益之外，“冰上丝绸之路”的开通也为俄罗斯节省了航运方面的成本，所以俄罗斯大量出口能源成为一个稳赚不赔的买卖，具有远大的发展前景。

---

①吴大辉.“冰上丝绸之路”：“一带一路”的新延伸［J］.人民论坛，2018（9）：48-49.

②易鑫磊.中俄共建“冰上丝绸之路”：概念、目标、原则与路径［J］.欧亚经济，2019（241）：66-81+133-134.

3.平衡地区间经济发展

俄罗斯开发建设北方海航道的远景目标则是平衡俄西部和东部地区经济发展水平，优化北部和南部地区经济资源配置，为俄西伯利亚、远东和北极地区发展提供动能，充分挖掘上述地区融入高速发展的亚太区域经济的潜力。俄罗斯北极地区大部分领土处在经济发展水平较低的西伯利亚和远东地区。这里自然环境和气候条件恶劣，人口密度低，工业基础差，交通基础设施联通能力差，距俄主要工业中心遥远，生产生活严重依赖地区外供给。上述种种影响该地区的经济社会发展，也制约着占俄罗斯领土面积将近4/5的西伯利亚和远东地区以及俄罗斯整体的经济社会发展潜力。2017年颁布的《2030年前俄罗斯联邦经济安全战略》明确指出，为平衡地区发展，加强联邦经济区域的统一性，重要举措之一就是发展北方海航道，为远东、西伯利亚地区经济的持续快速发展提供保障。①

4.促进中俄贸易往来

“冰上丝绸之路”是继“一带一路”之后又一创新性的国际合作路径，中俄双方共建“冰上丝绸之路”，将全面带动中国与俄罗斯多方面的经济合作，带动两国的国家和区域经济发展，惠及中俄两国和两国人民，带来看得见的经济效益，从而促进双方的经济增长。②首先，在交通方面，“冰上丝绸之路”沿线城市的交通条件将得到极大的改善，最终逐渐实现互联互通。其次，在贸易方面，中俄贸易将呈现多元化发展的良好局面，会进一步提高中国在国际上的贸易地位。再次，在国际航运方面，“冰上丝绸之路”建设将促进两国沿线国家的基础设施、港口建设，形成较为完备的运输枢纽和顺畅的运输渠道，全力保障航道开发与合作的安全性。通过“冰上丝绸之路”新航道，将缩短时间和路程、节约成本、增加贸易额，打开中俄两国在能源贸

①易鑫磊.中俄共建“冰上丝绸之路”：概念、目标、原则与路径［J］.欧亚经济，2019（241）：66-81+133-134.

②刘新霞，韩婧.“冰上丝绸之路”背景下新型俄语人才培养研究［J］.邯郸学院学报，2019，29（1）：126-128.

易领域合作的新局面。

（二）“冰上丝绸之路”为俄罗斯带来的能源效益

1.石油和天然气储量满足出口需求

远东地区是俄罗斯的九大联邦区之一，也是俄罗斯面积最大的联邦区，这里的石油和天然气储备十分丰富，是世界能源的主要供应者之一，也是油气资源储藏和生产的大国，目前俄罗斯的石油储量在全世界排名第8，而远东地区的石油储量则在其中占据了重要的地位。据俄罗斯官方的统计，现如今俄罗斯远东地区的油田和天然气田总共有55个，开采储量分别达到19.69亿吨和15.72亿吨；在远东地区的陆地地区和水域地区的石油勘探储量约为4.10亿吨。远东地区的石油不仅在数量上居世界排名的前列，石油的质量也大大超过了许多国家，远远超过了俄罗斯石油的出口标准。然而远东地区的石油储量远不止于此，随着远东地区陆地和水下地址以及全球地理勘查工作范围的加大，许多蕴含着石油和天然气的矿藏会逐步被发现。俄罗斯远东地区的天然气储量也最丰富，产量最多，消费量也大，目前远东地区的天然气主要分布在雅库特和萨哈林两大地区，天然气质量好，不含任何的有害物质。如今还在远东地区的海洋大陆架以及太平洋东堪察加部分发现了超大规模的天然气田，还未进行开采。俄罗斯远东地区的石油和天然气不仅储量丰富，质量还好，会逐渐引起各国的重视，也会为俄罗斯带来更多的合作伙伴。

2.煤炭、水、电资源开发满足国内需求

除了石油和天然气之外，俄罗斯北极地区的其他资源储量同样非常丰富。俄罗斯远东地区的煤炭储量也十分丰富，目前俄罗斯远东地区的煤炭储量大约占据了俄罗斯总体煤炭储量的60%，煤炭资源主要集中在勒拿煤矿、哈巴罗夫斯克煤矿、阿穆尔煤矿、南雅库特煤矿等，总储量大约是159亿吨。巨大的煤炭储备量不仅可用于俄罗斯国内发电，支撑强大的电力系统，还能够在保证国内用电需求的同时寻求出口。

俄罗斯远东地区还有十分丰富的水电资源，主要分布在南雅库特流域、阿穆尔河支流流域，其中建立了许多大型的水电站，也有主要的电力系统，比如东部电力系统以及堪察加、马加丹、萨哈林、雅库特和楚科奇5个独立的电力系统，其中有的电力系统不仅临近各大流域和水库，也处在煤炭储量丰富的地区，保证了电力源源不断的供给。①

3.欧洲可再生能源革命迫使俄战略转向

近年来，为了实现能源供应多元化，改变被动依赖国外进口的局面，英国、法国、德国、比利时、荷兰、意大利、西班牙等欧洲国家纷纷加快了可再生能源的发展步伐。其中发展最快，同时也是俄罗斯天然气重要进口国的德国，更是大力发展太阳能光伏产业，并提出要在2050年使可再生能源占到国家最终消费能源总量的60%和电力供应量的80%（2030年的中期目标为可再生能源占最终消费能源总量的30%）。

由于这些欧洲国家大多是俄罗斯天然气能源供应的主要客户，因此欧洲各国正在进行的可再生能源革命意味着未来欧洲对俄罗斯天然气的依赖程度将大幅度降低，这不仅对俄罗斯以能源出口为支柱的国家经济造成严重冲击，同时意味着俄罗斯依靠能源出口而对欧洲形成的战略优势将逐步丧失。对俄罗斯来说，欧洲需求的降低将直接压缩俄能源出口的市场，减少俄罗斯依靠能源出口而获得的财政收入，直接影响俄罗斯在北极地区天然气的开发。为了填补欧洲不断缩减的市场缺口，维持国内能源开发及国民经济的稳定运行，俄罗斯将目标转向东方。以中国为首的东北亚国家尽管也在大力发展可再生能源，但由于庞大的人口基数，加之经济发展和环保压力的持续增大，对天然气的需求依然十分迫切。而北方海航道的能源运输价值和沿线地区天然气的开发价值，对东北亚国家，尤其是中国来说，具有重要的经济和战略意义。对俄罗斯来说，主动邀请中国参与“冰上丝绸之路”建设，可以

①刘晶瑶，王婷.“冰上丝绸之路”下俄罗斯远东地区和中国东北地区的能源合作［J］.现代经济信息，2019（2）：148-149+153.

为北极地区天然气的开发寻找新的市场和投资者，有效解决欧洲国家可再生能源革命所带来的对俄罗斯天然气依赖下降的问题。而“冰上丝绸之路”的贸易路线功能也将使俄罗斯增加了另外一重对欧身份，即由欧洲能源的供应者逐渐成为欧洲与东亚国家贸易往来的桥梁。未来欧洲对俄罗斯在能源供应上的依赖虽然降低，却增加了在贸易路线上的依赖，而这种依赖也同样存在于东亚国家中。从这点上看，俄罗斯因欧洲可再生能源革命所做出的应对并非完全被动，而是一种长期性、整体性的布局，符合俄罗斯国家的长远利益。①

4.能源贸易与北极航道开发相辅相成

俄罗斯北极经济开发的愿景，取决于北极东北航道（北方海航道）的畅通。北极冰雪环境的改变正在促进北极航运业的繁荣，俄罗斯未雨绸缪，为北方海航道开发做好了准备。北方海航道是太平洋和大西洋之间最短的海上通道，一旦顺利通航，一半以上的海运物资都会经过这片海域。北方海航道西起新地岛，东至白令海峡。在北半球的夏季使用北方海航道，能够比传统的苏伊士运河航线减少20天的航程，相当于缩短了40%的航程。②北方海航道作为北极东北航道的主干航道，其可用航道分为沿岸航道、中间航道、高纬航道、极点航道4条：沿岸航道——沿俄北岸水域航行，航道水深较浅，易受岸冰的影响，由于转向多、绕程远，因此累积航程最长；中间航道——从白令海峡驶入楚科奇海，通过弗兰格尔岛南侧的德朗海峡进入东西伯利亚海，沿西伯利亚群岛北侧途经拉普捷夫海，穿过维利基斯基海峡，继续向西南行进，沿新地岛抵达巴伦支海；高纬航道——过新西伯利亚群岛北侧后，继续向西北方向，从北地群岛北侧通过，再转向西南抵达巴伦支海，该航线面临高密度浮冰的风险，但累积航程最短；极点航道——穿过北极点的航线，受到来自北极高纬冰盖的严重阻挡，不适合商船。从长远来看，北方海航道将

①王士威.欧盟东扩背景下的俄罗斯对欧战略转型［J］.学理论，2013（14）：33-34.

②肖洋.俄罗斯参建“冰上丝绸之路”的战略动因与愿景展望［J］.和平与发展，2018（6）：107-119+134-135.

成为欧亚大陆最重要的海上交通运输线之一。如今，俄罗斯逐渐放开对国际航运公司在俄境内的航运活动，此举有助于大幅增加过往北方海航道的船舶数量。气候变暖使船舶到达北极港口且出口油气资源和矿产资源成为可能。毫无疑问，散货船的发货量将逐年增长。到21世纪中叶，北方海航道通航量可以达到每年500—1000艘。

北极地区天然气、煤矿等能源的发现，使俄罗斯重新重视起了北极航道的建设。俄罗斯有7个联邦主体部分或全部是划在北极地区，超过200万人口在俄罗斯北极地区居住，该地区生产总值占到整个国内生产总值的15%，俄罗斯80%的天然气开采量出自北极地区，该地区还储有95%的铂族金属矿。建成对全球海运具有重要意义的“北海航线”，对俄罗斯长远发展和北极地区的建设都具有重要的现实意义。①

为应对国内外政治经济环境的变化和挑战，俄罗斯政府于2008年公布了首部关于开发俄属北极地区的纲领性文件——《2020年前俄罗斯联邦北极地区国家政策原则及远景规划》，当年11月13日又公布了《2030年前俄罗斯能源战略》，修正和完善了2003年公布的《2020年前俄罗斯能源战略》，从而形成了比较系统和全面的俄罗斯国家能源长期发展战略，加快了对北极地区能源资源开发的步伐。2013年，俄政府审议了《2030年前大陆架开发国家计划》；2013年2月，普京总统签署了《2020年前俄罗斯联邦北极地区发展和国家安全保障战略》。俄罗斯政府希望到2020年后，每年能在北极地区开采6620万吨石油和2300亿立方米天然气。从目前的进展来看，俄罗斯已经在俄属北极地区的开发中取得了显著的成就，尤其是在能源开发和北极航道的建设方面，成果更加突出，对北极资源的控制和开发将为俄罗斯未来应对西方的围剿提供战略补给，并使其在与欧佩克国家围绕能源市场的争夺中占据先机。

---

①李立凡.俄罗斯战略视野下的北极航道开发［J］.世界经济与政治论坛，2015（6）：62-73.

（三）“冰上丝绸之路”为俄罗斯带来的航运效益

“冰上丝绸之路”主要依托于北极航道的建设，而靠近俄罗斯的东北航道是诸条北极航道中最具备通航能力的航道。北极航道的通航不仅能够缩短欧亚之间通航的距离，降低海运成本，提升航行的安全性，还能为俄罗斯的能源出口提供新的航道选择。

1.航道建设促进能源出口

俄罗斯北极地区的天然气、石油、煤矿等资源储量丰富，开发北极地区能源是俄罗斯进行北极开发，建设“冰上丝绸之路”的主要目的之一。同时借助北极航道建设，推动能源出口能够为俄罗斯带来巨大的经济效益。从经济层面讲，俄罗斯北方海航道开发建设有着实现北部地区的多维交通运输互联互通，确保能源开采外运，带动远东、西伯利亚发展和平衡地区经济等多重考量。俄罗斯北方海航道建设的短期目标是航道通航和能源外运，为此需要改造和新建北极地区交通运输系统基础设施。2013年颁布的《2020年前俄罗斯联邦北极地区发展和国家安全保障战略》中明确指出，要保证北方海航道成为俄联邦国家统一运输网络的一部分，具体举措是使北方海航道及与之相连的河道、铁路、航空线路等具备全年通航能力，在此基础上织就一张全国统一的海、陆、空、铁、河五维立体交通运输网，全方位服务于俄罗斯的能源出口。①

2.北极航道航行安全

相较于传统的马六甲—苏伊士航道，以北方海航道为主航段的“冰上丝绸之路”不仅在航程、时间和成本上有明显优势，航行安全优势也比较突出。以从上海港到阿姆斯特丹港为例，经“冰上丝绸之路”比经马六甲—苏伊士航道航程缩短近2/5。“冰上丝绸之路”沿岸国数量较少，航行的行政审批程序相对简单，可显著降低时间和航行成本。航道大部分航段距离俄罗斯

①肖洋.安全与发展：俄罗斯北极战略再定位［J］.当代世界，2019（9）：44-48.

北部陆地较近，具备一定的航行保障设施和机制。此外，高纬度航道能规避温暖海域台风频发的极端气象状况对航行安全带来的风险和成本。从安全角度讲，“冰上丝绸之路”能够从某种程度上减轻美国在印度洋和太平洋军事部署所带来的封控压力，规避日益猖獗的海盗袭扰。

穿越加拿大北部的西北航道分为南北两路，但航道相对狭窄，冰川暗礁众多、适航性较差是其共同特点。西北航道每年的适航期波动较大。北路以2010—2012年的可通航性最佳，全线开通时间达50多天，其余年份较少。南路在2003年、2004年和2005年未通航，2014年仅16天可通航，其余年份的可通航天数少则30—40天，多则60—70天。西北航道有近1/3的航程与陆地距离较远，航行补给、救援和保障能力较低。综上所述，“冰上丝绸之路”的比较优势明显，这一区位优势既延长了通航时间，也降低了维护航行安全的成本投入。

（四）“冰上丝绸之路”为俄罗斯带来的国际政治效益

近年来，西方国家一直在压制俄罗斯的地缘政治空间、遏制俄罗斯军事力量的影响，特别是在乌克兰危机之后，北约继续加强其在中东欧地区的存在，继续其北约东扩进程，同时扩大其在俄罗斯边境附近的军事基础设施，从而形成了对俄罗斯军事威慑的态势。目前，对俄罗斯而言，北极地区是其仅存的拥有一定战略回旋空间的区域，维护地缘政治平衡具有极其重要的意义。[①]虽然任何外部势力在北极地区发挥作用，俄罗斯都会存在一定的疑虑，但是与相关国家共建“冰上丝绸之路”，共同开发北极地区，也会为俄罗斯带来积极的国际政治效益。

1.西方制裁对俄罗斯经济的严重影响及其战略转向

美国和欧盟对俄罗斯实施的经济制裁使俄罗斯经济受到严重影响。从2014年3月开始，美国、欧盟、加拿大、澳大利亚、日本、瑞士等西方国家

①张耀.中俄“冰上丝绸之路”合作的发展与前景辨析［J］.山东工商学院学报，2018，32（6）：100-107+124.

宣布对俄罗斯的自然人和法人实施制裁，接着在2014年4月、7月和9月又分别宣布实行新的制裁。美国的制裁涉及能源、金融部门和军事工业综合体，冻结它们在国外的资产和账户，限制信贷和融资，禁止向俄罗斯出口高技术产品和设备。[①]欧盟的制裁包括对俄罗斯武器和相关配件的进出口实行禁运，禁止向俄罗斯出口具有双重意义的商品和技术，禁止向俄罗斯出口用于石油开采工业的创新性技术。美国和欧盟等西方国家先后宣布对俄罗斯的金融部门实行制裁。俄罗斯对外经济银行、俄罗斯天然气工业银行、俄罗斯投资银行、俄罗斯联邦外贸银行、俄罗斯农业银行、莫斯科银行、俄罗斯联邦储蓄银行、俄罗斯国有商业银行等10多家金融机构受到制裁。禁止美国公民或公司向受制裁银行提供新的融资，禁止买卖这些银行发行的期限超过30天的债券。欧盟则限制俄罗斯国有银行和企业进入欧盟资本市场。[②]

美国和欧盟等西方国家对俄罗斯重要的军工企业、石油和天然气企业、机械制造和科技公司实行制裁，包括俄罗斯各大军工企业综合体、俄罗斯卢克石油公司、俄罗斯天然气工业股份公司、俄罗斯石油公司、俄罗斯诺瓦泰克天然气公司、苏尔古特石油天然气股份公司等50多家公司和企业。禁止向这些企业和公司融资，冻结它们在美欧等西方国家的资产，实行武器贸易禁运。俄罗斯也宣布实行反制裁措施，限制或禁止进口美国和欧盟一些国家的肉类、蔬菜和水果。西方的制裁，加上2014年国际石油价格大幅下跌，使俄罗斯的经济遭受重挫。由于俄罗斯受制裁银行在国外融资遇到困难，使俄罗斯金融和外汇市场受到极大冲击。

为了应对美国和欧盟等西方国家的制裁，突破美国对俄罗斯实行的外交孤立政策，克服俄罗斯面临的严重经济问题，俄罗斯积极开展亚太地区外交，加快实施俄罗斯远东地区发展战略。2014年，俄罗斯总统普京频繁地访

---

①赵博文，马建光.西方制裁背景下俄罗斯对外军事技术合作发展探析［J］.西伯利亚研究，2017，44（2）：43-47+60.

②别义放.乌克兰危机对美国对俄政策影响研究［D］.武汉：华中师范大学，2016.

问亚太地区，先后参加了在中国举行的亚信峰会、亚太经济合作组织领导人峰会，在澳大利亚举行的二十国集团领导人峰会。2019年，俄罗斯领导人也频繁出席在亚太地区举行的各类活动，推动与中国、越南和印度等国在贸易、投资、能源、军事、科技各领域的合作。

迫于制裁威胁，加快实施俄罗斯远东地区发展战略被提升到更加重要的地位。加强俄罗斯远东地区基础设施建设和能源资源的勘探和开发，提高远东地区经济发展水平，可以缓解俄罗斯面临的经济困境和挑战。同时，俄罗斯远东地区发展战略是一个开放的战略，它把俄罗斯远东地区与亚太地区紧密地联系起来。通过远东地区开发促进俄罗斯与亚太地区经济合作，深化俄罗斯与亚太地区合作，带动俄罗斯远东地区经济发展，从而推动俄罗斯与亚太地区经济一体化进程。

2.日益重要的北极地区的地缘政治利益

俄罗斯认为北极地区代表着财富和安全，被看作是重要的地缘政治利益，“俄罗斯计划利用其靠近北海航线和北冰洋海底资源，使该地区成为战略资源基地。”加强俄罗斯在北极地区的影响和控制是俄罗斯的重要目标。乌克兰危机之后，西方国家与俄罗斯的关系迅速恶化，对俄罗斯实行了多轮制裁。经济制裁的影响和俄罗斯经济结构的畸形导致国力不济，使俄罗斯在国际社会中的大国地位和影响力受到冲击。加强在北极地区开发中的优势地位有利于俄罗斯拓展生存空间，重振大国国威。①

在“北极圈地运动”日趋白热化的情况下，俄罗斯为了获得划界优势，派遣深海科考队在北冰洋海底插上俄罗斯国旗，以宣示其对北极的主权。自此，俄罗斯开始将北极事务上升到国家战略层面，其北极政策围绕“重返北极”的战略目标进行构建，出台了一系列中长期的决策文件，强化了对北极领土的控制力。②但是，北极还没有统一的政治或法律框架可以为该地区的有

①于游.合作观念视域下中俄共建“冰上丝绸之路”动力和挑战［J］.铜仁学院学报，2019，21（4）：74–83.
②肖洋.安全与发展：俄罗斯北极战略再定位［J］.当代世界，2019（9）：44–48.

序发展提供保障，也不能为北极资源开发或海上航道的政治分歧提供调解。① 在北极八国中，北欧国家的合作已相对成熟，美国和加拿大在北极问题上虽有部分合作，但由于海洋纠纷未能化解，因此尚未形成“美加合作路径”；而俄罗斯由于其他北极七国在政治和军事上的特殊关系，在北极八国中处于相对孤立的地位。因此，对于俄罗斯来说，无论是建设北方海航道还是推进北极地区探索与开发，得到北欧国家的理解和支持都将具有重要的战略意义。

对俄罗斯而言，周边战略安全环境的日益恶化以及振兴乏力使其难以独立实现战略意图。中国与北欧国家一直保持良好的合作关系，双方均有进一步加强合作的意愿。有中国的参与和斡旋，有利于俄罗斯未来同北欧国家在北极地区建立新的合作机制。更重要的是，联合中国，借助中国的大国地位和强大的经济实力，有助于俄罗斯在北极地区机制建立中探索出有别于北欧的“中俄合作路径”，使俄罗斯在未来北极地区机制制定的竞争中掌握主动权。②

3.俄罗斯通过北极航线构建新的地缘政治控制链

苏联解体后，俄罗斯超级大国地位旁落，这对于横跨欧亚大陆的俄罗斯民族而言是难以接受的。重新崛起的欧亚强国梦一直都是俄罗斯社会最具广泛共识的奋斗目标，欧亚战略则是实现其强国梦的理念载体，打开从东北到西北的陆路和水路的通道是其欧亚战略的重要一环。在当前世界各国可供开采的自然资源日趋枯竭的情况下，北极航道的开发对俄罗斯的能源安全和北部交通走廊具有重要的战略价值。③

---

①Borgerson，B.B.Arctic Meltdown：The Economic and Security Implications of Global Warming［J］.Foreign Affairs，2008，87（502）：15–19.

②岳鹏.共建“冰上丝绸之路”中的俄方诉求及内在挑战分析［J］.东北亚论坛，2020，29（2）：32–44+127.

③李立凡.俄罗斯战略视野下的北极航道开发［J］.世界经济与政治论坛，2015（6）：62–73.

气候变暖将导致北极地区成为一个新的资源和能源产地，北极航道的开通又会将北极地区通过海洋运输便捷地同世界各地连接起来。北极航道是连接欧亚的一个独具特色的交通动脉，它穿过北冰洋沿海海域（巴伦支海、喀拉海、拉普捷夫海、东西伯利亚海、楚科奇海）和部分太平洋沿海海域（白令海），西至新地海峡和从热拉尼耶角向北延伸的子午线，东至白令海峡。北极航道从喀拉海峡到普罗维杰尼亚湾总长约5600千米；从圣彼得堡沿北极航道至符拉迪沃斯托克长1.4万千米（而通过苏伊士运河则超过2.3万千米）。①

北极航道是连接亚洲、欧洲、北美大陆的捷径以及货物运输的最短航道。全球变暖导致北极地区冰层变薄，冰封面积减少，使北极航道的适航期逐步延长，目前这一航道每年大约有5个月的适航期。根据预测，如果全球变暖持续下去，2030年之前就会具备夏季无冰的通航条件，新的“大西洋一太平洋”轴心航线将会形成。与巴拿马运河相比，北极航道使北美东海岸与亚洲之间的航程缩短了6500千米，而从摩尔曼斯克到远东的符拉迪沃斯托克，走北极航道比绕道苏伊士运河要近1.37万千米，未来的北极航道将会成为像苏伊士运河和巴拿马运河那样的海上交通枢纽，影响整个国际航运格局。届时，北极丰富的资源也将会因为海上航道而得到充分的开发和利用，从而构成以俄罗斯、北美、西欧、东亚为核心的北极经济圈，深刻改变世界贸易、经济、资源和地缘政治格局，届时，俄罗斯可通过北极航道构建其地缘政治控制链。

北极航道比传统的苏伊士运河航线减少了9天航程，大幅降低了航运企业的运营成本，也避免了传统航路上的非传统安全的风险。即便如此，北极航道仍存在水域归属、航道安全、基础设施和补给能力缺乏等不确定因素。国际社会在如何高效利用北极航道的问题上必须要考虑以下5个方面的问题。

---

①李立凡.俄罗斯战略视野下的北极航道开发［J］.世界经济与政治论坛，2015（6）：62-73.

第一，如何确定北极管辖权的归属问题。北极航道穿越俄罗斯境内的水域，因此要尊重俄罗斯对该航道的态度和拥有的权利，平衡与俄罗斯的关系变得更为重要。第二，如何保障航道安全和稳定性问题。北极航道是一条新开辟的航道，极地地区气候恶劣，气候变化的不确定性导致航道通航时间无法确定，在北冰洋航行的安全问题是影响航道开发的一个重要掣肘因素。第三，在未来增加运能的同时如何增加沿途基础设施和提高补给能力。北极航道周边城市的配套基础设施建设十分落后，补给能力非常有限，在扩大物流缩短距离的同时，北极沿线国家如何加强物流网络建设是一个大问题。第四，各国如何增加北极航道的国际公共产品的供应。目前在北冰洋航行必须有破冰船领航，而东北亚地区除俄罗斯以外的国家，破冰船数量很少，且多用于科研目的。最后，如何尽可能地与俄罗斯加强交流，积极进行试航，以及如何研究极地航行问题，包括在未来将北极航道纳入“国际公地”的范畴进行研究。①

俄罗斯总统普京指出，“在整个21世纪，我们与亚太地区合作具有战略和优先的性质。俄罗斯作为太平洋的大国将利用亚太地区迅速发展的巨大潜力，其中包括解决我国远东和东西伯利亚发展的任务。”②俄罗斯总统普京在2014年国情咨文中还提出，要积极落实远东开发计划，在远东地区加快实施跨越式社会经济发展计划，以振兴远东地区经济。同时，普京还提出了开辟北极航线和发展太平洋沿岸经济的战略设想。③

4.加强中俄两国战略合作伙伴关系

“冰上丝绸之路”倡议下中国东北部地区和俄罗斯远东地区的合作日趋加深，不仅解决了中国东北部地区的能源问题，为俄罗斯远东地区带来了

---

①李立凡.俄罗斯战略视野下的北极航道开发［J］.世界经济与政治论坛，2015（6）：62-73.

②杨静.新形势下俄罗斯开展务实外交［J］.科技风，2019（3）：207-208.

③姜秀敏，朱小檬，王正良，窦博.基于北极航线的俄罗斯北极战略解析［J］.世界地理研究，2012（3）：47-51+110.

巨大的经济利益，还为中俄未来的合作打开了通道。从长远的角度来看，中俄两国的能源合作前景非常广阔，北极航道的打造更是如虎添翼，双方都扩大了经贸合作，这其中包括油气管道的建设、煤炭领域的合作、电力的输出等，从而建立起全面、长期稳定、互利共赢的能源合作关系。除此之外，双方还应该完善自身的经济体制，解决在能源合作方面的种种问题，包括能源开发技术方面的问题、汇率等。[①]中俄两国通过共同建设“冰上丝绸之路”不仅能够满足双方能源进出口的需求，同时通过合作开发北极地区，加强两国战略合作关系，有利于维护两国政治、经济的共同发展，实现双方共赢的局面。

（五）“冰上丝绸之路”为俄罗斯带来的国家安全效益

1.北极地区成为俄罗斯国家安全的核心战略

从国家安全的角度来看，北极地区成为全球各国之间进行政治博弈的重要区域。作为北极最大的国家，俄罗斯始终认为自身对北极地区具有重大战略优先权，特别重视北极地区的开发、北极航线的建设，以及该地区自然资源的开发。[②]随着国际形势的变化，特别是近年来俄罗斯与西方关系的恶化，俄罗斯在北极的国家安全利益是其北极战略和北极外交的主要目标。在国家安全领域，俄罗斯在北极地区的利益直接关系到其广袤的北极地区的政治和经济安全前景，考虑到俄罗斯把北极地区的开发视作俄罗斯复兴的重要战略基础，就可以认识到北极地区实为俄罗斯的核心战略利益。[③]

《2020年前俄罗斯联邦北极地区发展和国家安全保障战略》是研判俄罗斯国内政治影响北极战略决策的重要文本。例如，在该文件中哪些是重点信息，以及这些信息点是如何被官方阐述的，都会成为战略学家解读俄罗斯北极战略的突破口。俄罗斯国内社会对北极地区的主要关注点包括社会经济

---

①刘晶瑶，王婷.“冰上丝绸之路”下俄罗斯远东地区和中国东北地区的能源合作［J］.现代经济信息，2019（2）：148−149+153.

②张朋飞.俄罗斯北极政策及其决策机制研究［D］.青岛：中国海洋大学，2015.

③张耀.中俄“冰上丝绸之路”合作的发展与前景辨析［J］.山东工商学院学报，2018，32（6）：100−107+124.

发展、军事安全、环境安全、科学和技术发展，但核心目标是维护北极的和平与稳定。因此，2013年12月，俄罗斯成立了北极部队，以加强俄罗斯在北极地区的国防力量，其主要职责是保卫领土、打击走私和非法移民，同时保护海洋和生物资源。俄总统普京已经多次提到俄罗斯北极政策的优先议题等级：一是尊重北极地区的原住民和少数民族的经济、文化传统，为其建立必备的基础设施，以提供较好的生活条件；二是为国内外对北极地区的投资奠定物质基础，打造新的经济增长点；三是确保对北极科考和自然保护区基础设施的实质性投资。其中，开发北极能源、重建北方海航道沿线的交通基础设施是俄振兴北方工矿业城市的必然举措。具体的项目包括支持北极地区的商业活动、交通运输、发展能源基础设施，这需要进行多元化的资金筹措，以及对操作人员进行专业训练。①

俄罗斯在其他的战略文件中也提到北极地区，包括“2020年前的俄罗斯联邦国家安全”。俄罗斯外交政策的重点将长期聚焦在“控制中东、巴伦支海及北极地区、里海和中亚的能源”。俄罗斯国内政治一再阐明这样一个事实：俄罗斯不会放弃用武力解决对外能源争端的方式，但应优先在国际法的框架下维护俄罗斯的国家利益，即俄罗斯仍然坚持理性和务实的北极外交政策，不采取主动与西方对抗的政策，更极力避免卷入一场昂贵的北极军备竞赛。

2.俄罗斯在北极地区扩大军事影响力

从目前来看，俄罗斯政府对北极的经济开发问题，采取了谨慎开放的态度，主要采取以民营公司为主的国外合作模式，这样不仅能够避免来自西方国家关于政府保护、贸易不公等指责，而且能为俄罗斯政府留下一定的政治缓冲空间。可以说，俄罗斯参建“冰上丝绸之路”采取的“政规商随”的策略，这也是中俄双方达成的合作默契，使得两国的合作模式更加灵活有效。

---

①肖洋.俄罗斯参建“冰上丝绸之路”的战略动因与愿景展望［J］.和平与发展，2018（166）：111–123+138–139.

俄罗斯提出维护北极安全利益的两大目标是提升对北极领土的防卫能力和维护北极地区战略稳定。俄罗斯是北极国家中安全环境最复杂、最严峻的国家，面临着战略需求旺盛与战略资源不足的结构性矛盾。以美国为首的北约不断挤压俄罗斯的战略空间，双方在波罗的海和巴伦支海发生了多起军事摩擦。美国不仅在俄罗斯邻国部署反导系统、退出《中导条约》，而且加大了与挪威等盟友的军事合作，使得俄罗斯在北极地区的安全形势日益严峻。①为了保证国家安全，维持军事威慑力，俄罗斯在本国强大的防务力量基础之上，重新建设和恢复北极军事基地，同时积极部署北风之神级核潜艇、核动力破冰船等战略重器，建立新的战略支点，扩大战略回旋空间，以此保障北极地区的安全，保障国家安全。自2018年起，俄罗斯在北极地区的军事活动日益频繁，如战略轰炸机在北极巡逻飞行，安置专门为北极作战环境设计的“道尔-M2DT”防空导弹系统，北方舰队也在北冰洋进行了“棱堡”岸基反舰导弹演练。俄罗斯在北极地区的军力部署，有力遏制了北约对俄进行试探性钳制的战略图谋。然而，俄罗斯尚无足够的财政、技术和管理能力来全面推进北极军事现代化，因此，俄罗斯在北极地区的军事目标设置较为务实，旨在巩固对广袤北极地区的控制，而不是扩大军事影响。世界主要大国围绕北极事务的战略博弈不断升级，加上俄罗斯北极领土地广人稀且管辖能力不足的现实，使之更倾向于通过增强军事实力来保护北部领土安全。俄罗斯是北极地区军事力量最强大、破冰船等战略性军事装备最多的国家，短期内不仅不会弱化在北极的军事存在，而且可能进一步增强在北极的军事投放能力。但俄罗斯增强北极防务力量并非战略性进攻，而是战略性防御，其北极安全战略的核心目标是避免北极军事冲突和军备竞赛升级，维护北极相对稳定的地区形势，化解来自北极地区的防务压力。因此，在国力相对有限的情况下，俄罗斯短期内不会寻求对其他北极国家的进攻性军事优势，而是通过

①肖洋.安全与发展：俄罗斯北极战略再定位［J］.当代世界，2019（9）：44-48.

战略军事装备和基础设施的数量优势以及相应的防御性军事活动来维持北极地区的战略均势。[①]

在新的国际形势大背景下，中俄两国外交战略诉求日益趋同，主要集中在维护国家安全和发展国家经济层面。两国共同发表了《中俄关于进一步深化全面战略协作伙伴关系的联合声明》等多个声明，签署了多项合作协议，双方在战略层面的一致为两国实施“冰上丝绸之路”倡议奠定了战略基石。[②]在《中国的北极政策》中，中国明确指出尊重北极国家在北极事务上的权利，明确表示主要以合作者和贡献者的身份参与北极开发。有鉴于此，同时考虑到中俄两国合作伙伴关系，俄罗斯选择与中国共建“冰上丝绸之路”，无疑是选了一个强有力的盟友，这为其在北极地区提升影响力，乃至军事影响力都起到了助力作用。

（六）“冰上丝绸之路”为俄罗斯带来的区域开发效益

2014年3月，俄罗斯副总理罗戈津在俄罗斯重要的北冰洋沿岸港口城市阿尔汉格尔斯克参加活动时表示，“北极航线是一个非常重要的问题。[③]俄罗斯在这里具有优势地位，这是最方便的运输渠道。事实上，这是我们的‘冰上丝绸之路’”。

推动北极原住民地区的社会发展，是俄罗斯维护北极社会利益的重要原则。俄罗斯北部的原住民面临着严重的社会经济问题，包括传统生活方式与现代经济系统脱节、传统经济产业竞争力不强、失业率与婴儿死亡率居高不下，而且北极地区大部分原住民存在尚未融入主流社会的情况。2019年，俄罗斯在第五届“北极——对话区域”国际北极论坛上提出推动北极原住民地区经济发展的倡议。俄罗斯通过税收和贷款优惠政策，积极推动北极地区的工业化，与非北极国家之间的经贸合作也日趋增多。俄罗

①肖洋.安全与发展：俄罗斯北极战略再定位［J］.当代世界，2019（9）：44–48.
②朱陆民，张甲英.“冰上丝绸之路”倡议可行性及对中俄关系的影响［J］.学理论，2018（7）：65–67.
③张耀.中俄“冰上丝绸之路”合作的发展与前景辨析［J］.山东工商学院学报，2018，32（6）：100–107+124.

斯在推动北极资源开发过程中，支持北极理事会颁布的北极环保文件，严格执行“北极绿色航运”，坚持经济活动不能破坏北极生态系统的原则，在保持原有生态环境的基础上，进行液化天然气等资源的开发。同时，俄罗斯通过在北极设立并扩大北极原住民地区的生态保护区，对北极原始生态环境进行保护。①

1.重视开发北极地区资源和完善基础设施

北极地区能源丰富，北极国家中俄罗斯所占的能源比重最大。同时，俄罗斯开发北极资源较早，投入较多，最早的投资可追溯到苏联时期，“在1983—1992年期间投资建立了钻探船队，在巴伦支海、伯朝拉海和卡拉海发现了10个大型油田”，在北极地区的能源勘探和开采中具有相对优势，是目前取得成果最多的国家之一。“根据2008年美国地质调查报告，北极地区约有13%的世界未发现石油和30%的未发现天然气。俄罗斯的北极大陆架蕴藏着丰富的石油和天然气，约占该国总天然气资源的12.5%，占其液态烃资源的5%—9%。到2050年，北极大陆架的沉积物预计将占俄罗斯石油总产量的20%—30%，从而成为俄罗斯最重要的碳氢化合物来源。”积极开发新能源和可再生资源，被俄罗斯看作是促进经济增长的主要引擎和可持续发展的唯一途径。

同时，北极地区气候极端，开发难度大，基础设施薄弱，许多苏联时期的老旧设施已无力支撑其进一步的开发，需要大量投资。“掌握北极是一个持续不断和循序渐进的过程，但是还存在一系列的基础设施建设和技术任务，而这些任务是决定北极地区未来持续发展的关键问题。未来的发展方向应该是维护现代化基础设施，同时为生产区范围外的居民提供舒适的生活。”②基础设施对于俄罗斯在北极地区进行资源开发和长远发展起着决定性的作用。北极能源开发是当今全世界密切关注的问题。俄罗斯一直以来是世

①肖洋.安全与发展：俄罗斯北极战略再定位［J］.当代世界，2019（9）：44-48.

②于游.合作观念视域下中俄共建“冰上丝绸之路”动力和挑战［J］.铜仁学院学报，2019，21（4）：74-83.

界上主要的能源输出国，广袤的国土下蕴含着丰富的油气和矿产资源，为俄罗斯带来了巨大的经济回报，是俄罗斯主要的经济来源之一。而资源的不可再生性让俄罗斯对北极地区的能源储备越加关注，在俄属北极地区，能源储备主要以石油、天然气和可燃冰为主，其中已探知的天然气占世界现有储备量的约1/3，石油占现有储备量的10%，所以，尚未开发的北极是一座巨大的能源宝藏。①

北部地区的社会经济发展以及它通过北方航线与世界经济的接轨已经被宣布为是21世纪国家优先考虑的事务。此外，由于对俄罗斯能源公司的制裁以及尚未完全复苏的国内经济形势，俄罗斯自身的资金和技术能力都很有限。②经过几次修订后，用于2017—2020年俄罗斯国家北极发展计划的经费仅剩下120亿卢布。

2.航道建设推动北极区域经济发展

开发北极资源和北极航道、推动北极工业现代化，是俄罗斯维护北极经济利益的三大支柱。俄罗斯北极地区自然资源丰富，但是区域经济不发达，基础设施、通信系统、社会机构和文化交往落后于西方国家，自然资源禀赋难以转化为现实的经济收益。北极地区是俄罗斯油气产量最大的地区，已在巴伦支海和喀拉海地区发现22个大型油气田。俄罗斯北极地区的矿产资源也很丰富。因此，依托苏联时代留下的矿业、林业、油气产业等工业基础，开发北极地区的能源、矿产和生物资源，是当前俄罗斯发展北极区域经济的基本思路。随着亚马尔液化天然气工程于2017年投产，驶向东亚和西欧的液化天然气船将会逐渐增多。③

俄罗斯决策层已就加速北极航道商业化通航达成共识，其中保障北方海

---

①潘常虹，孙冬石.中俄共建“北极蓝色经济通道”的路径和策略［J］.东北亚经济研究，2018，2（6）：109–118.

②陈曦.西方国家加紧对俄罗斯制裁［J］.中国新时代，2014（10）：27.

③肖洋.安全与发展：俄罗斯北极战略再定位［J］.当代世界，2019（9）：46–50.

航道核心航段，即阿尔汉格尔斯克—楚科奇—符拉迪沃斯托克的海上运输线畅通至关重要。北极航道会增强俄罗斯北方地区的海陆贸易量，使其可以更高效地向全球市场出口自然资源。随着北极航海技术的发展，北方海航道有可能转化为欧亚海运贸易主干线。因此，俄罗斯复兴北方海航道不仅需要履行《极地水域船舶航行安全规则》的相关规范要求，还需要通过提升北方海航道的基础设施和安全性，吸引大量国内外投资和物流贸易。2018年，俄罗斯已经修建了10个搜救中心，这将有助于北极航道的国际化。俄罗斯大力推动北极地区工业和基础设施的现代化进程。尽管北极地区人口只占俄罗斯总人口的1%，但俄罗斯中央政府、北极地区政府和私人企业仍致力于共同发展该地区的工业和基础设施。预计到2025年，俄罗斯北极地区将吸引超过860亿美元的投资，同时，俄罗斯还为该地区制订了庞大的社会经济发展计划，项目产值约占俄GDP的10%，出口额约占20%，因此，北极航道的建设通航将为俄罗斯北极地区带来新的经济增长动力。①

三、中俄共建“冰上丝绸之路”的重点合作领域

（一）中俄能源合作

中俄共建“冰上丝绸之路”在很大程度上是一种经济外交行为。②在全球化深入发展的今天，被赋予促成经济合作、解决贸易纠纷、实现国家战略等意义的经济外交的重要性不断上升，成为国与国之间沟通联系的重要桥梁，

①肖洋.安全与发展：俄罗斯北极战略再定位［J］.当代世界，2019（9）：46-50.

②冯晨曦，张仕荣.“冰上丝绸之路”倡议：动因、支点与前景［J］.国别和区域研究，2019（4）：41.

能源和贸易合作则是经济外交的主要表现形式之一。[①]中俄两国互为友好邻邦，同为贸易大国，俄罗斯能源储量丰富，中国则是一个能源需求大国，两国在以石油、天然气等为代表的传统能源领域有着极强的要素资源互补性，能源合作集中反映了中俄两国经济外交的一个侧面。[②]冷战结束后，特别是近10年来，中俄两国的能源合作不断深化，不仅反映了两国经济依赖的加强，也凸显了两国政治关系与战略合作水平的提升。在全球变暖的气候背景与占领高边疆的战略竞争背景下，两国能源和贸易合作逐渐深入北极地区。中俄能源合作由来已久，在共同的战略安全与经济利益驱使下，两国能源合作渐臻佳境。[③]

中俄的能源合作主要反映在天然气开采领域，作为两国北极能源合作的"先行者"和"排头兵"，亚马尔LNG项目为中俄推进"冰上丝绸之路"合作开辟了一块"试验田"，[④]为后续的合作拓展提供了成功的经验和范例。

亚马尔LNG项目位于俄罗斯北极圈内西西伯利亚平原西北部的亚马尔半岛，东临鄂毕湾，西濒喀拉海，依托气源地南塔姆贝凝析气田等丰富的天然气储量而成为目前集气田勘探、开发、生产、销售等于一体的全球最大液化天然气项目。该项目由俄罗斯、中国和法国3国共同投资开发，股东分别是俄罗斯诺瓦泰克公司（50.1%）、法国道达尔公司（20%）、中国石油公司（20%）、丝路基金（9.9%），项目总投资270亿美元，中资公司实际占有亚马尔LNG项目29.9%的股份。[⑤]其中，具有政府背景的俄罗斯诺瓦泰克公司拥有控股权，法国道达尔公司为项目合作提供先进的管理经验和技术支撑，中国石油公司则凭借强大的融资能力确保项目的资金支持。亚马尔半岛能源储

①曾军.中美经济外交研究［D］.北京：中共中央党校，2006.

②赵纪梅.当前中俄关系中存在的问题及对策［J］.工会论坛（山东省工会管理干部学院学报），2006（2）：120-121.

③徐藤.新世纪中俄关系发展的动力因素研究［D］.北京：中国石油大学，2011.

④俄罗斯近年来尤其重视LNG的开采出口，目前主要大中型项目有萨哈林—2项目、亚马尔项目、北极—2项目、波罗的海项目、远东项目、伯朝拉项目等，中国公司主要参与了亚马尔项目的投资。

⑤王志民，陈远航.中俄打造"冰上丝绸之路"的机遇与挑战［J］.东北亚论坛，2018（2）：45.

量极大，已经探明的天然气、凝析油地质储量分别约为1.35万亿立方米和6600万吨；气田设计天然气年产量为280亿立方米，凝析油年产量为100万吨；LNG厂设计产能1650万吨/年，分3期建设，每期550万吨，分别于2017年、2018年和2019年投产。①该项目从可行性研究到实质开发经历了一段曲折的历程，在俄罗斯优先出口LNG的战略引导下，来自法国和中国的资金先后注入项目之中，使项目得以顺利启动、如期运营。2017年12月8日，该项目的第一条生产线已经正式投入使用。以亚马尔LNG项目为代表的旗舰项目的实施，将为打造“冰上丝绸之路”筑牢能源方面的支点与基础。②

（二）北极航道开发利用

“一带一路”倡议的提出为北极航道沿线国家的共同繁荣提供了新的契机。北极航道作为潜在的极具经济价值的北向航线，应纳入“一带一路”倡议，发挥中国参与北极事务、增信释疑、促进沿线各国共同繁荣的蓝色纽带作用。中国位于北极航道东北航线的延长线上，中国沿海经白令海峡、到达北极这一沿线作为“21世纪海上丝绸之路”的北向战略航线，③将填补21世纪海上丝绸之路的北向空白，实现面向海洋的全方位对外开放新格局，有利于发挥丝绸之路经济带、21世纪海上丝绸之路和北极航道的线联合优势，形成覆盖中国、贯穿东西、连接南北的国际性交通运输网络，进一步完善中国的能源保障机制，促进沿线各国间的政治互信和经贸合作，增进沿线各国人民的文化交流与文明互动。④

北极航道包括东北航道、西北航道和中央航道。全球变暖使北极航道有望成为国际贸易的重要运输干线。中国尊重北极国家依法对其国家管辖范围内海域行使立法权、执法权和司法权，主张根据《联合国海洋法公约》等国

①郭俊广，夏春燕，余伟.亚马尔LNG项目开辟中俄能源合作蹊径［J］.国际石油经济，2014（10）：20.
②冯晨曦，张仕荣.“冰上丝绸之路”倡议：动因、支点与前景［J］.国别和区域研究，2019（4）：40.
③张利平，王梦娜.“一带一路”战略背景下中国的北极之路［J］.中国集体经济，2016（1）：37–38.
④李振福，王文雅，朱静.北极航线在我国“一带一路”建设中的作用研究［J］.亚太经济，2015（3）：34–39.

际条约和一般国际法管理北极航道，保障各国依法享有的航行自由以及利用北极航道的权利。中国主张有关国家应依据国际法妥善解决北极航道的有关争议。

中国愿依托北极航道的开发利用，与包括俄罗斯在内的各方共建“冰上丝绸之路”。中国鼓励企业参与北极航道基础设施建设，依法开展商业试航，稳步推进北极航道的商业化和常态化运行。中国重视北极航道的航行安全，积极开展北极航道研究，不断加强航运水文调查，提高北极航行、安全和后勤保障能力。切实遵守《极地水域船舶航行安全规则》，支持国际海事组织在北极航运规则制定方面发挥积极作用。主张在北极航道基础设施建设和运营方面加强国际合作。①

（三）北极事务治理

《中国的北极政策》白皮书中对中国与北极之间的关系做了以下的概述：作为北极事务的重要利益攸关方，中国发起共建“一带一路”重要合作倡议，与各方共建“冰上丝绸之路”，为促进北极地区互联互通和经济社会可持续发展带来合作机遇。不言而喻，积极参与北极事务对于我国发展是至关重要的，同时也体现出我国积极参与北极事务的决心。中国谋求实现北极地区的互联互通和可持续发展，实现这一目标需要通过积极地建构“冰上丝绸之路”来完成。②

1.促进北极和平与稳定

北极的和平与稳定是各国开展各类北极活动的重要保障，符合包括中国在内的世界各国的根本利益。中国主张和平利用北极，致力于维护和促进北极的和平与稳定，保护北极地区人员和财产安全，保障海上贸易、海上作业和运输安全。中国支持有关各方依据《联合国宪章》《联合国海洋法公约》

①中华人民共和国国务院新闻办公室.中国的北极政策［EB/OL］.（2019-08-15）［2020-10-20］. http：//baike.baidu.com/view/21173773.html.

②费帆.建构“冰上丝绸之路”——国家“一带一路”倡议的深化与延展［J］.湖北社会科学，2019（5）：34-39.

等国际条约和一般国际法，通过和平方式解决涉北极领土和海洋权益争议，支持有关各方维护北极安全稳定的努力。中国致力于加强与北极国家在海空搜救、海上预警、应急反应、情报交流等方面的国际合作，妥善应对海上事故、环境污染、海上犯罪等安全挑战。①

2.积极参与北极事务和国际合作

中国主张构建和完善北极治理机制。坚持依法规范、管理和监督中国公民、法人或者其他组织的北极活动，努力确保相关活动符合国际法并尊重有关国家在环境保护、资源养护和可持续利用方面的国内法，切实加强中国北极对外政策和事务的统筹协调。在此基础上，中国积极参与北极国际治理，坚持维护以《联合国宪章》和《联合国海洋法公约》为核心的现行北极国际治理体系，努力在北极国际规则的制定、解释、适用和发展中发挥建设性作用，维护各国和国际社会的共同利益。

中国主张稳步推进北极国际合作。加强共建“冰上丝绸之路”倡议框架下关于北极领域的国际合作，坚持共商、共建、共享原则，重点开展以政策沟通、设施联通、贸易畅通、资金融通、民心相通为主要内容的务实合作，包括加强与北极国家发展战略对接、积极推动共建经北冰洋连接欧洲的蓝色经济通道、积极促进北极数字互联互通和逐步构建国际性基础设施网络等。中方愿与各方以北极为纽带增进共同福祉、发展共同利益。②

3.依法合理利用北极资源

北极资源丰富，但生态环境脆弱。中国倡导保护和合理利用北极，鼓励企业利用自身的资金、技术和国内市场优势，通过国际合作开发利用北极资源。中国一贯主张，开发利用北极的活动应遵循《联合国海洋法公约》《斯瓦尔巴条约》等国际条约和一般国际法，尊重北极国家的相关法

---

①②中华人民共和国国务院新闻办公室.中国的北极政策［EB/OL］.（2019-08-15）［2020-10-20］. http：//baike.baidu.com/view/21173773.html.

律，并在保护北极生态环境、尊重北极土著人的利益的前提下，以可持续的方式进行。

（1）参与油气和矿产等非生物资源的开发利用。中国尊重北极国家根据国际法对其国家管辖范围内油气和矿产资源享有的主权权利，尊重北极地区居民的利益，要求企业遵守相关国家的法律并开展资源开发风险评估，支持企业通过各种合作形式，在保护北极生态环境的前提下参与北极油气和矿产资源开发。①

北极富含地热、风能等清洁能源。中国致力于加强与北极国家的清洁能源合作，推动与北极国家在清洁能源开发的技术、人才和经验方面开展交流，探索清洁能源的供应和替代利用，践行低碳发展。

（2）参与渔业等生物资源的养护和利用。鱼类资源受气候变化等因素影响出现向北迁移趋势，北冰洋未来可能成为新渔场。中国在北冰洋公海渔业问题上一贯坚持科学养护、合理利用的立场，主张各国依法享有在北冰洋公海从事渔业资源研究和开发利用活动的权利，同时承担养护渔业资源和保护生态系统的义务。

中国支持就北冰洋公海渔业管理制定有法律拘束力的国际协定，支持基于《联合国海洋法公约》建立北冰洋公海渔业管理组织或出台有关制度安排。中国致力于加强对北冰洋公海渔业资源的调查与研究，适时开展探捕活动，建设性地参与北冰洋公海渔业治理。中国愿加强与北冰洋沿岸国合作研究、养护和开发渔业资源。中国坚持保护北极生物多样性，倡导透明合理地勘探和使用北极遗传资源，公平公正地分享和利用遗传资源产生的惠益。

（3）参与旅游资源开发。北极旅游是新兴的北极活动，中国是北极游客

---

①中国将参与北极油气矿产等资源开发［EB/OL］.（2018-01-27）［2020-11-20］.http：//sn.ifeng.com/a/20180127/6339095_0.shtml?wratingModule=1_21_63.

的来源国之一。中国支持和鼓励企业与北极国家合作开发北极旅游资源，主张不断完善北极旅游安全、保险保障和救援保障体系，切实保障各国游客的安全。坚持对北极旅游从业机构与人员进行培训和监管，致力于提高中国游客的北极环保意识，积极倡导北极的低碳旅游、生态旅游和负责任旅游，推动北极旅游业可持续发展。①

中国坚持在尊重北极地区居民和土著人的传统和文化，保护其独特的生活方式和价值观，以及尊重北极国家为加强北极地区居民能力建设、促进经济社会发展、提高教育和医疗水平所做努力的前提下，参与北极资源开发利用，使北极地区居民和土著人成为北极开发的真正受益者。

（四）北极地区的科研考察

北极具有重要的科研价值，探索和认知北极是中国北极活动的优先方向和重点领域，同时也是我国提出“冰上丝绸之路”倡议的重要切入点。②中国积极推动北极科学考察和研究，尊重北极国家对其国家管辖范围内北极科考活动的专属管辖权，主张通过合作依法在北极国家管辖区域内开展北极科考活动，坚持各国在北冰洋公海享有科研自由。中国积极开展北极地质、地理、冰雪、水文、气象、海冰、生物、生态、地球物理、海洋化学等领域的多学科科学考察；积极参与北极气候与环境变化的监测和评估，通过建立北极多要素协同观测体系，合作建设科学考察或观测站、建设和参与北极观测网络，对大气、海洋、海冰、冰川、土壤、生物生态、环境质量等要素进行多层次和多领域的连续观测。中国致力于提高北极科学考察和研究的能力建设，加强北极科考站点和科考船只等保障平台的建设与维护并提升其功能，推进极地科学考察破冰船的建造工作等。

---

①李珍.加拿大北极旅游资源开发：经济愿景与能力短板——以努纳武特地区为例［J］.中国集体经济，2019（7）：162–163.

②中华人民共和国国务院新闻办公室.中国的北极政策［EB/OL］.（2019–08–15）［2020–10–20］.http://baike.baidu.com/view/21173773.html.

中国支持和鼓励北极科研活动，不断加大北极科研投入的力度，支持构建现代化的北极科研平台，努力提高北极科研能力和水平。大力开展北极自然科学研究，加强北极气候变化和生态环境研究，进一步推动物理、化学、生命、地球等基础学科的发展。不断加强北极社会科学研究，包括北极政治、经济、法律、社会、历史、文化以及北极活动管理等方面，促进北极自然科学和社会科学研究的协同创新。加强北极人才培养和科普教育，支持高校和科研机构培养北极自然和社会科学领域的专业人才，建立北极科普教育基地，出版北极相关文化产品，提高公民的北极意识。积极推进北极科研国际合作，推动建立开放包容的国际北极环境监测网络，支持通过国际北极科学委员会等平台开展务实合作，鼓励中国科学家开展北极国际学术交流与合作，推动中国高校和科研机构加盟“北极大学”协作网络。

（五）北极地区的生态保护

在合理开发北极资源的同时，必须注重对北极生态环境的维护。通过构建环境监测监督机制、湿地保护、生态护岸、生态缓冲带建设以及重大港口工程的生态修复机制等保护北极自然环境，保护北极生态系统。①制定节能减排政策，鼓励低碳技术研发，在与他国合作开发北极的进程中，坚持依据国际法，积极参与应对北极环境和气候变化的挑战，积极倡导资源开发与自然生态系统的协调可持续发展。②

1.保护自然环境

中国始终把解决全球性环境问题放在首要地位，认真履行有关国际条约的义务，承担环境保护责任。中国积极参加北极环境治理，加强北极活动的环境影响研究和环境背景调查，尊重北极国家的相关环保法规，强化环境管理并推动环境合作。

---

①李振福.中俄如何开展北极航线合作［J］.中国船检，2016（12）：33-35.

②李振福.如何准确理解中国的北极政策［J］.中国船检，2018（3）：37-39.

海洋环境是北极环境保护的重点领域。中国支持北冰洋沿岸国依照国际条约减少北极海域陆源污染物的排放，致力于提高公民和企业的环境责任意识，与各国一道加强对船舶排放、海洋倾废、大气污染等各类海洋环境污染源的管控，切实保护北极海洋环境。

2.保护生态环境

北极是全球多种濒危野生动植物的重要分布区域。中国重视北极可持续发展和生物多样性保护，开展全球变化与人类活动对北极生态系统影响的科学评估，加强对北极候鸟及其栖息地的保护，开展北极候鸟迁徙规律研究，提升北极生态系统的适应能力和自我恢复能力，推进在北极物种保护方面的国际合作。①

3.应对气候变化

应对北极气候变化是全球气候治理的重要环节。中国一贯高度重视气候变化问题，已将落实“国家自主贡献”等应对气候变化的措施列入国家整体发展议程和规划，为《巴黎协定》的缔结发挥了重要作用。中国的减排措施对北极的气候生态环境具有积极影响。中国致力于研究北极物质能量交换过程及其机理，评估北极与全球气候变化的相互作用，预测未来气候变化对北极自然资源和生态环境的潜在风险，推动北极冰冻圈科学的发展。加强应对气候变化的宣传、教育，提高公众对气候变化问题的认知水平，促进应对北极气候变化的国际合作。②

在气候变暖导致北极地区海冰的覆盖面积逐年减少，北极地区战略地位变得日益重要的时代背景下，中国的“一带一路”与俄罗斯的不断调整的北极战略相结合，共同促成了“冰上丝绸之路”的倡议。其中，中俄能源合作与北方航道开发作为支点的两翼支撑全局，成为“冰上丝绸之路”构想提出

①②中华人民共和国国务院新闻办公室.中国的北极政策［EB/OL］.（2019-08-15）［2020-10-20］. http://baike.baidu.com/view/21173773.html.

和实施的重要组成部分。"冰上丝绸之路"的全面启用，必将进一步扩大中俄与沿线国家之间的文化、经贸、旅游等方面的交流与合作，成为中俄务实合作的新亮点。[①]

---

①吴大辉."冰上丝绸之路"："一带一路"的新延伸［J］人民论坛，2018（9）：48-49.

第六章

中俄共建『冰上丝绸之路』面临的外部环境与问题

一、中俄共建“冰上丝绸之路”的外部环境分析

由于北极地区的特殊性，所有相关者的利益关切和利益诉求并不能简单地通过地缘政治与地缘经济的博弈来实现，而是必须以合乎有关国际法、符合北极国际治理已有相关规则、谋求相关国家的认同和合作来实现。而就目前形势来看，中俄共建“冰上丝绸之路”仍受到广泛的外部环境因素影响，主要包括国际政治、航道开发、自然环境、经济及技术发展水平等。因此，中俄两国在共建“冰上丝绸之路”的进程中，需要争取有利的国际环境作为推动“冰上丝绸之路”建设的国际环境支撑。①

（一）北极地区成为全球地缘政治最前沿

著名地缘政治学家尼古拉斯·斯皮克曼认为：“地理因素是一国外交政策中最根本最重要的因素，因为地理因素是最永久的因素。”②然而这个观点在近年来气候变暖、北极冰川融化等自然条件改变以及由此引发的一系列北极地区权益之争中日益受到挑战。

首先，传统的西方国家对俄的包围遏制战略在北极地区开始瓦解。③传统上，西方国家将北极地区假定为不易受影响、无法渗透的地带，这种观点在20世纪看来好像是合理的，因为地理因素通常被认为是最永久的因素。然而从21世纪初开始，上述论述就逐渐受到挑战。西方国家要实现在

①张耀.中俄“冰上丝绸之路”合作的发展与前景辨析［J］.山东工商学院学报，2018，32（149）：106–113+130.

②Spykman，N.J.The Geography of the Peace［M］.New York：Harcourt，Brace，1944.

③万楚蛟.北极冰盖融化对俄罗斯的战略影响［J］.国际观察，2012（1）：65–71.

北极地区对俄罗斯的遏制需要考虑到技术、经济、气候和法律等方面的因素，而对这些因素在北极地区发生的悄然改变并未得到西方国家的充分认识。可以说在20世纪西方国家对苏联的遏制和包围战略中，北极地区始终是个盲点。

其次，能源争夺日趋激烈，航运潜力逐渐显现。世界碳氢化合物能源储备日益减少，能源价格持续攀升，北极地区丰富的油气资源对各国的诱惑不言而喻。[①]而航海和造船技术的进步以及北极冰层的迅速减少不仅使得这些资源的开采变得相对容易，而且打通了曾经被冰层阻断的海上航线。在过去的20年里，由于气候变暖，北极地区有一块相当于美国领土1/3面积的冰层消失了，大大减少了进入北极的成本和风险。[②]2007年，西北航道作为商业航线首次开通，尽管目前在西北航道的主权归属问题上，美国和加拿大之间还存在争议，但它可以使从欧洲到亚洲的航运距离减少4000多千米，航运潜力巨大。

第三，北极地区缺乏一个针对该地区的有效管理的国际法。目前没有一个国家拥有北极及其周边地区。与南极不同，北极不是一个洲，而是一个漂浮着冰层的大洋，这些冰层随季节的不同而增减，该地区曾被认为贫瘠而不为人们所关注。根据1982年《联合国海洋法公约》规定，沿海国家拥有230海里的专属经济区。今天就北极而言，环北极国家声称将领土范围向外扩大，对北极地区提出各自的权益要求。例如，2001年，俄罗斯声称在北极地区拥有46.08万平方英里（1英里≈1.6千米）的领土，相当于西欧的面积。《联合国海洋法公约》也没有提出解决争端的有效途径。大陆架划界委员会只有审查管理各国提供的证据和做出建议的权力，并无权实施其决定。正因为如

①汪杨骏，张韧，钱龙霞，葛珊珊，洪梅.北极海冰消融情景下环北极国家利益争端的动态博弈建模技术［J］.极地研究，2016，28（2）：257-266.

②The European Space Agency.Arctic Summer Ice Anomaly Shocks Scientists［EB/OL］.（2006-09-19）［2020-11-26］.http://www.esa.int/esaCP/SEM7ZF8LURE_index_0.html.

此，造成了相关国家为争夺权益而激烈争论。但与过去那种以武力为后盾的地缘政治竞争不同，目前北极地区的竞争强调以实证科学数据为根据提出法律上的领土要求。如果俄罗斯的插旗行动标志着北极地区向现实主义政治过渡的话，那么北极地区的冲突为检验国际法的效力与全球冲突管理提供了一个很好的案例。北极地区的主权之争可能会为将来起草永久性国际条约和管理资源争夺提供有益的借鉴。

（二）大北极网络概念全球化

鉴于北极地缘空间呈现向全球扩散的趋势，①大北极网络概念界定的战略意义在于打破了地域局限，将北极问题的研究视角从北极地区扩展到更大范围，涵盖了国际上与北极问题相关的主要国家，有利于北极及北极航线相关问题在更广阔的地缘政治和地缘经济视角中得到关注和解决。②由于受恶劣的自然环境的限制以及北极航线尚未完全通航，北极地区仍未获得大规模开发，所以当前大北极网络处于初期发展阶段，围绕大北极所展开的关系主要集中在政治、经济方面，文化、旅游等领域联系较少，网络联系构成较为单一。得益于地缘优势，大北极地区更多的还是体现环北极八国之间的政治、经济关系，环北极国家关系构成大北极网络的主体。当然，随着北极国家对非北极国家参与北极事务限制的放宽以及非北极国家自身的努力，非北极国家在大北极网络构建中的地位正在不断提升。传统上，北极八国对非北极国家一直采取“一致对外”的态度，对非北极国家涉足北极事务存有顾忌。而近来，这种态度有所转变，北极八国已逐渐接纳非北极国家甚至主动拉拢以建立北极合作关系，中俄共建“冰上丝绸之路”就是一个很好的例子。出现这种情况的原因在于，一方面，虽然环北极八国试图将北极问题划为内部事务，排斥非北极国家，但碍于自身实力以及八国之间复杂的利益牵扯，北极八国需要借助外在力量支持自己的北极存在；另一方面，包括中日韩等在内

①邓贝西，张侠.俄美北极关系视角下的北极地缘政治发展分析［J］.太平洋学报，2015（11）：38-44.

②李振福.大北极视角下的泛东北亚［J］.中国船检，2016（195）：30-32.

的非北极国家具备强大的经济实力和坚实的北极科研基础，具有足够的能力为北极国家提供经济和科技支撑。①

（三）围绕“冰上丝绸之路”的竞争日趋激烈

1.美俄围绕北极利益的军事角力威胁“冰上丝绸之路”

美国和苏联两国早在冷战时期就已在北极地区展开激烈的争夺。以美国为首的北约（北极理事会成员美国、加拿大、丹麦、挪威、冰岛都是北约国家）和俄罗斯仍在该地区不断加强各自的军事存在。②如今，北约已经把北极确定为其长期军事计划和利益的一个区域，北约成员国在北极地区的行动日益系统化、联动化。北约成员国正在不断努力提高其军队在北极地区的作战能力，改进军事基础设施，北约舰艇在陆空两栖军事支持下不断在俄罗斯边境地区巡逻。③相对的，俄罗斯也一直通过展现强大的军事力量来捍卫其在北极的权益。俄罗斯认为，北极地区国家、地区外国家以及西方某些国际组织的目标是将北方海路国际化，其长远目标是对俄罗斯进行排挤。2007年8月，俄罗斯将一面钛合金国旗插在了北极点附近海底，以宣示其在北极地区拥有宽泛的主权。俄罗斯在乌克兰危机后进一步加强了北极地区的军事存在。2017年5月，俄罗斯在庆祝卫国战争胜利72周年阅兵式上，就向全世界展示了极地防空导弹、极地全地形战车等北极专用军事装备。俄罗斯在北极的军事基地、军用机场、科考站的数量都具有相当大的规模，加上俄罗斯近年来不断对北极争议地区主权的声索，也使美国面临压力。

俄罗斯单方面宣布其北极相关国内法适用于200海里之外的包括北极公海在内的广阔领域。④中俄在北极圈内合作打造“冰上丝绸之路”，将位于俄200海里领海内的专属经济区。其开放性几何？是否对第三国船只采取无差

---

①李振福，彭琰.“冰上丝绸之路”与大北极网络：作用、演化及中国策略［J］.东北亚经济研究，2018，2（9）：7-22.

②朱科全.“冰上丝绸之路”研究［D］.武汉：华中师范大学，2019.

③于游.合作观念视域下中俄共建“冰上丝绸之路”动力和挑战［J］.铜仁学院学报，2019，21（4）：74-83.

④邹磊磊，黄硕琳，付玉.加拿大西北航道与俄罗斯北方海航道管理的对比研究［J］.极地研究，2014，6（4）：515-521.

别、非歧视对待？这必然涉及海上运输安全、海运和空运系统部署以及航行自由的问题，而这都是包括美国在内的其他北极国家所关注的问题。

2.加拿大西北航道开发挑战“冰上丝绸之路”

北极航线中的西北航道位于加拿大的北部，沿线航道狭窄，在众多岛屿和冰川间穿行，航行较为艰险，无法与靠近俄罗斯东北航道的“冰上丝绸之路”相媲美。尽管西北航道较难通行，作为北约国家成员国，同时又是面积仅次于俄罗斯的第二大北极国家的加拿大，仍旧希望加强对北极地区的话语权。加拿大议会上院已决定设立北极委员会来管理北极事务，希望大力开发北极西北航道，这实际上已经同中俄要打造的“冰上丝绸之路”形成了竞争关系。虽然存在竞争关系，但中加之间并非不存在合作的可能。加拿大因美国总统特朗普撕毁北美自由贸易协定，其国内要求与中国加强经济合作甚至建立中加自贸区的呼声很高，中加在北极事务上也存在巨大合作空间。

俄罗斯提供给中国涉足北极事务的途径，有希望中国为俄罗斯在北极的主权问题上给予支持之嫌。如果俄罗斯有这样的目的，加拿大在主权问题上有可能寻求北约的支持。尽管此前加拿大和美国在北极事务上存在分歧，面对共同挑战，作为传统盟友，美加可能会在北极事务的一些关键议题上保持协作。中国必须避免“选边站”，防止北极问题“南海化”。中国在南海问题上的立场是坚持由域内国家通过谈判协商的方式妥善处理争端，反对域外国家的干涉。①这一立场如果在北极主权争议上发生改变，将不利于中国对于南海合法主权的声索。

3.朝核问题干扰“冰上丝绸之路”

在建设“冰上丝绸之路”的过程中，俄罗斯希望将其远东港口符拉迪沃斯托克作为“冰上丝绸之路”的重要节点港口，以此联通中日韩等东北亚经济大国，从而带动其远东地区经济发展。我国则更希望将“冰上丝绸之路”

①鞠媚洁.两岸南海维权中的域外大国因素影响研究［D］.曲阜：曲阜师范大学，2019.

从符拉迪沃斯托克延长到中国的东部沿海各港口，并与“21世纪海上丝绸之路”的中国—大洋洲—南太平洋蓝色经济通道及中国—印度洋—非洲—地中海蓝色经济通道相连通，形成环绕亚欧大陆之势。中俄合力打造“冰上丝绸之路”进程中必然面临朝核问题，朝鲜半岛日益紧张的局势将会对“冰上丝绸之路”建设造成影响，因此，“冰上丝绸之路”建设过程中必须就朝核问题的走向建立预警机制并制订应对方案。[①]

（四）西方国家鼓吹“中国威胁论”

2010年，中国的GDP（国内生产总值）总量超过日本，成为世界第二大经济体。[②]在以强大的经济为支撑的背后，中国的综合国力也在急速提升。作为联合国安理会常任理事国之一，中国的国际影响力也在与日俱增。正因如此，从20世纪90年代以来，中国的快速发展已受到世界越来越多的关注。2400多年前，西方国际关系思想的鼻祖修昔底德提出了关于“伯罗奔尼撒战争”爆发之真正原因的著名论断，“使战争不可避免的真正原因是雅典势力的增长及因此引起的斯巴达的恐惧”。从某种程度上而言，这种模式属于“激烈的安全困境”，处于这种结构性崛起困境模式之中的国家之间的战略利益难以调和，国家间的激烈对抗不可避免，除非一方主动放弃其战略目标，否则这种困境就难以结束。[③]马汉有一段话较好地解释了这种安全困境的生成逻辑，“如果英国希望有一支足以保护其贸易通道的海军，那么，它必然也就有了将德国赶出海洋的实力。这样，即使英国和德国之间没有任何具体利益的冲突，英国的安全也是削弱德国大国地位的一个重要因素。”[④]这就是西方人常说的“修昔底德陷阱”。作为正在崛起中的域外大国，中国在北极的活动备受关注。尤其是随着中国

---

①村本华子.冰上丝绸之路背景下图们江区域（珲春）国际合作示范区发展研究［D］.延吉：延边大学，2019.

②魏元薨.东亚经济格局的变迁与展望［J］.学术交流，2012（2）：107-110.

③封永平.大国崛起困境的超越：认同建构与变迁［D］.上海：华东师范大学，2006.

④罗伯特·杰维斯，秦亚青，译.国际政治中的知觉与错误知觉［M］.北京：世界知识出版社，2003.

影响力和极地活动能力的加强，外界对中国参与北极事务心怀疑虑，担心中国挑战北极国家主导权，甚至怀疑中国要“掠夺”北极资源、破坏北极环境、对北极有军事企图等，“北极中国威胁论”不时泛起。与此同时，包括美国在内的西方国家对于中国的打压从未停止过，而国际上愈演愈烈的“中国威胁论”成为中国互利、平等、合作外交的绊脚石。中国参与“冰上丝绸之路”建设，可以捍卫国家主权、促进经济发展、保障能源安全，所以西方势力的压力会不断增加。[①]

二、中俄共建“冰上丝绸之路”所面临的问题与挑战

（一）中国受限于非北极国家身份

当前，北极国家为了利用其地缘优势，最大限度地开发北极资源，实现国家资源利益、环境利益、国家安全及社会发展的目的，不遗余力地出台了各种国家政策来捍卫其在该地区的利益。挪威、丹麦、芬兰、瑞典、冰岛就分别发布各自的北极战略，五国国防部长还于2009年11月签署了《北欧防务合作备忘录》，其目标是提高北欧五国舰队和空军在北极地区的防务合作及联合演习，以维护上述五国在该地区的利益。[②]中国是北极理事会的正式观察员国，成为永久观察员的一个重要条件就是必须“尊重北极国家在北极享有的主权、主权权利和管辖权”，这实际上是间接承认了北极国家在该地区的特殊利益。然而，观察员国只拥有发言权和项目提议权，没有表决权，这无疑限制了中国在北极事务上的作用，致使中国只

①夏立平，谢茜.北极区域合作机制与“冰上丝绸之路”［J］.同济大学学报（社会科学版），2018，29（4）：48-59+124.

②朱科全.“冰上丝绸之路”研究［D］.武汉：华中师范大学，2019.

能寻求与北极理事会成员国的合作来发挥应有的作用。然而北极理事会国家对中国参与北极开发有着截然不同的看法。如丹麦国内认为“中国在北极拥有合法的经济利益和科研利益”，而加拿大国内深信中国“威胁北极国家的主权”。

北极理事会的存在及北极国家出台的北极政策，对非北极国家参与北极事务既是机遇，也是挑战。虽然中国选择同北冰洋沿岸领土面积最大的国家俄罗斯共建“冰上丝绸之路”，开创了北极国家和非北极国家在该地区经贸合作的先河，但同时两国合作也难免遇到来自北极大国的挑战。“冰上丝绸之路”倡议由俄罗斯提出，进而邀请中国政府合作共建。从两国对待“冰上丝绸之路”的态度上来看，俄罗斯希望获得中国政府和企业的资金援助和技术支持，而中国则寄托于用前期的投入获得更多北极航线开发和使用的权利。[①]长期以来，北极事务的决策权被北极国家牢牢掌握住，而北极国家对待北极权益一直秉持“内部商议，外部排他”的原则。虽然我国批准成为北极理事会正式观察员国，但实际获得的权利十分有限，在涉及资源、航线开发等方面依然完全受制于俄罗斯、美国、加拿大和北欧五国。我国属于海陆复合型国家，争取北极航线区域的海洋权益存在时间上的“先动劣势”，与北极距离较远使中国又存在空间上的“地缘劣势”，非北极国家身份将是制约我国争取北极线权益的主要因素。[②]

（二）“冰上丝绸之路”沿线国家缺乏政治互信

“冰上丝绸之路”的沿线国家大多为发达经济体，经济合作前景不明朗。传统“一带一路”沿途国家众多，发展程度差异明显，“一带一路”参与国在经济水平、技术水平、教育水平、医疗水平、营商环境等方面落后于我国。而“冰上丝绸之路”的沿线国家，从社会发展方面均高于我国与俄罗

---

①刘硕松.“冰上丝绸之路”背景下中国大陆沿海集装箱枢纽港选择研究［D］.大连：大连海事大学，2019.

②村本华子.冰上丝绸之路背景下图们江区域（珲春）国际合作示范区发展研究［D］.延吉：延边大学，2019.

斯，诸如生产力高度发达、人均GDP较高、技术水平领先、产业结构合理，国家相对富裕；从科技创新方面来看，沿线国家在全球的排名均占据显著位置，如瑞典第2位、美国第4位、丹麦第6位、芬兰第8位、冰岛第13位、加拿大第18位、挪威第19位，而我国和俄罗斯只分别列第22位和第45位，竞争优势不明显；从经济制度上来看，“冰上丝绸之路”沿线国家的市场机制和体系相对健全，经济运行机制和市场法律规范相对成熟，企业现代化管理水平高，在劳工权利等诸多方面均有较完善的社会保障制度。而我国的社会主义市场经济体系正处在逐步完善的过程中，俄罗斯的经济部门尚不完整；从全球化视角来看，“冰上丝绸之路”沿线国家的开放程度较高，国际化水平较高，国际贸易对国家经济的发展贡献巨大，金融资本全球化开放，跨国公司的发展已成规模。①

“丝绸之路经济带”沿线国家之间以及“冰上丝绸之路”沿线国家之间目前尚缺乏一定程度的信任，因此有些沿线国家并没有积极主动地参与“丝绸之路经济带”建设与“冰上丝绸之路”建设。②同时，还有一些沿线国家政局动荡，难以为“丝绸之路经济带”建设与“冰上丝绸之路”建设提供良好的政治环境。

可以说，“冰上丝绸之路”在国际社会看来是一种带有强烈政治目的和利益诉求的国际合作形式，因此也极易受到来自有利益冲突的部分国家的掣肘甚至公开反对。与此同时，“冰上丝绸之路”将会引发大国在北极航线问题上的立场和态度以及大国关系模式的重大变化，腹地国家政治态度将有所转变。目前，为了抢夺北极地区的丰富能源和北极航线的巨大利益，围绕北极及北极航线归属权的争夺正在逐步升级，加拿大、俄罗斯、丹麦等国家纷纷向联合国提出对北极的领土要求。北极航线利益相关国家之间的关系也是

①杨剑.共建“冰上丝绸之路”的国际环境及应对［J］.人民论坛·学术前沿，2018（11）：13-23.

②刘新霞.丝绸之路经济带与冰上丝绸之路比较研究［J］.合作经济与科技，2018（19）：84-85.

模糊不定，地缘政治格局尚不明确。①

（三）俄罗斯的矛盾心理

与中国共建“冰上丝绸之路”会给俄罗斯带来巨大的利益，然后俄罗斯自身的矛盾心理也是显而易见的。

从安全的角度来看，俄罗斯特别重视关注北方海航线以及开发该地区的自然资源，并且始终认为其对北极地区具有重大战略优先权。随着国际形势的变化，特别是近年来俄罗斯与西方关系恶化，俄罗斯在北极的国家安全利益是其北极战略和北极外交的主要目标。在国家安全领域，俄罗斯在北极地区的利益直接关系到其广袤的北极地区的政治和经济安全前景，考虑到俄罗斯把自身北极地区的开发视作俄罗斯复兴的重要战略基础，就可以认识到北极地区实为俄罗斯的核心战略利益。对目前的俄罗斯而言，北极地区是其仅存的拥有一定战略回旋空间的区域，对俄罗斯维护地缘政治平衡具有极其重要的意义。因此对任何外部势力在北极地区发挥作用，俄罗斯都会存在一定的疑虑。随着中国经济影响力的扩大，中国已经越来越多地参与全球事务，包括越来越多地参与北极地区事务，其影响也在逐渐扩展。一方面，随着政治互信的增加，中国的市场、资本、劳动力和技术进步可能成为俄罗斯北极发展的最佳伙伴。另一方面，中国与俄罗斯的北极合作也必然将与俄罗斯北极地区进行密集的资本、贸易、人员交流。俄罗斯国内有部分意见担心中国越来越多地参与北极事务会削弱俄罗斯在北极地区治理问题上的主导地位。②

（四）自然条件及过境货运需求的波动性影响商用价值

毫无疑问，北极航道开发的战略价值对推动全球经济发展、政治格局转变具有举足轻重的作用。但是，由于北极航道复杂的自然环境、通航预期的不确定性，以及由此导致的国际货运季节性，“冰上丝绸之路”的商用价值

①李振福.“冰上丝绸之路”与北极航线开发［J］.人民论坛·学术前沿，2018（11）：60-69.

②张耀.中俄“冰上丝绸之路”合作的发展与前景辨析［J］.山东工商学院学报，2018，32（149）：106-113+130.

大打折扣。

首先，北冰洋地区气候极冷多变，海洋地理环境复杂危险。[①]根据美国国家冰雪数据研究中心和中国极地研究中心发布的数据，1997年至2007年这10年期间，北极冰量总体呈现减少趋势，偶有少量回升。[②]2008年北极海冰范围短暂扩张之后，从2009年开始急剧缩减至最低水平，2012年北极海冰范围减少至361万平方千米。2007年，美国前副总统阿尔·戈尔曾在发表获奖演说时，预测北极冰盖最早可能会在2014年的夏天消失殆尽。2012年，北极海冰范围在达到一个历史最低点之后，似乎预示了该预言即将成为现实，但随之出现的情况显然打破了这一预言。2013年，北极海冰的范围不减反增，达到了540万平方千米，与2012年的361万平方千米相比显著增加，增长率几乎达到了50%。随后，海冰范围呈小幅的下降趋势，2014年为528万平方千米，与2013年相比下降了2.2%；2015年下降较多，为463万平方千米，同比下降12.3%，下降幅度略有升高。由于“冰上丝绸之路”建设主要依托于北极航道，通航时间的不确定对北极开发造成极大的影响。若北极航线预期通航时间提前，北极航线开发进度相对落后，部分港口将无法抢占先机；如果北极航线预期通航时间延后，过早完成北极开发工作，则将可能面临“船多货少”的尴尬处境，造成部分航线及设备闲置。

其次，北极航道过境货运需求的波动性较大。近年来，随着气候的变化，北方航道出现了季节性的无冰季，货运船舶航次也明显增加。[③]然而，俄官方公布的统计数字，既包括完全穿越北极航线的过境运输船舶，也包括从其他国家驶入俄北方各港的跨境运输船舶，还包括北极圈内俄罗斯各港口之间的国内运输船舶。事实上，从2013年开始，真正穿越北极航道的过境

---

①陆钢.“冰上丝绸之路”的商用价值及其技术支撑［J］人民论坛·学术前沿，2018（11）：35-39.

②李振福，王文雅，米季科·瓦列里·布罗尼斯拉维奇.中俄北极合作走廊建设构想［J］.东北亚论坛，2017（1）：53-64.

③赵隆.经北冰洋连接欧洲的蓝色经济通道对接俄罗斯北方航道复兴——从认同到趋同的路径研究［J］.太平洋学报，2018，26（1）：82-91.

运输船舶数量呈现明显的下降趋势，详细数据如表6-1所示。从运输船舶的过境次数来看，北极航线的商业价值、吸引力以及常态化通行能力仍处于波动期。①

表6-1 2011—2016年俄罗斯北极航线过境船舶航次

	2011年	2012年	2013年	2014年	2015年	2016年
航次	41	46	71	22	18	19

“冰上丝绸之路”的开通是受益于北极地区冰川消融导致的通航时间延长，但反过来，航运的密集以及人类在该地区活动的增加，又很可能加速北极冰层的融化，势必对极地的生态环境造成破坏。②总体来讲，北极海冰正在逐年减少，但是北极冰情反复无常，时增时减，学者们对北极预期通航时间也存在不少争议，这些都增加了北极航线开发的不确定性。

（五）北极开发与建设成本高

开发和建设北极地区所具有的战略价值有目共睹，但其高额的开发建设成本使得许多国家望而却步。北极开发与建设涉及研发海上钻井平台及海上通信设备，增加北极沿岸码头的装载量，拓展码头吃水深度，完善装卸设备机械化和现代化，开发新型的生态防护技术，研发冰区搜索定位技术，发展港口铁路、公路、集装箱和管道运输体系等一系列内容，这对于各国开发北极构成了一定的挑战。

由于受到自然环境、地理位置的限制，开发与建设北极航线的成本无疑将高于同等规模的航线开发成本。目前，根据俄罗斯官方统计，北极航线上共有50个港口，仅北方海航道上俄罗斯就拥有41个北极港口，在整个北极

①赵隆.共建“冰上丝绸之路”的背景、制约因素与可行路径［J］.俄罗斯东欧中亚研究，2018（2）：106-120+158.

②王志民，陈远航.中俄打造“冰上丝绸之路”的机遇与挑战［J］.东北亚论坛，2018（2）：17-33.

航线上所占港口数量最高，但是整个北极航线上超过一半的港口无法正常营运。[①]该地区的港口基本上都是兴建于苏联时期，设备老化严重，不具备大型船舶停靠的能力，港口所能提供的配套设施十分有限，港口建设维护成本高。与东北航道相比，在西北航道上几乎没有能够满足现代航运要求的港口，并且普遍存在港口配套交通体系不完善的问题。以位于加拿大东部的北极地带的努纳维特地区为例，该地区是西北航道的途经区域，但港口因码头水深限制无法停靠大型的船舶，并且该地区与南部城市没有固定的公路和铁路相通，因此西北航道要满足现代航运要求，需要投入大量的资金进行建设和完善。此外，北极开发建设成本高的原因还在于北极特殊的气候、水文、地质条件以及存在大量的冻土、浮冰。这些不利因素进一步增加了开发北极的难度和成本。[②]

“冰上丝绸之路”着力于东北航线的建设与开发，特别是北极航线的开通，无疑缩短了亚洲与欧洲之间的运输距离。值得注意的是虽然航线缩短了，但并不意味着成本就下降了。[③]东北航道每年仅有1/3的时间可以通航，且大多数时候需要借助破冰船才能行驶，这就无形中增加了3个方面的成本，即时间成本，建造和购买符合北方海航道冰级商用船舶的成本，以及建造或租用专业破冰船的成本。因此，航线缩短导致的运输成本下降是否能够弥补因航线特殊要求所导致的成本，这是未来建设和开发“冰上丝绸之路”所需要考虑的问题。

（六）北极生态环境易受破坏

北极地区被视为地球上人类尚未大规模开发的最后一块净土，而北冰洋有着很强的吸收大气中二氧化碳的能力，还对全球大气和海洋环流变化起着

①李振福，王文雅，米季科·瓦列里·布罗尼斯拉维奇.中俄北极合作走廊建设构想［J］.东北亚论坛，2017（1）：53-64.

②陈思旭.中俄共建“冰上丝绸之路”的可行性分析［J］.边疆经济与文化，2018（2）：24-25.

③岳鹏.共建“冰上丝绸之路”中的俄方诉求及内在挑战分析［J］.东北亚论坛，2020（2）：32-44.

重要的调控作用。[①]同时，北极地区生态环境又极为脆弱，北极开发引起的生态环境变化将成为全球治理的新问题。北极的生态系统与其他地域相比，受光线的季节性分布、低温、大范围海冰的存在、海冰及海冰融化后的水和盐水等与自然海洋学的相互作用因素的影响，自我修复和调节能力相对于其他地区更为脆弱。[②]“冰上丝绸之路”的开通有效加强了各国之间的互联互通，外来企业、务工人员以及游客的进入，势必对北极的原生环境产生影响。同时，进一步开发北极会使通过北极海域的船舶密度大大增加，通过船舶的压载水、船舶污底、货物等途径传播的外来物种一旦发生入侵，将对北极较为单一的北极食物链构成重大威胁，必然会为北极的生态环境带来较大的安全隐患。

1.油类或其他危险物泄漏

北极地区常年处于低温，且洋面上存在大量的海冰，因此若油类或其他危险物发生泄漏，北极海域的回收和分解能力非常低，将对海域造成非常严重的污染，对北极原有环境的破坏不堪设想。在油气运输的过程中，一旦出现事故性溢油，遭受漏油污染的冰块，最远可漂流至1300千米以外的地方，带来的灾难性后果将是海上开采获得利益的23—26倍。[③]鉴于2010年墨西哥湾漏油事件对当地海洋环境造成的严重影响，北极理事会外长会议在2011年通过《北极理事会努克宣言》，希望以国家间制定协议的形式，解决海上溢油或泄露的问题。为了防范各类海上油类或其他危险物泄露事件，加拿大在《北极水域污染防治法》中明确规定，北纬60°以北的加拿大海域，100海里范围内禁止船舶污染。如果加拿大认为通行船舶可能造成污染，可以禁止其通行。除此以外，获悉溢油事故发生位置的准确性和及时性以及对事故的快速反应能力都直接影响到溢油对北极生态环境的破坏程度，而北极地区恶劣

---

①赵先进，黄靖兹.中国参与共建“冰上丝绸之路”的动力、制约与路径选择［J］.对外经贸实务，2019（3）：34-37.

②曹玉墀，刘大刚，刘军坡.北极海运对北极生态环境的影响及对策［J］.世界海运，2011，34（12）：1-4.

③程晓.新时代“冰上丝绸之路”战略与可持续发展［J］.学术前沿，2018（6）：8-12.

的自然环境和滞后的处理能力无疑将会使情况更加恶化。毫无疑问，“冰上丝绸之路”的建设必然引起北极国家、北极理事会以及其他国际组织对北极地区环境的担忧，同时也必须直面来自有关立法的挑战。

2.噪音干扰海洋生物生存

北极地区的噪音主要来源于船舶破冰时所发出的声音。另外，为了保证航行安全，满足北极科研考察需要，大部分船舶都安装有水底传音设备如声呐、回声测探仪等，这些仪器会依据不同的用途和频率反射短脉冲。很多海洋生物都是通过发出、接收、处理声波等方式来进行交流、求偶、导航等生命活动。然而，部分船舶以及仪器设备产生的大多数低频声音与鲸鱼等海洋生物的听力敏感区十分相近，船舶噪声极易对这些以声波作为主要生存手段的海洋生物的生活习性产生不良影响，甚至改变其正常的生理机能，从而对当地物种造成不可挽回的后果。

3.臭氧层破坏与温室效应

由于受到气候变暖、温室效应加剧的影响，北极冰盖正在加速融化。有研究结论称，北极气候变暖的速度相当于地球任何其他地区的一倍。①北极冻土中藏着数十亿吨甲烷，北极冰冻沼泽区域融化导致大量甲烷释放，而甲烷是极具危害性的温室气体，威力达到二氧化碳的30倍。②释放的甲烷反过来致使全球气候特别是北半球变温加剧，从而形成了恶性循环的怪圈。

与低纬度地区相比，北极的空气极端干燥，船舶在北极海域正常航行会以不同的形式向北极大气中排放二氧化碳、碳氧化物、甲烷、硫化物等物质，降低空气中的含氧量，增加大气尘埃，对北极地区的臭氧层产生极大的破坏。此外，在石油与天然气等资源的开采过程中，碳氢化合物被释放到空气中，对空气造成污染，对在北极活动的人类和植被都将造成不利影响。

---

①密晨曦.北极航道治理的法律问题研究［D］.大连：大连海事大学，2016.

②夏立平.北极环境变化对全球安全和中国国家安全的影响［J］.世界经济与政治，2011（1）：122-133+158-159.

（七）航运企业对于航行“冰上丝绸之路”的准备不足

1.航运装备大多不适合北极航行

为了缩短航行距离，节约运输成本，众多航运企业希望改道北极航道。但取道北极将面临诸多挑战，其中就是现有海上航行及保障装备不适合在北极高寒和高纬区运用。北极航线的主要特点是高纬度、生疏海区、超低温、强风暴和冰区航行。常规的导航设备、航海保障、航行方法等很难适用于该区域航行，航海工作面临着许多困难。现有的导航设备很难适用于北极航行，常规电、磁罗经在北冰洋区使用时误差很大。虽然GPS（全球定位系统）具有全球导航能力，但北极地区电离层受太阳风、太阳黑子、磁暴等影响较大，对GPS信号的影响有待大量的实际观察。另外，北斗卫星定位系统尚未覆盖到北极。由于北极地区天气恶劣、气候寒冷、交通不便，因而基本未设劳兰系统台站，所以劳兰系统导航不能使用，天文导航也面临着许多问题。由于北极地区的白昼现象，可能长达数月日不落或日不出，将对天文观测产生较大影响。①日不落时只能进行太阳定位，由于太阳高度较低，观测定位误差可能较大；日不出时可能没有水天线，对大多数使用普通水平六分仪的航海者来说将不能定位。所有的航海设备和器材暴露于室外空气的部分，都将面临抗低温、防冻、防冰凌、抗强风暴等问题。②

2.航运企业是否航行“冰上丝绸之路”的决策能力有限

航运企业决定是否航行“冰上丝绸之路”会考虑诸多方面的影响因素，例如政治、经济、技术、社会等外部环境因素以及外部产业环境。北极航线通航前，中国的航运企业要调整战略，明确自己的发展方向，做好是否进入北极航线的准备。北极航线虽然能为企业带来巨大的经济利益，但是并不是每个航运企业都要参与其中。任何航运企业的航线都不止一条，北极航线通

---

①王会平，汪振华.北冰洋航线通航与航海保障体系［J］.水运管理，2012，34（11）：5-8.

②李安民，赵福林.中国北极航线的安全问题［J］.亚太安全与海洋研究，2017（13）：33-45+129.

航后，航运企业首先要分析自己的核心竞争力，找出自己的优势与劣势，然后决定是否要将自己的核心业务落到北极航线的运营上，特别是那些民营的或者规模较小的航运企业。因为一条航线的开辟，会耗费企业大量的精力，从政策制定、船型改造到技术研发，企业会投入大量的成本，一旦决策失误，前期的投入都将付诸东流，甚至影响企业的生存与发展。此外，航运企业在做好内省的同时，要审时度势，观察外部的竞争环境，并根据国家的有关政策调整自己的企业行为。航运企业在制订自己的战略目标时，要以中国的产业政策、航运法规等为依据，如果航运企业的目标与国家政策相冲突时，要适时调整自己的战略，服从国家的整体利益，实现全局的优化。可以说，北极航线为中国的航运企业既带来了机会也带来了挑战。①

3.航运企业的北极航运人才培养与储备不足

北极航线的通航对我国航运业，乃至世界航运业都将产生巨大的影响，这无疑对我国航运人才的培养，以及航海教育的发展提出了新的要求，特别是针对涉北极航运的人才培养和航海教育需要做出适应性的调整，为我国船舶在北极航线上的顺利通航做好准备。北极航线特殊的地理位置和极端的气候环境与一些传统航线的情况大相径庭，我国船员几乎没有在北极地区航行的经验，同时也缺乏对极地相关知识的了解，如果遇到极端天气或突发状况，船员将会面临很大的危险。北极航线涉及新技术、新思维、新理念，只有为航线运营提供适合的船舶与设备，专业的设备研发与维修人员以及高素质的、经过系统培训的航海队伍，才能保证北极航线连续、有效地运营。同时，航运产业结构的高度化也依赖于掌握先进技术和专业知识的航运人才，因此，北极航线开通后，航运企业通过促进对航海专业人才的培养，进一步推动航海教育的发展，同时也为北极航运相关产业高度化发展提供坚实的基础。②

---

①②李娜.北极航线通航对我国航运业的影响研究［D］.大连：大连海事大学，2012.

（八）北极科研成果存在短板

我国对北极航线问题的研究处于起步阶段，而且在有关北极国际会议和北极论坛上很少看到中国学者的身影。北极航线的经济价值获得国内外学者的广泛认可，虽然北极航线的通航预期不断提升，“冰上丝绸之路”建设持续推动，但由于我国科研机构对北极地区的气候、水文、海冰状况等资料缺少系统的监测数据，我国船舶在北极航线上的航行将更加困难。为了进一步深入了解北极，推动“冰上丝绸之路”的开发与建设，许多高校、组织和学者纷纷加大了对北极地区的研究力度。中国在1989年成立了中国极地研究中心，加强了对南、北极地区的科考工作，并取得了一些成果。这些研究成果，对我国开辟和利用北极航线的有关气象、水文、海冰情况等方面积累了宝贵的资料。

但是，仅仅有这些资料是远远不够的，要保证船舶在北极地区的顺利航行，还要提高航运的现代化水平，研究新的造船技术，完善船舶的装备和设施。唯有如此，才能降低船舶航行的风险，保障船舶以及航海人员的安全。此外，技术的进步还能够提高劳动生产率，促进航运产业结构的升级，使航运产业结构不断高级化。总的来说，北极航线的开通只是时间问题，我国为了适应北极航线的通航，必须未雨绸缪，不仅要加强对航运技术的研究，加大对北极的科考力度，还要加紧对北极航线的战略研究；不仅要研究北极地区的自然环境，还要对北极地区的人文、政治、国家战略等进行研究，这样才能保证我国在北极航线开发问题上的话语权，争取我国在北极地区应有的权益和地位。所以，中国的科研机构在北极航线问题上的研究还是任重而道远的。①

①李娜.北极航线通航对我国航运业的影响研究［D］.大连：大连海事大学，2012.

第七章

『冰上丝绸之路』建设与保障方案

一、拓宽北极事务的参与渠道

（一）加强与相关国家（组织）的交流

1.加强国际合作，获得国际社会认可

北极国家内部交流比较多，关系比较密切，曾签署协议，对非北极国家参与北极治理普遍抱有轻微的抵触心理。中国作为非北极国家，参与北极开发受到诸如美国、加拿大等北极国家的抵制。在这一背景下，我国可选择从科学考察领域入手，参与北极建设与开发，开展“冰上丝绸之路”建设，与北极国家建立更高级别的合作伙伴关系，如对地质、水文、气象、海冰、冰雪、生态、生物、海洋化学、地理、地球物理等领域开展多学科科学考察，借以协调北极事务，逐步参与北极治理。在此过程中，积极与北极国家建立更高级别的合作伙伴关系，逐渐以“伙伴国”的身份参与北极事务、区域内国家贸易合作。①

在巩固和加强科研合作的基础上，我国需要进一步提升在北极事务中的话语权，特别是关于北极开发规则的制定。为加强这一领域的合作，我国可通过加强与国际海事组织等区域性组织的联系以及与北极理事会、北欧理事会等高层论坛之间的合作，了解北极多边国际关系的原则和框架。在这方面可以借鉴其他国家的极地政策，例如，日本在20世纪70年代成立国立极地研究所，开展对于开辟北极航道的合作调研。中国成立了极地研究中心，整合

①赵向智.中国与北极航道沿线国家的贸易潜力研究［D］.广州：广东外语外贸大学，2019.

研究力量，统筹研究项目，制定国家层面的极地战略，确保中方在北极地缘战略中处于优势地位。参与北极圈论坛，就北极问题开展对话交流，共同为面临的问题寻求解决方案。鼓励国内政商精英、科学家、环境专家及其他利益攸关方积极参与，必要时可争取建立短期交流互访项目，以增进彼此教育合作。

北极地区能源与资源丰富，而中国对这些需求量巨大，具有强大的对外投资优势。中国可寻求与这些国家在政策、资金、技术等多层面上进行沟通协调。此外，在资源开发利用、经济和社会发展等领域，了解和掌握其他国家相关的政策信息，尝试交流、探索合作。可以适当运用民间资本，发挥地方外交，如大学、研究机构等的作用，谋求国际社会的认可。

2.加强政策对话，推动合作共赢

近年来，他国强加的“中国全球公域威胁论”等恶意揣测层出不穷，北极地缘博弈的敏感性致使中国参与建设“冰上丝绸之路”的行动将进一步激发他国的抵触心理。[①]为打消国际社会对我国的政治疑虑，优化国际舆论环境，更好地建设“冰上丝绸之路”，在北极地区具有地缘劣势的中国应以和平发展为主题，以《中国的北极政策》白皮书中提出的“尊重、合作、共赢、可持续”为北极事务参与原则，秉承亲诚惠容理念，与相关国家进行积极的政治往来，加强政治对话，推动合作共赢。

一是深化战略合作伙伴关系，推动深层次政治互信。受俄罗斯邀请，我国积极参与“冰上丝绸之路”建设，但俄罗斯对中国参与北极开发一直存在戒备心理。针对俄罗斯的矛盾心理，我国需切实考量俄方对“冰上丝绸之路”所赋予的经略远东地区国家利益的战略意图，并明确我国对“一带一路”北向延伸的战略期盼，以双方共同利益为合作基点，落实推动我国“一带一路”倡议与俄远东开发的战略对接。以航道开发为工作主线，着力推动

①李振福，彭琰.“通权论”与“冰上丝绸之路”建设研究［J］.东北师大学报（哲学社会科学版），2019（4）：23-32.

包括经贸、物流、能源、技术、旅游等在内的低政治领域方面多层合作网络的形成，避免对俄在北极权益方面的过多触及，深化中俄战略协作伙伴关系的内涵，达到更深层次的政治互信。

二是对于北极国家的政治疑虑，我国应采取保守与开放兼备的战略政策。针对美加两国的高度警惕，中国应尽量少在航道建设过程中涉足北极政治敏感地带，体现我国和平开发北极的决心，以及无意侵占其在北极权益的政治诚意，并积极谋划，寻求与其符合共同利益的多方面合作的可能性。而对于与我国一直交好的冰岛、芬兰等国，需继续深化外交联系合作，为我国更好地参与北极事务营造良好的国际氛围。①

三是放宽国际合作视野，扩大我国的地缘合作空间。对“冰上丝绸之路”沿线国家尤其是对开发利用北极有诉求和意愿的日本、韩国等非北极国家，应就“冰上丝绸之路”建设展开多方位合作，为促进非北极国家的北极影响力和发言权提供平台，增强各国在“冰上丝绸之路”建设中的利益归属感，增信释疑，相互尊重，互利共赢，共同发展，使“冰上丝绸之路”的开通真正成为惠及全人类的福祉。

3.提升北极事务方面的话语权

中国作为联合国安理会常任理事国和近北极国家，应该尽力争取在北极地区治理中更大的话语权和影响力。我国可以选择从北极科学研究、生态环境保护、可持续发展等领域切入北极事务。②中国在建设北极制度、组织参与和议程参与等领域享有一定的权益，包括：联合国框架内的权益，如国际海事组织、政府间气候变化专门委员会等；区域性组织内的权益，如北极理事会、巴伦支海欧洲—北极理事会等。中国应更加积极主动地参与北极相关的国际组织，并在其中扩大影响力和话语权，进一步参与北极

①李振福，彭琰．“通权论”与“冰上丝绸之路”建设研究［J］．东北师大学报（哲学社会科学版），2019（4）：23-32．

②薛桂芳．“冰上丝绸之路”新战略及其实施路径［J］．学术前沿，2018（11）：62-67．

地区国际制度的构建与完善。2013年，中国成为北极理事会正式观察员国，应利用这一身份积极有效地参与北极理事会各工作组的各项活动和会议。又如，在北极地区航运规则制定过程中，国际海事组织发挥了重要作用。作为国际海事组织的一个重要理事国，中国可以以该组织为平台，参与北极地区航运规则等制度建设。北极法律治理体系还在持续构建的过程中，中国作为近北极国家、航运大国、远洋捕捞大国、能源资源进口大国，更应该积极主动地参与其中，以争取到最有利的结果。

（二）加强与俄罗斯的多领域合作

在“冰上丝绸之路”的开发与建设过程中，离不开与俄罗斯的合作。得到作为北极地区最大的国家俄罗斯的支持，无疑是进一步推动“冰上丝绸之路”建设的保证。与俄罗斯的外交合作方式堪称中国与北极国家建立贸易合作伙伴关系的典范。中国与俄罗斯在区域经贸方面的合作源远流长，燃料、木材、金属和矿产品等大宗商品的贸易具有较强的互补性，双方合作能够互利共赢。在安全与外交方面有共同的利益需求，合作共赢。2017年5月，俄罗斯向中国发出共建“冰上丝绸之路”的倡议，提升欧亚区域互联，联动中国东北振兴。中国与俄罗斯通过建立伙伴关系，可准确把握近北极国家以及其他北极利益攸关方的身份定位，在参与北极事务和进行贸易时，可以规避诸多不必要的麻烦，降低北极国家的戒心，减少对中国的阻碍。①

1.政府合作

（1）建立多层次的中俄合作体系。中俄在“冰上丝绸之路”的建设过程中，应以航行便利化、机制化为先期目标，与俄罗斯及沿线国家在政府层面开展“冰上丝绸之路”开发建设合作。可以“冰上丝绸之路”航行便利化、

①秦洪军，郭浩，赵向智.北极航道开通背景下中国与北极国家的贸易发展研究［J］.东北亚经济研究，2018，2（6）：93-108.

机制化为契机，成立政府间北极合作委员会，下设学术、科考、环保、航运、装备和基础设施建设等分委会，统筹协调各国政府部门、实业界、学界和相关社会组织在“冰上丝绸之路”建设方面的职能，落实监督具体项目推进，解决项目落实过程中的问题。[①]

（2）明确中俄合作关系中的定位。在共建“冰上丝绸之路”的过程中，积极的开发建设热情固然重要，但首先中国需要明确在中俄北极合作中的定位。所谓的定位主要包括两个方面，一方面是“冰上丝绸之路”相对于俄罗斯北方海航道的定位，另一方面是在中俄北极合作中各自的身份定位。前者定位的实质就是要明确“冰上丝绸之路”与北方海航道的区别。对于中国来说，建设“冰上丝绸之路”的根本目的是开拓从东北亚途经北极海域直达欧洲的新航线，使其成为“一带一路”的重要组成部分，进一步增强欧亚大陆东西方的互联互通。[②]但是，对俄罗斯来说，东北航道是其内海航线，邀请中国共建“冰上丝绸之路”的关键就是利用中国的资金和基建能力发展北方海航道及其沿线地区的基础设施，提升航线货运量，推动北极地区资源开发，其最终目的是在“冰上丝绸之路”这一国际合作机制框架内实现国内北方沿海地区发展，即一切服务于俄罗斯国内发展，进入北方海航道（俄罗斯段）的中国船舶也要遵守俄罗斯国内法律法规。因此，从本质上讲，中俄两国虽然共建“冰上丝绸之路”，但两国的利益诉求并不完全一致。中国应将北方海航道（俄罗斯段）建设定位为“冰上丝绸之路”的重要组成部分和建设起点，防止国际合作机制国内化，增强“冰上丝绸之路”的开放性。在中俄北极合作的身份定位中，中国应确立自身在北极事务中积极参与者、利益攸关者和负责任大国的身份，对于俄罗斯身份的定位，则应将其视为北极合作的关键性伙伴，而非唯一合作伙伴。

①易鑫磊.中俄共建“冰上丝绸之路”：概念、目标、原则与路径［J］.欧亚经济，2019（4）：60-75.
②李岚晟，孟庆军，张长征.“一带一路”金融互联互通中政治、经济与技术等风险研究［J］.财会学习，2018（7）：155-156.

对于中国来说需要注意的是，在提升“冰上丝绸之路”软硬件条件的过程中，不能盲目地大幅度增加投资额度或为快速推进合作进度对俄方让步过多，而是应坚持循序渐进的原则，有序提升软硬件条件。这一合作模式具体来说包括两个方面：首先是强调投入的阶段性，即中国应设立阶段性的发展目标，在各阶段目标下进行有序投入，不大规模上项目，而是要视俄方的反应和投资的效果来决定下一阶段的投资方向和投资额度。其次是强调投入的针对性，即在有序投入的情况下把握好投资方向，对亟须发展的领域进行优先投资，如增加适应极地建设的专业人员数量、建造可供北极海运航行的商船，以及建造核动力破冰船等。将投入的阶段性与针对性相结合，有序投资，小步快走，这样既能缓解中俄两国积极开发热情与“冰上丝绸之路”沿线落后软硬件条件之间的矛盾，又能提高投资效率，降低投资风险，最大限度地保护中国在中俄北极合作中的国家利益。

（3）引导与其他国际北极多边合作机制对接。“冰上丝绸之路”作为国际多边合作倡议，并非否定现有的国际北极治理机制，而是与各北极治理机制相合作、相对接，互相为发展提供助力。我国与“冰上丝绸之路”沿线国家加强在联合国、北极理事会、国际海事组织等国际组织的协作与沟通，为共建“冰上丝绸之路”创造良好的国际政策与舆论环境。①

第一，“冰上丝绸之路”的发展需要与北极治理机制合作。北极理事会是现今最为主要的北极治理机制，中国于2013年成为北极理事会永久观察员国，在北极理事会中发挥了自己的作用。“冰上丝绸之路”的发展不能忽略北极理事会：一方面，北极理事会当前主导环境保护、海洋合作等北极事务的主要机制，对“冰上丝绸之路”合作的国际政治基础有着重要影响；另一方面，北极理事会颁布包括《海洋石油污染预防与应对合作协议》等一系列文件，是“冰上丝绸之路”发展过程中必须要适应和遵守的相关国际协定。

①姜胤安.“冰上丝绸之路”多边合作：机遇、挑战与发展路径［J］.太平洋学报，2019，27（8）：67-77.

此外，作为旨在推动北极地区经济发展的北极经济理事会，尽管拒绝非北极国家的加入，但接受非北极国家的商业组织，使得参建“冰上丝绸之路”的企业参与北极经济理事会的北极开发成为可能，在合作中可为“冰上丝绸之路”的进一步发展创造机会。

第二，“冰上丝绸之路”可通过加强“二轨外交”协作，扩大影响，推动合作。鉴于中国的话语权在北极治理领域处于弱势地位，有必要发展中国北极公共外交，以学者、科研为引领的学术界与国外学术界的交流，包括媒体、商业组织在内的非政府组织积极与其他北极治理参与者沟通协作，维护中国的北极形象。以北极圈论坛大会为例，北极圈论坛大会作为每年一度的国际“二轨外交”会议，汇集了北极治理领域相关政府、非政府组织、智库以及商业组织的积极参与，有可能为“冰上丝绸之路”的沟通、宣传提供非常广阔的空间。

第三，“冰上丝绸之路”还可以深化现有初级协调机制，使其向更高层级的机制发展。从东亚角度而言，中日韩三国具有相近的地理位置及对北极治理相似的诉求，为此，三国已经在有关北极问题上建立了初级对话机制，自2016年来，三国政府每年派出各自的北极事务高级代表进行对话，协商彼此间有关北极议题的看法。2018年进行的第三次中日韩北极事务高级别对话会的声明，明确表达了对《中国的北极政策》白皮书以及日本、韩国在北极问题上政策的支持。2019年进行的第四次对话会则再次确认三方此前对彼此的支持。因此，三国可通过扩大该高级别对话规模，提升至建立定期会议乃至论坛等机制，通过协调三国在北极治理方面的意见，为争取日韩支持“冰上丝绸之路”创造条件。①

第四，以东道国身份办会，推动与“冰上丝绸之路”沿线国家交流与合作。“冰上丝绸之路”沿线国家相关外交、商务、海事、工业部门和企业间

①姜胤安.“冰上丝绸之路”多边合作：机遇、挑战与发展路径［J］.太平洋学报，2019，27（8）：67-77.

已建立多层次、多渠道的沟通磋商与对话机制，推动签署政府间、部门间海洋合作协议，共同落实合作项目。在建设“冰上丝绸之路”过程中，我国可利用俄罗斯“北极——对话区域”国际北极论坛、挪威“北极前沿”大会和冰岛“北极圈论坛”等国际议事平台，①同“冰上丝绸之路”沿线各国商讨落实建设与开发合作。同时，适时考虑中国以东道国身份举办常态化的国际会议、论坛和博览会等大型活动，以增进了解，凝聚共识，交流经验。加强与沿线国家相关智库交流合作，推动开展战略、政策对接研究，共同发起重大倡议，为共建“冰上丝绸之路”提供智力支撑。同条件相对成熟的沿线国家探讨共建航运公司、金融公司、运输补给保障和救援公司。支持“冰上丝绸之路”沿线重要节点城市和港区建立自由贸易区，提高“冰上丝绸之路”货运量和贸易额，以充足的需求刺激“冰上丝绸之路”的开发建设。利用好现有的丝路基金、亚投行等金融机构，为“冰上丝绸之路”建设项目提供资金支持。

2.科技合作

俄罗斯在北极开发过程中非常重视大陆架边界认定、油气资源勘探、航道开发、生态保护和军事安全保障等，以满足现实政治、安全和经济需求。同时，俄罗斯也高度重视北极科学考察，已获得包括水文、地址、能源储备等大量数据资料，取得多项科研成果，对北极地区有了初步的了解。在未来很长一段时间中，科学考察项目仍然是俄罗斯开发北极、建设“冰上丝绸之路”的重点。俄罗斯在其北极战略中明确提出在北极地区“鼓励进行国际科研综合考察合作，研究自然环境，观察和预测气候变化对北极环境的影响”；“发展国际合作，定期交换环境状况信息和北极气候及其动态变化数据，健全和完善空间检测等北极气候水文气象监测系统”。

《中国的北极政策》白皮书中明确提出，积极推进北极科研国际合作，

①密晨曦.北极地区的治理现状和形势发展［J］.中国海洋大学学报（社会科学版），2019（6）：17-20.

推动建立开放包容的国际北极环境监测网络。[①]对航道线路、水文地理、水文气象和冰情雪况等的全面、科学认识是中俄共建“冰上丝绸之路”的必然要求。认识北极是中国北极政策的最优先方向。[②]截至2019年底，中国已借助“雪龙”号和斯瓦尔巴群岛黄河站这两个平台进行了多次的船基和次站基科学考察，逐步在北极地区建立起海洋、冰雪、大气、生物、地质等多学科观测体系。[③]

中俄两国可在共建“冰上丝绸之路”框架内开展科学考察和科学研究。围绕航道开发、安全保障、资源勘探、生态环保和环境监测等方面设立联合科研课题；共建海洋环境观测系统，共享海洋环境监测成果，共同开展海洋数据分析研究与应用，共同研发海洋大数据和云平台技术，建设服务“冰上丝绸之路”的海洋公共信息共享服务平台；发挥中俄两国“格洛纳斯”卫星导航系统和“北斗”卫星导航系统的综合优势，加强针对北极地区的卫星观测和数据交换，为“冰上丝绸之路”提供卫星导航、定位、通信和遥感等信息情报支撑。

3.装备合作

极地装备制造是“冰上丝绸之路”开发建设的前提和基础，是中俄“冰上丝绸之路”合作的核心且迫切的任务。中俄两国在这方面有现实需求，也有合作空间。俄罗斯是极地装备大国，具备雄厚的建造实力和丰富的使用经验。但同时，俄罗斯也面临极地装备升级改造和技术创新的现实压力。目前，俄北极基础设施和极地装备主要任务包括：加强冰级运输船、破冰船、应急救援船、科学考察船和辅助保障船的建造与船队建设；发展岸上基础设

①秦洪军，郭浩，赵向智.北极航道开通背景下中国与北极国家的贸易发展研究［J］.东北亚经济研究，2018，2（10）：95-110.

②章成，顾兴斌.论北极治理的制度构建、现实路径与中国参与［J］.南昌大学学报（人文社会科学版），2019，50（5）：64-72.

③李振福.如何准确理解中国的北极政策［J］.中国船检，2018（3）：37-39.

施和极地船舶装备系泊系统；研发和推广适合在北极条件下使用的现代化公路、铁路、河道和航空运输装备等。

《中国的北极政策》白皮书提出，鼓励发展极地技术装备，积极参与北极开发的基础设施建设，促进在北极海域冰区航行和监测以及新型冰级船舶建造等方面的技术创新。亚马尔LNG项目对华销售液化天然气产品的运输需要大量破冰船、冰级液化天然气运输船、冰级保障船和冰级辅助船。目前，中国船舶工业设计制造水平名列世界前茅，是世界上3个能够建造高水平液化天然气运输船的国家之一。中国的船舶企业也在积极探索和研发包括破冰船在内的适应极地环境的新型船舶和先进装备。中俄两国在极地船舶装备制造领域有很大的合作空间。

尽管俄罗斯在极地船舶和装备制造领域具备独特的技术能力和一定的工业基础，但仍面临不小的困难。

首先，西方经济制裁对俄罗斯经济发展潜力和财政预算能力影响较大，这也直接影响了俄政府对北极基础设施和极地装备的财政支持力度。用于2017—2020年俄罗斯国家北极发展规划项目的经费，仅剩下120亿卢布（最初计划为2090亿卢布）。俄北极装备的“拳头”——22220型新一代核动力破冰船建造面临延迟交付的窘境。此外，西方诸多航运企业纷纷终止与俄罗斯的合作，致使俄多项北极航运计划搁浅。[①]

其次，俄罗斯船舶制造企业近两三年的产能重心仍在军用船舶。尽管当前俄罗斯政府大力倡导军工企业多样化生产，提高民品生产比例，但完成2020年前俄罗斯武器装备整体现代化比例70%的硬性指标不可动摇。可以说，这是俄罗斯军工企业的政治任务。2017年，俄国防部部长绍伊古在国防部全体会议上谈到，2018年俄武装力量各军兵种武器装备现代化比例将分别达到：战略导弹部队82%，陆军46%，空天军74%，海军55%。战略导弹部队

①易鑫磊.中俄共建“冰上丝绸之路”：概念、目标、原则与路径［J］.欧亚经济，2019（4）：60-75.

和空天军作为俄罗斯主要战略核遏制力量的剑与盾，是武器装备升级换装计划的重点，已提前完成2020年70%的目标。海军仍是未来两三年升级换装的重点。俄罗斯船舶制造企业的产能将更多地向军舰倾斜。中俄极地装备合作不仅是对共建“冰上丝绸之路”的有力支撑，还可以实现两国在技术、资金、产能等方面的需求互补，有利于中俄两国船舶和装备制造企业向多样化生产的转型升级。两国可联合研发新一代极地船舶和装备，包括大吨位核动力破冰船、液化天然气动力运输船、吃水深度可变冰级船舶、专业驻泊接收和储备系统、大排水量货运潜艇、小型极地旅游观光潜艇、科考深潜器、水下无人装备、破冰技术与装置、海上浮动核电站等。此外，两国还可以考虑组建联合破冰航运公司和船队。

最后，由于受克里米亚事件影响，俄乌两国军工企业合作中断。俄罗斯国内船厂建造破冰船等极地船舶和装备的配套能力受到削弱。有了极地装备的支撑，将有利于北极航道以创新方式进行开发利用。例如，为在冰封期保持通道航运，可以考虑研制大吨位货运潜艇从冰面以下运送货物，辅之以港口破冰、卸货和储运设施及装备，使“冰上丝绸之路”航运打破冰封期的限制，也将航运能力从水面拓展到水面和水下二维层面。

加强与俄罗斯在装备制造合作的基础上，中国也应该积极联合北极相关组织，协同研发，共同发展，深入破冰船或抗冰船舶的建造、维修和零配件制造产业，开拓冰区船舶建造、买卖和租赁市场。①

4.旅游合作

北极独特的自然和人文风貌是开发北极旅游得天独厚的资本。中俄两国的旅游市场和资源互补性强。对于中国游客来讲，探索极地旅游，北极是更好的选择。南极洲大陆过于遥远，时间精力付出和经济支出远远高于北极。

①李亚菲.北极航线对世界贸易格局及中国对外贸易潜力的影响［D］.大连：大连海事大学，2017.

南极洲大陆远离有人类定居的非洲大陆和南美洲大陆，旅游基础设施和补给保障能力远不及北极地区。北冰洋被北美大陆、欧亚大陆和大西洋北部大大小小的岛屿所围绕。北极圈内多数国家经济相对发达，北极冰盖与海岸线距离相对较近，人口聚居密度相对较高，旅游资源、基础设施和保障条件相对较好。

俄北极战略也明确提出要发展具有北极特色的休闲、科研、文化和生态安全型国际旅游业，以国家和私人合作的方式构建旅游财政支持体制，鼓励成立地区性旅游公司，将北极旅游推向国内和国际市场。《中国的北极政策》白皮书中也将北极旅游定义为新兴的北极活动，指出中国游客是北极旅游的重要客源之一。①中国也为参与北极旅游资源开发提出了一系列政策主张，包括支持和鼓励本国企业参与开发北极旅游资源，完善北极旅游安全保障体系，加强本国旅游从业机构与人员的培训和监管，提高中国游客的北极环保意识等。中俄两国政府和企业可探讨对接旅游市场和资源，共同规划开发旅游线路，建设旅游参观游览场馆等基础设施，建立旅游信息交流共享机制，挖掘"冰上丝绸之路"的旅游经济价值。

5.能源合作

北极拥有丰富的油气、矿产、地热、风能等各类能源资源。能源资源采运是"冰上丝绸之路"建设的重要目标之一，也是支撑"冰上丝绸之路"开发建设和可持续性发展的主要合作项目类型。中国期待借助"冰上丝绸之路"加强与沿线国家的全方位能源合作。《中国的北极政策》白皮书明确指出，尊重北极国家根据国际法对其国家管辖范围内油气和矿产资源享有的主权权利，要求本国企业遵守相关国家的法律并开展资源开发风险评估，支持企业通过各种合作形式，在保护北极生态环境的前提下参与北极油气和矿产

①李珍.加拿大北极旅游资源开发：经济愿景与能力短板——以努纳武特地区为例［J］.中国集体经济，2019（7）：162-163.

资源开发。[1]俄罗斯政府也希望吸引国外投资开发其北极大陆架能源资源，以提振俄罗斯经济。

天然气作为清洁能源已经成为中国能源消费的主要选择。为保证能源安全、经济发展和社会需求，天然气合作是中国参与北极能源开发的主要方向之一。目前已有中国公司和资本参与多个液化天然气项目，除此以外，也存在潜在的合作对象。如果中俄能够以合理的供应价格和模式在液化天然气项目上开展更多合作，不仅可以使中俄贸易总额和北方海航道货运总额双双得到显著提升，还可以带动相关的工程基建、船舶建造等上下游产业发展，实现中国产能输出与俄罗斯振兴远东、西伯利亚经济的优势互补和利益契合。

北极丰富的地热、风能、太阳能等可再生能源也是中俄共建“冰上丝绸之路”合作中极具前景的能源合作方向。中国倡导建立的“全球能源互联网”将北极视为重要的清洁能源来源地。开发北极地区的清洁能源，实现清洁能源跨境输送、贸易和储备，不仅可以极大改善俄北极地区电能严重匮乏的现状，为“冰上丝绸之路”沿线项目和设施提供充足的能源保障，而且可以为俄当地的经济社会发展、基础设施建设和创造就业岗位等做出贡献。

中俄合作的关键仍需紧密围绕在经济贸易与能源合作范围内，中俄两国需依托国家政策优势，推动中俄双方航运、能源等相关企业的合作与交流，将亚马尔LNG项目、北极海运公司等作为典型模式予以推广，促进中俄双方企业的合作交流，形成以航运、能源作为引导的合作模式，推动中俄北极多领域合作。同时，进一步加大北极合作的资金投入力度，着重推动极地科学技术水平的提升。集合中俄双方的优势资源与技术，协同开展极地船舶、极地海工设备、极地航道基础设施建设，为中俄新时期经贸合作、能源开发保驾护航。[2]

①郑丹.中国进军北极路线图［J］.中国石油石化，2018（4）：36-37.

②李振福.中俄北极合作进入新阶段［J］.中国船检，2019（7）：35-37.

6.安全合作

航道和航行安全是共建"冰上丝绸之路"的关键因素。"冰上丝绸之路"安全主要包括航道安全、装备安全、人员安全、生态安全以及反海盗、反劫持、反偷渡和反走私等非传统安全。脆弱的生态环境和极端的自然环境对"冰上丝绸之路"的安全提出更高的要求，中俄两国应将安全合作置于共建"冰上丝绸之路"的显著位置。中俄两国可在护航引航设施建设、装备技术研发、信息情报交流和联合搜索救援等方面开展合作，探讨建立海上航行安全和危机管控、自然灾害和人为事故处置善后、旅游卫生医疗安全合作等机制，积累极地突发事件的应急、反应、行动的能力和经验，定期开展北冰洋海上反恐防暴演习训练、海上搜救力量互访和搜救人员交流培训等，确保"冰上丝绸之路"成为安全、绿色和可持续的国际货运通道。

二、大力推进北极航道建设

（一）加快北极航道基础设施建设

北极地区前期开发最为重要的便是基础设施建设，东北航道沿线的港口基本都是苏联时期建设的，存在设备老化严重、大型船舶无法停靠、整个北极航线上超过一半以上的港口无法正常运行等问题，严重制约了东北航道的通航能力，也制约了"冰上丝绸之路"的发展。[①]加之，北极地区特殊恶劣的自然环境，导致其港口基础设施建设落后、开发合作困难大。因而，在探索开发北极的过程中，中俄双方需要大力推进北极航道基础设施建设，以及沿线港口建设，为北极的合作与开发提供充足的保障。同时，在北极航线基础

①李振福.中俄北极合作进入新阶段［J］.中国船检，2019（7）：35-37.

设施建设的过程中，北极数据共享将显得尤为关键，中俄双方需进一步扩大极地科学与科研投入，以北极冰情、航运、航道数据为依托，探索北极开发新规律，积极推进中俄双方在内的各北极利益相关方参与港航、能源基础设施的建设，实现“冰上丝绸之路”的可持续发展与北极互联互通。

加强港口合作开发是建设“冰上丝绸之路”、同时也是开发北极的重点内容，既能促进石油贸易运输，也能有效推动包括中俄两国以及其他国家之间的关系持续发展。根据现有港口目前的建设情况以及对部分港口的前景分析，我国可积极投资参与扩建普里莫尔斯克港石油输出中心、不冻良港——符拉迪沃斯托克港、北冰洋沿岸港口摩尔曼斯克港项目以及作为俄罗斯重点扶持项目的大型深水港口——塔曼港，改善基础设施条件、服务结构和生产过程。

对于港口投资模式，我国可通过合作伙伴的方式参与港口投资建设，或以合资的形式参与港口经营方共建共营。同时，针对适当放宽对港口后方的临港工业园区开发经营权的控制，鼓励开放经营，允许投资方共同参与管理经营，提高港口的运作效率。

（二）参与航道附属基础设施建设

北极独特的极寒气候条件对航道设施建设标准要求较高，保障船舶安全通行是“冰上丝绸之路”开通的基本要求。北极航线东北航道设施应该围绕高标准、高科技的理念进行建设。中国同沿线国家进行航道设施建设合作时，应该体现中国在信息化、数据化和智能化方面的优势，将东北航道建设成可靠、安全、智能的现代化航道。

1.航道数据库建设

加强北极基础设施建设，将数据共享作为今后合作的重要核心领域。[①]北极航线东北航道穿越多个寒区海峡，航程长、范围广，由于漂浮的海冰导致海洋环境具有动态化、复杂化的特点，获取实时监测数据有一定难度。极地

①李振福.中俄北极合作进入新阶段［J］.中国船检，2019（7）：35-37.

航运业对航道数据采集、获取、处理提出了更高的要求。因此，合作开发匹配现代航运管理系统的数据库建设是必要的。尤其配合船舶交通管理系统、船舶自动识别系统的数据库建设能够实现船舶与航道动静态信息交换，实现船舶与船舶之间、船舶与岸之间、船舶与冰山之间的数据自动跟踪交换，实现互联网技术、空间技术、信息技术和通信技术的数据交互应用，与沿线国在北极地区为海洋航运提供数字和安全保障。①

“冰上丝绸之路”能否早日常态化通航，除了考虑北极海冰的融化速度，还要对北极航线海域进行水文、气象、海冰数据的长期监测，为过往的船舶提供航行安全保障。我国是近北极国家，在科学考察方面的实际投入远远低于环北极国家，甚至低于周边的日本和韩国。中国在下一步的科考行动中应制订详细的科考计划，派出更多的科考船与俄罗斯合作，共同对东北航道的航区气象、水文、海冰等航行数据进行跟踪研究。在一些重要海峡、航道设立永久性科学考察站和海洋观测站，全面掌握实时的海区航行数据，为各种冰级的冰区船舶提供相对应的导航和破冰信息服务，利用合作获取的大数据降低单只船舶通过北极航线的通行费用，保障船舶安全快速通行。

对东北航道数据采集后应合作建立完善的航道数据库，使数据能够应用到信息化管理中，如冰情数据采集、气候变化数据收集、港口数据分析、污染物数据收集、海峡通航数据等，数据库能够实时更新，为信息平台分析和决策提供真实有效的航行数据。以北极航线东北航道所经海域的海冰数据为例，需要与沿线国家共同对航道数据采集以获取多源共享数据，按照空间信息系统要求，处理成适用于保障东北航道安全航行的信息，并在空间覆盖、时间频率等特性上能够互相校验，确保数据及时准确可靠，为东北航道大规模通航所需的航道安全信息保障提供经验和基础信息。②

①②邵晨，蒋雪中，恽才兴.基于多源共享数据的北极航道海域冰情分析［J］.上海国土资源，2015，36（1）：90-94.

2.东北航道信息化建设

航道安全保障的影响因素包括通航尺度、气象条件、水文条件和通航设施条件。东北航道除了自然气候因素和助航设施对航道产生影响外，航道贯穿北极，所经海域均属于高纬度海域，与普通海域相比，东北航道所经的海面通常被大小不等的海冰覆盖，气候条件复杂恶劣，基地通航必须依靠信息化管理，才能使海冰对航行的影响降至最低。

首先，共同搭建北极综合信息平台是首要任务。现代化的航道设施建设需要高效的航道信息综合服务平台，需集合信息共享、信息发布、信息综合管理等功能。①北极海况复杂，冰情动态化存在，信息服务是保障安全通航的重要手段。

其次，要运用数字化技术、网络技术和信息技术等新技术搭建一个能够服务东北航道的北极综合性信息服务平台，可以在平台上实现北极航道数据资源共享、信息资源集散和全航道冰情综合管理。平台能够接收和发布各港口和站塔的管理信息和通行船舶的航行信息，包括港口、海峡和多冰航段的通航能力、天气情况、航标、冰情障碍因素等，给港口管理系统和往来航行船舶提供参考数据。也可以对信息来源、可靠性、信息整理、录入等进行智能化控制，保证信息集散的指导作用。还要对信息发布时间、发布方式、发布渠道等进行溯源管理，保证信息的安全可靠。

最后，要运用信息化技术为东北航道搭建航标信息化管理平台，与沿线国家合作构建东北航道航标灯智能网络系统，并对接北极综合信息服务平台，实现综合信息平台对航标的互动管理与控制。信息平台可以随时对航标系统的工作状态进行扫描，保证航标系统的可靠性，并可以随时根据冰情和天气情况进行调整，为船舶航行引导和指挥提供可靠保障。航标灯智能网络系统还应对用户的移动终端进行定位和状态跟踪，提供实时在线服务。能够

①何金泉.港口航道工程信息化建设策略探讨［J］.科技风，2017（11）：111.

及时反馈异常航标并定位故障点，提高冰区航行的效率。

（三）综合谋划东北、西北和中央航道

中俄合作打造“冰上丝绸之路”是我国参与北极事务的一个重要切入点，俄罗斯希望利用中国的资金和技术来挖掘其在东北航道和沿线资源开发方面的潜力，但中俄两国的国家利益并非总能保持一致。俄罗斯科学家罗蒙诺索夫认为“北冰洋会使俄罗斯获得前所未有的利益，获得属于俄罗斯的荣光”。俄罗斯学者索比亚宁曾提出忠告：从经济角度来看，由于俄罗斯能源企业力量有限，俄也愿意让中国参与开发北极资源和使用北极航道，但前提条件是不挑战俄罗斯利益。[①]为此，中国还必须探讨与多国在加拿大沿岸的西北航道和北极中央航道方面的合作建设。据估计，西北航道30年内因冰层基本融化而完全适合于船舶航行。北极中央航道北出白令海峡向西前行，穿过北冰洋中心区域到达格陵兰海或挪威海，全长约2500海里，是连接东北亚经济圈至西欧经济圈最短的航道。[②]该航道虽因北冰洋中心区域目前仍被海冰覆盖而难以开展商业航行，但随着北冰洋冰层在数十年后有可能完全融化，北极中央航道的战略价值则会充分显现，中国必须未雨绸缪。

（四）加强国内港口力量整合

1.构建综合交通运输体系

交通是地缘空间扩展的重要载体。为充分利用“冰上丝绸之路”给我国地缘空间北向延伸带来的机遇，在交通领域，国家应大力推进现代化集疏运体系和综合运输体系建设，不断增强对周边区域的地缘辐射能力，利用综合运输枢纽功能，驱动我国地缘版图向沿海的纵深扩展。“冰上丝绸之路”的开发利用为我国国际贸易和港口发展提供了新机遇的同时，也对我国陆海联运能力和物流行业提出了新的要求。在货物集装箱化的发展趋势下，“冰上丝绸之路”带来的腹地拓展势必会对我国的陆港联动能力带来压力和挑战。

---

①王志民，陈远航.中俄打造“冰上丝绸之路”的机遇与挑战［J］.东北亚论坛，2018（2）：17-33.

②徐雅琪.中国与俄罗斯：“冰上丝绸之路”的新机遇［J］.侨园，2019（4）：6-7.

集装箱陆海联运主要包括海铁联运和公海联运，因此，集装箱陆海联运的发展程度与内陆集疏运网络之间有着密切的联系。为此，我国应进一步加强集装箱陆海联运建设，特别是弥补海铁联运的短板，提高集疏运能力，为港口货源供给和内陆外贸运输提供保障。首先，出台具体政策和相关法规，为实施海铁联运营造良好的外围环境；其次，确定牵头负责的主要职能部门，并对铁路、海关、港口等相关部门进行强有力的系统协调；再者，加大对相关配套基础设施的投入，将海铁联运线路接入全国路网，减少转运程序和专用费用；[①]最后，提升交通运输系统的信息化水平，建设交通管理信息系统，将现有内部的运输管理信息系统进行开放化建设，应用物联网等先进技术，实现运输的自动化、网络化、系统化。同时，针对北极地区破碎化的交通基础设施条件，应寻求沿线国家的基建帮助，通过与沿线国家双边关系的发展，积极达成在北极国家所述地区基础设施改造的合作协议，实现双边乃至多边的利益共享。

2.整合国内港口力量

日本横滨港和韩国釜山港在地缘位置和综合实力方面均强于中国位于东北亚地区的大连港、天津港和青岛港中的任何一个。因此，要想避免在参与“冰上丝绸之路”建设过程中与日韩两国港口差距越拉越大，从而形成绝对收益与相对收益的矛盾，就必须要将国内这三大港口整合起来，依托其背后的东北地区、京津冀地区和山东半岛地区这三大经济腹地，加强港口间沟通协作，以“顶层设计”的高度统一协调各港口发展规划，避免港口间内部竞争，在结合各省独特优势的基础上有针对性地提升各港口集疏运综合能力及相关产业配套服务，通过建造和购买等方式增加高等级专业破冰船和能够在北极冰区行驶的商业船舶的数量，充实港口业务人才，加强港口间优势互补与协调发展，最终以中国“东北亚港口群”的模式参与“冰上丝绸之路”建设，同日韩港口进行合作与竞争。[②]

---

①李振福，彭琰.“通权论”与“冰上丝绸之路”建设研究［J］.东北师大学报（哲学社会科学版），2019（4）：23-32.

②岳鹏.共建“冰上丝绸之路”中的俄方诉求及内在挑战分析［J］.东北亚论坛，2020（2）：32-44.

另外，在整合国内港口力量的同时，应同时推进“借港出海”方略，利用珲春紧邻朝俄两国的特殊区位优势，邀请朝鲜参与“冰上丝绸之路”建设。借助朝鲜的罗津港，构建以图们江区域为核心，以朝鲜内陆和中国东北为经济腹地，以中朝俄三方合作为基础的“冰上丝绸之路”港口贸易为支点。这一做法符合朝鲜经济改革和对外开放的总体方向，有利于罗津港及其周边地区基础设施及各项经济、民生事业的快速发展，促进国内初级产品出口，既为朝鲜经济注入新动能，又可带动中国东北地区经济发展。对俄罗斯来说，朝鲜参与“冰上丝绸之路”的政治意义要大于经济意义，继伊朗之后，俄罗斯若与同样遭受美国制裁的朝鲜加强经济合作关系，则意味着“反美制裁阵营”力量的进一步增强，这也将使俄罗斯获得未来对美国博弈的更多筹码；而在顶层设计的层面将中朝俄三国港口进行集群化规划，不仅对朝鲜港口发展有利，也有助于俄罗斯远东地区的扎鲁比诺等港口联动发展，形成“海运货物中转港口联盟”。此外，朝鲜的加入以及罗津港的发展虽然使东北亚参与“冰上丝绸之路”的港口数量增加，却可以削弱日本横滨港和韩国釜山港在地理区位上的优势，分散部分转口货源，有利于东北亚地区各港口的均衡发展，缓和绝对收益与相对收益之间的矛盾。

三、加强与相关各国的全方位、多层次合作

（一）加强与相关各国的经贸往来

1.加强与俄罗斯的国际经贸往来

中俄油气资源禀赋互补是“冰上丝绸之路”建设的主要动因之一。[①]俄罗

①刘力华.“冰上丝绸之路”建设研究——以产业合作为中心［D］.长春：吉林大学，2019.

斯对北极能源开发有国内、国际两方面的需求，国内能源财政是支撑俄罗斯经济的主要产业，国际能源战略是俄罗斯参与国际事务的重要砝码，但俄罗斯目前缺乏开发北极能源的资金和技术装备，开发北极能源陷入瓶颈。中国对北极能源开发也有两方面考虑，首先，北极能源尤其是油气资源是中国紧缺的战略资源，能够通过北极能源开发获得战略资源，可以提高中国的能源供给；其次，中国在资金和技术装备方面有“走出去”的战略需要，通过北极能源开发可以将这种优势释放出去。

北方海航道90%的实际控制权掌握在俄罗斯手中，因此俄罗斯的支持是共建“冰上丝绸之路”顺利推进的必要条件。[①]我国在参与建设的过程中，充分尊重俄罗斯在北方海航道开发中的主导地位，加强两国各层级的沟通协调，增加合作开发、共同运营、联合科考、合力研发等各种项目的数量，消除疑虑、化解矛盾、管控分歧，不断深化中俄战略互信。两国可共同组织召开不同级别的“冰上丝绸之路合作论坛”，扩大合作影响力和示范效应，力争在此基础上探索北极治理新模式，并建立多边合作机制。此外，还应提高北方海航道的地缘战略价值和经济价值，推动沿线港口及纵深地区的整体发展。同时，中方在参与“冰上丝绸之路”建设的过程中，也要切实保障自身的合法权益。可在资源开发、航行规范、军事交流、科学活动、环境保护等领域同俄方订立“冰上丝绸之路”开发合作协议，将“冰上丝绸之路”的概念写入正式文件，确保两国在北方海航道开发合作的规范化、长期化，也可在中俄总理定期会晤机制下设立“冰上丝绸之路”分委员会或由中俄地方政府出面建立有针对性的合作对接机制，以制度的方式确保中国在参与“冰上丝绸之路”建设中的合法权益得到保障。

（1）北极区域蕴藏着数量巨大的油气资源。世界上大量未开发的石油和天然气都在此区域，因此北极地区被一些专家称为“第二个中东”，其战略价值日益凸显。北极已勘探油气当量3273.61吨，发现油气田400多个，占世界

①岳鹏.共建“冰上丝绸之路”中的俄方诉求及内在挑战分析［J］.东北亚论坛，2020（2）：32-44.

已发现油气储量的10%，其中俄罗斯已发现的储量最大，约占北极所有油气发现总量的88.2%。[①]根据概率学推论，理论上北极地区还有122.6×10^8吨原油、1669×10^{12}立方米天然气及60×10^8吨液态天然气待发现技术可采量，84%的油气资源存在于海上区域，且待发现资源都在近海岸线和500米水深之间，便于现有技术开采。[②]

（2）北极地区的煤炭资源也极为丰富。地质学家估计，仅在阿拉斯加西北部就蕴藏了世界煤炭资源总量的9%，约为4000亿吨。西伯利亚的煤炭储量比阿拉斯加更大，估计为7000亿吨。

美国地质调查局2008年对北极资源进行了全面勘察并发表报告称，在全世界尚未发现的矿藏量中，20%的石油和30%的天然气埋藏在北极海域内。根据这份报告，北极的原油潜力区有5个：阿拉斯加北极、美洲盆地、东巴伦支海盆地、东格陵兰盆地和西格陵兰—加拿大东部区域；[③]天然气潜力区有3个：西西伯利亚盆地、东巴伦支海盆地、阿拉斯加北极。俄罗斯专家估算，仅在俄罗斯所属北冰洋大陆架就蕴藏着大约1000亿吨的油气资源，绝大部分的油气田位于俄罗斯西伯利亚和伯朝拉海以南地区、美国阿拉斯加北坡地区、挪威的挪威海区域和加拿大北部区域，其中俄罗斯和挪威区域的油气田都在北极航线东北航道沿线，而俄罗斯的原油产量占据整个北极地区的80%，天然气产量占据90%，可以认为，俄罗斯的产量几乎等于整个北极的产量。[④]

根据上述数据可以分析出，“冰上丝绸之路”沿线的主要国家的能源储量和开采量都非常可观，其中油气资源最为可观，煤炭和铁矿石、铜矿等资源也非常丰富，同能源消耗量巨大的东亚主要国家，尤其是经济总量位居世界第二的中国在能源国际产能互补合作方面具有非常明显的互补优势。

---

①潘正祥，郑路.北极地区的战略价值与中国国家利益研究［J］.江淮论坛，2013（2）：118-123.

②李浩武，童晓光.北极地区油气资源及勘探潜力分析［J］.中国石油勘探，2010（3）：73-82.

③朱明亚，平瑛，贺书锋.北极油气资源开发对世界能源格局和中国的潜在影响［J］.海洋开发与管理，2015，32（4）：1-7.

④李振福.世界的大脑：北极地缘政治地位的新定位［J］.通化师范学院学报，2017，38（9）：63-70.

（3）中国的资金和技术装备与北极能源形成资源要素禀赋互补。北极蕴藏的丰富油气资源为中俄能源合作带来机遇。中国主要的石油进口来源地是中东地区的伊朗、伊拉克、科威特、沙特阿拉伯和阿联酋，还有西非、俄罗斯和中南美洲的产油国。其中中东地区占比最高，达到43.56%。天然气的进口来源地主要为澳大利亚、卡塔尔、印度尼西亚，管道天然气进口仍然集中在中东地区。中东和中亚都是国际政治问题的焦点区域，是大国必争地区，任何地缘政治动荡都会对中国的能源安全产生影响。无论中东地区还是中亚地区，甚至运距更远的澳大利亚和中南美洲，都不是中国油气资源进口的最佳选择。而距离中国较近且已有石油管线铺设入境的俄罗斯在运距和成本方面更能满足中国对能源的需求。

（4）中国的技术和资金优势可以解决俄罗斯开发北极能源的困难。北极油气资源的勘探开发受严寒气候的影响，对技术和资金都有较高的要求，这种技术和资金不仅仅是对勘探开采平台的投入，相关的港口基础设施、运输通道互联互通、运输工具的开发建造和海洋监测设施建设都需要大规模的投入。俄罗斯财政长期受经济低速增长的影响，自身很难承担巨额的开发工作，需要中国的投资，两国开展“冰上丝绸之路”建设合作，共同开发北极能源，符合双方共同的利益。中国可以将亚投行和丝路基金等用于“一带一路”倡议基础设施开发的资金，安排到俄罗斯北部沿海港口建设中，帮助俄罗斯解决基础设施建设的资金缺口，以股权或长期贷款的形式参与中俄北极能源开发，可以解决俄罗斯在北极开发的技术短板问题，两国利用各自的优势完成对“冰上丝绸之路”的共建，符合资源禀赋理论对合作的定义。

2.加强与欧盟的国际经贸往来

为了防止在同俄罗斯的合作中陷入被动，中国还应加强同其他欧洲国家，尤其是北方海航道下游的北欧国家——芬兰、挪威、瑞典、冰岛等国进行合作。这些国家具有丰富的北极地区活动经验，并且已经建立起相对完善的合作机制，中国与北欧国家始终保持良好的传统友谊，在基础设施、商业贸易、人文交往和科学研究等多个领域已经建立起扎实的合作基础，并且北欧各国均表示支持中国参与北极地区的和平开发，愿与中国在北极事务领域进行合作。因此，中国应本着“多元共建”的原则，积极与北欧国家开展合作，提升中国与北欧国家在“冰上丝绸之路”航线的进出口货运量，推动“冰上丝绸之路”与“北极走廊”对接，增加参与北极地区活动的更多渠道，减轻在“冰上丝绸之路”建设中对俄罗斯的过度依赖，在俄欧之间保持合作对象的多元性及合作选择的灵活性。①另外，在同北欧国家的合作中，中方还应有意识地遵守《联合国海洋法公约》及地区性的法规和公约，尊重当地的文化习惯，保护北极地区环境及海洋生物资源，建立起与北欧国家的合作共识。最终结合中俄战略互信的深化，缓解俄方有限合作立场与中方较高利益诉求之间的矛盾。

（1）加强公共服务领域合作。加强与欧盟及其相关成员在北欧和北极地区的科研、环保、航道安全等公共服务领域的合作，通过政策协调减少欧盟对中国与北欧国家合作的战略疑虑。

科研、环保、航道安全是中国参与北极治理的重要方面，欧盟亦将北极地区突出的环境保护、基础设施建设及原住民权利等视为其北极责任。中国与欧盟在上述领域存在明显的共同利益，可以开展双赢合作，共同为北欧地区提供必要的公共产品。②

一是中欧可推动共建“绿色北极”。欧盟2017年发布的《北极利益攸关者论坛磋商总结报告》列举了对北极地区发展有利的投资领域，包括数字基础设施建设、可再生能源生产、生物经济、海洋旅游业等领域。上述领域与中国关于共建蓝色经济通道倡议中所提出的“共走绿色发展之路”“共建智

①②郑英琴.中国与北欧共建蓝色经济通道：基础、挑战与路径［J］.国际问题研究，2019（4）：35–49.

慧创新之路”等理念相契合，中欧可在北极可再生能源、生物多样性保护等领域展开区域层面的合作。

二是中欧可在航道安全等北欧国家关注的核心问题上深化合作，共同提供海上安全公共产品。航道安全是共建蓝色经济通道的重要内容，北欧国家都十分重视强化航道安全保障，欧盟也将提升北极地区的监测能力作为其北极政策的重要内容。欧盟的伽利略全球卫星导航系统可应用于北极海域的船舶领航、冰山定位等，其在建的高分辨率海底绘图数据平台也覆盖了北极部分海域。鉴于此，今后中国可进一步加强与欧盟和北欧国家在北极气象监测、海上救援、海上信息和数据共享等领域的合作，提供更多的海上安全公共产品。例如，中国可提出共享中国与冰岛共建的极光观测台监测数据，参与“北极太平洋扇区工作组”等发起的观测计划，以加强与欧盟及北欧的北极科研科考合作。此外，中国还可以在气候变化等北欧国家关注的核心议题上与欧盟及其成员国加强政策沟通和协调，降低合作的不确定性和风险。

（2）加强贸易领域合作。以贸易畅通作为中欧共建“冰上丝绸之路”的重要内容，加速推进中欧的产业互补与自贸区建设。一是强化传统领域产业合作。在北欧、西欧国家具有优势的远洋运输、现代农业、极地旅游、海洋渔业、设计与创意产业、养老与医疗保健等传统产业，以及中国具有优势的基建、电信、风电、高铁等领域，不断创新合作模式，提升合作水平。二是鼓励新兴产业合作，挖掘贸易新的增长点。加大中欧在生命科学、极地装备、精密仪器制造、智慧工业、高科技船舶、生物炼油、循环经济等领域的服务与商品贸易。三是增强中国与北欧国家的政治互信，完善中国与芬兰、冰岛、瑞典的跨国电子商务平台，加快中挪自由贸易区谈判进程，建立中国—北欧“5+1”协商机制。

（3）加强重点领域合作。以标志性投资项目建设作为“冰上丝绸之路”

国际合作的成功典范，提升中欧北极合作的扩散效应。[①]一是以能源合作为重点，加强中国与挪威、俄罗斯在巴伦支海沿岸地区的油气开发合作，实现中国“投资+市场”与俄罗斯、挪威“资源+物流”的优势互补，将巴伦支海地区打造为中国“多赢型”极地能源开发的示范区，通过经济扩散效应，最终形成以巴伦支海—波罗的海为支柱的泛北极自贸区。提升亚马尔液化天然气项目的示范作用，逐渐推广中俄“能源+基建”的北极经贸合作方式，稳定中俄作为“冰上丝绸之路”初始伙伴国的引领地位。二是以航运、仓储基础设施为抓手，提升中国模块化建造北极基础设施的技术能力与业界声誉。实现港口建设与资源开发项目相结合，对芬兰—波罗的海—波兰—中国的物流联通问题开展可行性研究，提高中国企业参与挪威、芬兰“北极走廊”项目的投资风险评估能力，采取“以投资换经营权”的方式对希尔克内斯港进行更新改造，同步建设港口与资源开发配套基础设施，强化货物集散功能，发挥其对区域经济发展的示范作用。

3.加强与日韩的国际经贸往来

对于中国来说，面对“冰上丝绸之路”建设中短期经济效益与长期战略利益之间的矛盾，最根本的解决方式是设法提高“冰上丝绸之路”的经济效益，而其中最关键的就是要增强北方海航道的货运量，使这条航线成为一条具有巨大商业价值的繁忙航线。然而，目前北方海航道的货运种类比较单一，以液化天然气为主，货运量较少，且运输方向为单向运输，即俄罗斯向中国供应液化天然气，而在返回运输中，中国却缺少向俄罗斯供应的商品。[②]以目前中俄两国有限的货运量，难以支撑起经北方海航道通往欧洲的这条航线，因此解决的办法有两种：其一，联合日韩等国，邀请其参与共建“冰上丝绸之路”，增加从东北亚地区向俄罗斯北部及欧洲的货运量；其二，中国寻找到符合俄罗斯和欧洲两大市场共同需求的出口产

①肖洋.中欧共建“冰上丝绸之路”机遇、挑战与路径［J］.德国研究，2019，34（3）：58-69.

②岳鹏.共建“冰上丝绸之路”中的俄方诉求及内在挑战分析［J］.东北亚论坛，2020（2）：32-44.

品，增加沿北方海航道向俄罗斯和欧洲出口商品从而摆脱能源单向供应的局面。从目前俄罗斯和欧洲的发展态势来看，太阳能光伏设备及其组件未来可以成为中国沿北方海航道向俄罗斯和欧洲市场进行出口的重要产品。作为世界太阳能光伏发展最快、每年装机容量最大的国家，中国在太阳能光伏生产领域具有世界领先的科技，其产量也居世界首位。中国的太阳能光伏产品早已出口欧洲，随着环境保护和可持续发展理念逐渐深入人心，作为传统能源大国的俄罗斯也开始重视如太阳能、风能等可再生能源的发展。俄罗斯太阳能协会主席安东·乌萨乔夫表示，俄罗斯滨海边疆区以及几乎整个远东地区的日照时间都很长，适合发展太阳能光伏供电。而在广袤的北冰洋及其沿岸地区，每年有长达半年的极昼，且地广人稀，架设传统输电线路的成本过高，要想解决这一问题，最合适的方案就是建设和安装可独立运行的离网光伏供电电站和家用供电设备。这类设备不仅可以满足俄罗斯偏远地区家庭的照明需求，还能够为家庭烹饪提供电力，减少居民对污染较高的化石燃料的使用，有利于当地生态环境的保护。为此，中方可借助本国太阳能光伏设备及组件质优价廉的市场优势，沿北方海航道向俄罗斯及欧洲出口，甚至可以尝试与俄罗斯开展液化天然气同太阳能光伏产品的互换贸易。这样既能使双方各取所需，又可有效增加“冰上丝绸之路”的货运量，有助于提升航线的经济收益，缓解短期经济效益不足和长远战略利益需求之间的矛盾。

4.以经贸合作推动“冰上丝绸之路”建设

构建“冰上丝绸之路”首先需要促进北极航道的共同开发。对参与国而言，北极航道的开发是国家权力的延伸。北极航道作为一种北极资源，历来受到沿岸国和需求国的重视，有的国家更是希望通过对航道的管控来强化自身在北极区域的政治影响。但受制于经济规模的现实困境，单一国家无法凭一己之力完成对北极航道的有效开发。因此，北极航道的开发更多的是需要国际社会的共同参与。[①]

目前看来，俄罗斯、加拿大虽然具有开发航道的地缘优势，但受制于两国的经济规模，航道的开发均需要有他国资金的支持才能完成。美国、北欧同样渴望通过对航道的开发来强化自身在北极地区的战略价值，因为北极航道的主要水域均与这几个国家密切相关。此前，俄罗斯就已明确表达了希望与中国一同开发东北航道的意愿。俄罗斯北极圈内海域沿岸地广人稀、经济相对落后，尤其是远东地区，虽然自然资源储量丰富，但其长足的发展有待人力、资金的支持。中国经济腹地广阔、市场体量巨大，目前，与欧洲的贸易往来主要经由马六甲海峡、苏伊士运河等航道来完成，与北美的贸易往来则部分经由巴拿马运河来完成。与北极航道相比，这些传统航道的经济成本较高、时间周期较长、地缘风险值得重视。如果北极航道可以得到有效开发，东亚、欧洲、北美的经济联系将得以强化，北半球的主要经济体将围绕北极圈展开密切的贸易往来，中国的贸易渠道会多出一种选择，华北和东北地区的经济发展、港口建设会得到有力提升。

北极航道的开发不仅有利于中俄，也有利于北半球国家的整体利益，加拿大北极圈内的城市更可以凭借西北航道的开发带动地区发展。美国与北欧等国家对北极航道的开发历来也是持开放态度。虽然不同国家对航道的归属有不同定义，但这并不影响以北极航道为路径展开的经贸交往，也不影响参与国双边或多边基于共同利益的航道开发协议的形成。可以说，北半球经贸交往的现实需要有利于带动北极航道的共同开发，而北极航道的有效开发则能够给“冰上丝绸之路”的构建提供物质载体。

对于中俄在北极开发方面的合作，其他国家所持的态度不一。我国应重申参与北极开发的和平共赢立场以及不侵犯他国权益的态度，展现出应有的

①费帆.建构“冰上丝绸之路”——国家“一带一路”倡议的深化与延展［J］.湖北社会科学，2019（5）：34-39.

大国风范，不断推进与其他国家在北极事务及其他国际事务中的战略合作。

对于美国，中国应该表达中俄合作参与北极开发也是为北极东北航线的商业通航提供支持，是惠及世界各国的益事。同时，中美双方应以政治互动和贸易互通为途径，促进双方的理解互信，以多边合作减少直接摩擦，提高双方在北极开发事务上深度合作的可能性及融洽度。①对于加拿大，我国应该表现出与其共同建设北极西北航线的积极性，并通过其他方面的联系合作，展现我国在港口、航道等项目建设上的技术实力和工作效率，尽量减少加方的合作顾虑。对于其他北极国家，可以着力于文化交流与资本输出上，以文化沟通打开信任壁垒，以国力优势展示竞争实力，积极推进与这些国家在北极事务中的合作。而我国与日韩两国在北极事务中的立场和诉求较为相似，更应该加强联合，相互支持，在北极理事会上共同发声，以提高东亚国家在北极问题上的影响力，在北极沿岸港口建设中加强技术交流与合作。

5.调整产业结构以适应“冰上丝绸之路”建设

随着北极航线的开通，东亚、北美和西欧的海上运输距离不断缩短，使得中国与国际市场的联系更为紧密，进一步影响经济发展战略和沿海地区产业分工。中国应适时调整经济发展战略，调整沿海产业分工布局，因地制宜，充分利用沿海各港口的不同资源，协调发展沿海港口的产业集群，培育出定位准确、分工合理、重点突出、运营高效的沿海产业。在调整产业规划布局的同时，还应该注意在北极航线开通的大环境下，为企业提供更便利的国际市场进入条件。②

（二）加强与其他国家的战略对接

为了应对北极变化带来的机遇和挑战，北极航道沿线国家纷纷出台和更新本国的发展战略。冰岛北极战略的关键词是“国际合作、话语权、航道开发、经济发展”。通过加强国际合作，促进和强化北极理事会，加强冰岛

①史义江.北极东北航线沿线中转港选取及布局研究［D］.大连：大连海事大学，2018.

②李亚菲.北极航线对世界贸易格局及中国对外贸易潜力的影响［D］.大连：大连海事大学，2017.

在北极事务上的话语权，确保冰岛北冰洋沿岸国的地位，促进北极资源发展和环境保护，发展贸易关系，加强经济活动，防止北极地区重新军事化。瑞典北极战略的关键词是“环境保护、经济发展和人类视野”，强调瑞典是一个拥有自身利益的北极国家，在北极双边和多边治理中扮演着非常重要的角色。关注气候变化、生态环境保护，减少温室气体排放，促进北极地区经济、社会和环境的可持续发展（包括北极石油、天然气和森林资源的开发，北极地区陆地运输和基础设施的建设，海上航行的安全和旅游业的开发等），保护北极原住民权益和生活方式。①

芬兰北极战略中指出，第一要加强北极地区环境保护，第二要促进北极地区经济活动，第三要改进北极运输网络，第四要确保原住民在北极事务中的参与权和决策权。丹麦北极战略的关键词则是“主权、安全、发展和合作”，丹麦连同其自治领格陵兰岛和法罗群岛一起，致力于建设一个“和平的、有保障的和安全的北极”。挪威北极战略的关键词是“存在、活动和知识”。挪威北极战略优先事项包括：维护在北极的主权、管辖权和专属经济区的权利，加强在北极的活动，增强挪威可持续管理北极可再生和不可再生资源的能力，加快发展北方基础设施建设；加强对北极环境和资源的保护和利用，为石油开发活动提供有效的制度框架，促进北极石油开发；加强对原住民保护；重视北极地区跨国合作。

俄罗斯的地区合作发展战略是欧亚经济联盟战略，其要旨是推动跨越欧亚大陆各成员国的商品、服务、资本和劳动力的自由流通，并推行协调一致的经济政策，促进地区发展。俄罗斯针对北极地区发展，先后于2008年和2013年出台了《俄联邦北极国家政策原则》和《俄联邦北极地区发展和国家安全保障战略》。②北方海航道作为整个北极东北航道的一部分，是连接俄罗

①杨剑.共建“冰上丝绸之路”的国际环境及应对［J］.学术前沿，2018（6）：13-23.

②于游.合作观念视域下中俄共建“冰上丝绸之路”动力和挑战［J］.铜仁学院学报，2019，21（4）：74-83.

斯欧洲部分和远东部分的重要运输线，曾发挥着连接苏联东西部的战略运输线的作用。苏联解体后，北方海航道也随着俄罗斯经济的崩溃而陷于停顿。普京领导下的俄罗斯政府有意将北方海航道打造成与传统国际商业航道一样有竞争力的世界航道。其目的是要促进北极能源开发，同时吸引国际航运公司使用北极航道，进而带动俄罗斯北极地区的整体发展。北极地区气候条件严酷，基础设施薄弱，要想大规模利用，还必须通过国际合作完成必要的能源投资，加强运输网络的建设、基础设施的完善、技术装备的升级换代。俄罗斯同时希望在高纬度地区提升通信能力、航空支援和应急能力。

此外，在欧亚大陆地区，除俄罗斯支持的“一带一路”倡议对接“欧亚经济联盟”形成的“一带一盟”外，蒙古的“发展之路”、波兰的“琥珀之路”，作为沿途及周边国家与“一带一路”倡议相结合的发展战略，也有助于“冰上丝绸之路”进一步扩大影响，与“21世纪海上丝绸之路”的另外两条“通道”相呼应，真正形成3条畅通的蓝色经济通道。

2017年5月的“一带一路”国际合作高峰论坛上，习主席明确指出，“一带一路”建设不是另起炉灶、推倒重来，而是实现战略对接、优势互补。因此，“冰上丝绸之路”作为“一带一路”的组成部分，应主动与沿途及周边国家发展战略对接，相互助力，推动多边进程。①

具体而言，“冰上丝绸之路”可与北欧“北极走廊”计划对接。为了应对日益活跃的北极建设，芬兰等国在其北极地区开展北极走廊建设，旨在沟通波罗的海沿线地区与北冰洋的交通运输。这一计划的实施可与“冰上丝绸之路”形成有效对接，沟通“冰上丝绸之路”西段的互联互通。芬兰政府对“一带一路”倡议的支持有助于实现这一对接，芬兰总统尼尼斯托在访华时表示：“习近平主席提出共建‘一带一路’倡议非常重要，芬兰愿发挥积极作用，使这一倡议更好地同欧盟对接，促进欧亚大陆互联互通。”此外，在北极走廊项目下，芬兰与挪威等国还致力于共建沟通波罗的海、巴伦支海以及北冰洋沿岸的铁

①姜胤安.“冰上丝绸之路”多边合作：机遇、挑战与发展路径［J］.太平洋学报，2019，27（8）：67-77.

路项目，在建设过程中，中国企业参与其中，发挥了重要作用，此外，这一铁路建设还可以与"中欧班列"有效对接，助力欧亚大陆的陆路货物运输。

我国在参与北极事务过程中，遵循的是"尊重、合作、共赢、可持续"的基本原则。[①]中国与北极国家的双边和多边合作是否纳入"一带一路"的框架之中，中国政府尊重合作方的意愿。中国外交部副部长孔铉佑在记者招待会上说，中国将依托北极航道的开发利用，与俄罗斯等有意愿的国家共同建设"冰上丝绸之路"。2015年5月，中俄两国领导人在莫斯科会晤。为拓展欧亚共同经济空间，带动整个欧亚大陆的发展和稳定，两国元首商定，将中方丝绸之路经济带建设同俄方欧亚经济联盟建设对接。[②]中俄两国元首还签署了具有里程碑意义的《中华人民共和国与俄罗斯联邦关于丝绸之路经济带建设和欧亚经济联盟建设对接合作的联合声明》，"确保地区经济持续稳定增长，加强区域经济一体化"。[③]2017年，习近平主席访问芬兰，双方认为中芬面向未来的新型合作伙伴关系是中国、欧盟全面战略伙伴关系的补充，同意共同致力于打造中欧和平、增长、改革、文明四大伙伴关系，推动落实《中欧合作2020战略规划》，促进中国—北欧合作。在《中国的北极政策》白皮书发布之后，芬兰总统尼尼斯托指出，"冰上丝绸之路"是一个公路、铁路和航运的联通计划，更是一个促进不同地区人民之间相互了解的愿景。冰岛和中国在2012年就签署了中冰北极合作框架协议，并在2013年签署了自由贸易协议。中国与冰岛、挪威、丹麦、瑞典、芬兰，在科研、经济、治理等多个领域开展了务实合作。在中国的"一带一路"倡议提出后，俄罗斯、挪威、芬兰、瑞典、丹麦、冰岛等北极国家给予了积极回应，并成为亚洲基础设施投资银行意向创始成员国。这说明北极东北航道的沿岸国对在"一带一

①李振福.如何准确理解中国的北极政策［J］.中国船检，2018（3）：37-39.

②李兴."丝绸之路经济带"与欧亚经济联盟：比较分析与关系前景［J］.中国高校社会科学，2015（6）：64-72+153.

③杨剑.共建"冰上丝绸之路"的国际环境及应对［J］.学术前沿，2018（6）：13-23.

路”框架下与中国开展北极合作充满期待。①

（三）加强与相关国家的金融合作

“冰上丝绸之路”的建设，无论是沿岸港口工程建设或者研发建造破冰船等项目，都需要大量的资金支持，因此解决好融资问题，是“冰上丝绸之路”开发的重要保障，也是实现我国地缘空间在金融领域扩展的重要推进。②

1.做好政府资金支持工作

一方面，政府可通过制定金融政策支持和引导金融机构，对开发“冰上丝绸之路”的相关企业开展融资业务，鼓励符合资质的相关企业发行债券，建立具有航海技术、港口工程、航运管理资质的专门从事面向航道开发相关企业信贷业务的金融机构，形成政府、金融机构、企业联动的金融保障体系。另一方面，在国际社会积极倡导共同筹措建设资金理念，鼓励共筹共建。充分利用现有的国际融资平台，由国家发起，鼓励海内外政府、金融机构、企业、个人参与，打造专门服务于北极航道开发的金融合作平台，与有意愿参与“冰上丝绸之路”开发的国家深化金融合作，整合金融资源，创新金融方式，共同推进北极航道投融资体系和信用体系的建设。③同时，推进人民币国际化进程，促进人民币跨境结算，避免“冰上丝绸之路”在开发过程中受外汇制约，保证资金流通，融资渠道畅通。

2.搭建金融合作平台

在金融合作平台的构建中，需注重与“冰上丝绸之路”相关国家的对接，推进我国与北极国家在“冰上丝绸之路”开发背景下的多方面金融领域合作：一是建立金融论坛，为“冰上丝绸之路”开发的相关金融问题提供交

---

①谢晓光，程新波，李沛珅.“冰上丝绸之路”建设中北极国际合作机制的重塑［J］.中国海洋大学学报（社会科学版），2019（2）：13-25.

②③李振福，彭琰.“通权论”与“冰上丝绸之路”建设研究［J］.东北师大学报（哲学社会科学版），2019（4）：23-32.

流平台，促进相关国家间的了解，增强互信，推动“冰上丝绸之路”开发下的国际金融体系改革。协调制定“冰上丝绸之路”开发金融体系的规则，推动建立相应的信用评估体系、金融风险预警和防范机制，规范信用评级，打击金融违规行为。二是合作设立金融机构，合作设立中国与北极国家共同参股的专门从事“冰上丝绸之路”开发的金融机构，并在各国设立营业性机构与代表处，为“冰上丝绸之路”开发推出对应的具有创新性和适应性的以股指、汇率、利率、股票、债券、银行贷款等为基础的金融衍生产品。三是加强与“冰上丝绸之路”开发相关基础设施建设项目对接，以中俄亚马尔天然气项目等作为国际金融平台的合作范式，利用金融合作平台提供资金参与到项目建设中去。

此外，为了防止在同俄罗斯的合作中陷入被动，中国还应加强同其他欧洲国家，尤其是北方海航道下游的北欧国家——芬兰、挪威、瑞典、冰岛等国进行合作。这些国家具有丰富的北极地区活动经验，并且已经建立起相对完善的合作机制。中国与北欧国家始终保持良好的传统友谊，在基础设施、商业贸易、人文交往和科学研究等多个领域已经建立起扎实的合作基础，并且北欧各国均表示支持中国参与北极地区的和平开发，愿与中国在北极事务领域进行合作。因此，中国应本着“多元共建”的原则，积极与北欧国家开展合作，提升中国与北欧国家在“冰上丝绸之路”航线的进出口货运量，并推动“冰上丝绸之路”与“北极走廊”进行对接，增加参与北极地区活动的更多渠道，减少在“冰上丝绸之路”建设中对俄罗斯的过度依赖，在俄欧之间保持合作对象的多元性及合作选择的灵活性。另外，在同北欧国家的合作中，中方还应有意识地遵守《联合国海洋法公约》及地区性的法规和公约，尊重当地的文化习惯，保护北极地区环境及海洋生物资源，建立起与北欧国家的合作共识。最终加深中俄战略互信，缓解俄方有限合作立场与中方较高利益诉求之间的矛盾。

四、扩大人文科教领域交流

（一）推动“北极科研”交流与合作

在建设“冰上丝绸之路”的过程中，要着力推动北极科研、教育、人文等领域的合作，强化共识度较高领域的合作，降低北欧各国之间因差异带来的不确定性。

中国与北欧目前主要在人文、教育、科研等领域开展合作，其他领域的合作尚未建立正式的合作机制。①鉴于此，首先，可通过深化上述领域的合作，构建北极治理合作的知识平台和制度平台，通过制度效益的外溢逐渐拓展其他合作领域。例如，“中国—北欧北极研究中心”便可成为中国与北欧次区域合作的一个范例性的机制模式加以利用、复制和推广。其次，可通过加强多方协商对话，在北极环境保护、气候变化、绿色发展等共识度较高的领域深化次区域层面的合作，以智库交流、科研合作、政策协商等多种形式逐步深化合作。中国可以学习借鉴北欧各国在科研、气候、环保等领域的制度经验，北欧国家则可通过合作获取更多的资金、市场、基建等公共产品。双方还可以在北欧国家普遍关切的保护原住民文化以及北极自然生态系统等领域展开更多的科研合作，特别是促进科技与保护原住民文化相结合，在“绿色北极”方面拓展更大的合作空间。最后，可借助“北极圈大会”“北极前沿”等平台推动双方共同研讨和协商合作机制。双方可通过举办“海洋日”、文化周和论坛等活动，就共建蓝色经济通道的相关议题展开对话，增进双方的政治互信，逐渐实现政策的协调与对接。

---

①郑英琴.中国与北欧共建蓝色经济通道：基础、挑战与路径［J］.国际问题研究，2019（4）：35-49.

（二）加大北极科研投入力度

当前，主要海洋大国已经加大在北极地区的科研投入和力度。中国应继续加强对北极航道的水文、海冰及气象等情况的监测和研究，提供信息数据和技术支持，为船舶在北极航道的安全畅通行驶提供基本保障。中国还应考虑加大投入建造破冰船及加强相关科研队伍的培养，从硬件和软件上为提升北极科考能力奠定基础。与此同时，我国还应与北极航道沿岸国加强沟通、交流与合作。中国不仅可与俄罗斯、加拿大分别对东北和西北航道进行合作研究，探讨确保海上航运和环境保护的可行方案，共享相关环境数据和资料，了解航道基础设施建设情况，挖掘中俄、中加在开发航道过程中可合作的领域；与挪威、冰岛等具有北极海运研究基础的北冰洋沿岸国开展适当形式的科研合作，投入更多的资源进行极地环境和航运技术合作研究，为北极航道的可持续利用创造条件和提供技术支撑。①

（三）培养北极问题专门人才

作为跨越多国家和多地理区域的国际航道建设项目，“冰上丝绸之路”建设必然受到诸多国际规则和法律的制约，并且“冰上丝绸之路”大部分处于北极地区，而北极国际机制的“碎片化”状态使得北极缺乏有效统一的国际管理规则，至今仍未确立类似《南极条约》的《北极条约》。②因此，为避免触及国家地缘领域主权和航道管理规则的雷区，其一，我国可以就“冰上丝绸之路”建设的相关问题与沿线国家沟通协调，就可商议的问题达成航道建设及利用的软法，明确权责，待利益协调一致后再将其发展成为硬法，以便及时解决北极治理中产生的问题。其二，签订与沿线国家的北极合作协议，促成航道建设环境的规范化与制度化。

2016年9月，中共中央总书记习近平强调，要提高我国参与全球治理的

①密晨曦.新形势下中国在东北航道治理中的角色思考［J］.太平洋学报，2015（8）：71-79.

②李振福，彭琰.“通权论”与“冰上丝绸之路”建设研究［J］.东北师大学报（哲学社会科学版），2019（4）：23-32.

能力，着力增强规则制定能力、议程设置能力、舆论宣传能力、统筹协调能力。国际规则的参与和制定离不开知识人才的储备，需培养相关专业人才，熟悉北极问题，精通国际规则，并能参与国际规则的制定。加强我国北极治理的人才队伍建设，构建北极人才智库，为我国参与北极事务构建提供知识支撑，并提高参与国际规则制定的能力，减少我国参与国际航道建设的被动性，提升中国北极事务话语权，使中国逐步成为北极地缘博弈规则的制定者，从而提升在北极的地缘地位。

（四）促进极地文化传播

随着全球气候变暖，北极航道冰层逐渐融化，“冰上丝绸之路”的开通将使北极地区蕴藏的自然资源被挖掘出来，有助于我国“海洋强国”战略的实施。“海洋强国”的战略意义在于强调海洋经济对国家经济发展的推动力，政府需要做好北极圈地区的文化、教育等宣传方面的工作。建设“冰上丝绸之路”会在文化上提高人民对北极地区自然资源的开发、利用、保护和公平竞争等合理的认识。[①]“冰上丝绸之路”的实施将有助于极地文化的传播，为全球研究极地文化提供新的思路。总之，打造“冰上丝绸之路”对我国的经济、社会、文化发展具有深远意义。“冰上丝绸之路”建设是适合我国经济发展的新创举，增强了“冰上丝绸之路”沿线国家之间的经济、政治、文化等方面的交流与互融。

（五）推动沿线国家民心相通

民心是“冰上丝绸之路”建设能否最终建成的决定性因素。沿线各国人民惺惺相惜、休戚与共、守望相助，是海上丝绸之路千年不衰的力量所在。[②]我国不同省份、地市在参与“冰上丝绸之路”建设过程中，可以借鉴深圳市的经验，将“民心相通”放在突出位置。

---

①刘新霞，韩婧.“冰上丝绸之路”背景下新型俄语人才培养研究［J］.邯郸学院学报，2019，29（1）：126-128.

②赵青云.以“五通”打造海上新丝路［J］.浙江经济，2014（8）：57.

一是着力在“冰上丝绸之路”的重要节点布局“友好城市”。目前深圳已与全球56个国家、87个城市建立友好伙伴关系，其中友好城市23个，友好交流城市64个。在这87个城市中，“冰上丝绸之路”沿线城市有日本大阪市、韩国釜山市、俄罗斯圣彼得堡市、白俄罗斯明斯克市、芬兰赫尔辛基市等6个国家、14个城市，占比为16%。①从数量上来看，深圳与“冰上丝绸之路”沿线国家城市建立友好伙伴关系仍有很大的拓展空间，并需要加强与北欧国家的交流合作。未来，深圳要在“友好城市”“友好交流城市”的基础上，全面梳理“冰上丝绸之路”沿线的“友好城市朋友圈”，力争与所有重要节点城市建立友好城市或友好交流城市关系。

二是邀请“冰上丝绸之路”沿线国家的重要嘉宾访问深圳。2018年，深圳市政府共接待外国来访团组396批、3689人次，其中包括德国总理默克尔、法国总理爱德华·菲利普、哈萨克斯坦总理萨金塔耶夫等国的重要嘉宾到访深圳，有助于发挥深圳在粤港澳大湾区建设中的核心引擎作用，深化深圳与世界一流城市合作，加快建设现代化、国际化创新型城市。未来，深圳可以大力邀请“冰上丝绸之路”沿线国家有影响力的政商学等嘉宾到访深圳，进行交流座谈、实地考察和城市观光等，借助这些贵宾在政界、工商界、科技界、学术界和文化界等领域的影响力，为深圳推进国际化城市建设提供资源，助力我国“一带一路”倡议。

三是加强“冰上丝绸之路”智库间国际交流与合作。“冰上丝绸之路”沿线国家的发展水平各异，利益诉求多元，需把握各方利益契合点。作为中国经济特区智库，深圳市政府发展研究中心致力于建设创新型国际化新型智库，《2018中国智库报告》“地方党政智库影响力”百强排名中蝉联全国第三。未来，深圳智库将加强与“冰上丝绸之路”沿线国家，尤其是俄罗斯智库之间的交流合作，以对话沟通、舆论发声等方式凝聚共识，消解“威胁

---

①吴思康，黄虎城.关于深圳参与“冰上丝绸之路”建设的几点思考［J］.北方经济，2019（12）：8-11.

论”“人口扩张论”等误读误判。合作研究“转向东方战略”、自由港、湾区经济等，分享各地发展理念、战略、政策。加强两地研究人才互换培养，实现智力资源的互联互通、互学互鉴。

五、加大北极海洋环境保护

中国在进行“冰上丝绸之路”建设的过程中，必须重视北极开发与生态保护之间的矛盾，必须尊重北极国家的相关环保法规与国际条约，密切关注生态变化，加强海洋环境污染监测，推动建立沿岸污染与应急协作机制，提高海洋污染防治能力；必须平衡开发与保护，制订完备的资源开采方案，遵循适时、适量、适度的原则，把保护环境、促进可持续发展放在优先考虑的位置；必须加强对原住民的关注，保护他们的生活环境，尊重他们的意见和诉求。只有将“冰上丝绸之路”打造成一条绿色发展之路，才能让它长久地发挥经济作用。[①]

（一）加强环境保护领域国际合作

环境气候属于“低政治”领域，我国与其他国家在这一领域存在广阔的合作空间。北极环境遭到破坏、气候发生变化带来的影响属于普遍性的、全球性的问题。因此，北极环境气候利益对于所有国家而言都属于一般利益和非重大利益，具有较强的共享性。认识北极地区环境气候的前提是开展科学考察。对此，俄罗斯一向认为，对北极地区的天文气象、地质地貌等了解得越清楚，越有利于自己开发利用，因而其对北极的研究一直处于领先地位。而中国也认识到，“域外国家在北极事务上的发言权和影

①程晓.新时代“冰上丝绸之路”战略与可持续发展［J］.学术前沿，2018（6）：8-12.

响力，在很大程度上取决于该国以科研为主的北极知识储备的获取和转化能力”。[①]因此，我国与其他国家在极地科考方面进行合作，是维护环境气候利益的重要途径，也将成为实现其他利益的前提和基础。同时，我国与其他相关国家，特别是北极国家在北极环境气候这一全球性议题中进行合作，也是各国承担国际责任和国际义务的表现，有利于提升负责任大国的国际形象。[②]

（二）避免“冰上丝绸之路”建设对中国海洋生态产生负面影响

中国在地理位置上属于近北极国家，北极气候的变化对我国生态安全的影响十分显著。科学研究表明：北极气候变暖将直接影响到我国的自然生态系统，如沿海地区、森林、水资源、农业生产、牧业、旅游业等经济活动和社会生活的各个层面。[③]“冰上丝绸之路”建成之后，会有越来越多的远洋船舶穿梭往来于中国、北极地区、北美洲和欧洲等地，一些海洋生物会依附在远洋船舶之上进入北极地区以及中国的沿线海域，不仅会对北极地区原本就十分脆弱的生态环境带来不良影响，而且也会威胁中国境内沿线海区的海洋物种多样性以及海洋环境安全。我国海域面积将近500万平方千米，是名副其实的海洋大国。尽管海洋是孕育和繁衍各种生物的最佳环境与温床，但是其生态平衡与物种多样性的维持极其不易，某一地区或海域的生物如果在其他海域繁衍生息，就可能会打破该海域的生态圈与物种平衡。面对这种外来海洋生物的威胁，中国曾制定并出台许多预防和处置条例与规范，应当承认，这些举措确实在一定程度上延缓了外来海洋生物对我国海区的侵害，然而，当前的防控形势依然较为严峻，尤其是近年来我国沿海区域外向型经济的迅猛发展，不可避免地增加了外来海洋

①程保志.北极治理论纲：中国学者的视角［J］.太平洋学报，2012，20（10）：62-71.

②王凯，王晨光.国家利益视角下的中俄北极合作［J］.东北亚论坛，2014（6）：26-35.

③杨振姣，郭纪斐.北极生态安全对中国的影响及应对研究——基于非传统安全视角［J］.辽宁大学学报（哲学社会科学版），2017，45（270）：149-156.

生物对我国侵袭的频率，况且我国如今在处理此类问题的工作中还有许多未能兼顾的方面，这为外来海洋生物入侵留下了可乘之机，入侵事件频繁发生而且侵害的程度也在不断加深。根据相关的统计数据，目前中国海洋和海岸、滩涂约有141种外来物种，这些物种隶属原核生物界、原生生物界、植物界和动物界4个界、12个门。它们通过船底、外轮压舱水携带以及人为引进等途径进入中国海区。①一旦这些外来海洋生物在中国海区大规模地繁衍生息，构建起较为稳定的自然生态系统，演变成形态较为完整的物种群落，那么就会引发严重的“生物污染”问题。更有甚者，它们不光会挤压当地海洋生物的生存与发展空间，降低区域内海洋生物的种类，而且也会严重影响区域内海洋交通运输，带来巨大的经济损失。将来北极航线的通航必然会加大此类问题的破解难度，对我国沿线周边的生态环境造成诸多不良影响。②

（三）积极应对北极开放导致的气候变化

作为非北极的国家，中国参与北极事务及其公共问题的程度很低，受到北极国家的一些阻挠。经过多年努力，中国参加了《联合国气候变化框架公约》《京都议定书》《关于持久性有机污染物的斯德哥尔摩公约》等主要国际环境公约，并正在认真履行相关条约义务。③

考虑到北极生态系统的脆弱性和不易恢复性，中国应该加强对北极海域的基础调研，通过科考活动，对北冰洋水文活动、北冰洋洋面的海冰活动、水体循环模式以及地形地貌有更加深刻的认识，并在实际的经济活动中注意规避这些盲区。通过经济领域的参与，开拓北极新产业，在商业利用的同时加强环境保护，推动更严格的安全和环境标准。重视北极生物环境多样性，比如可持续发展研究、候鸟迁徙规律研究等。同时，要注意比较与借鉴其他

---

①赵建东.外来海洋生物入侵令人忧［N］.中国渔业报，2009-06-03.

②徐晶.北极航线对中国的影响与应对研究［D］.延吉：延边大学，2016.

③赵向智.中国与北极航道沿线国家的贸易潜力研究［D］.广州：广东外语外贸大学，2019.

域外国家的北极政策，对北极做到有节制的开采，注意维护北极系统的自我修复能力，从而与北极八国建立更加长远的经贸合作关系。

从环境利益看，北冰洋地区具有典型的闭海特征，加之原始的生态环境脆弱，又有冰雪覆盖，一旦发生污染事故，将可能造成难以挽回的重大损失，甚至将对全球的生态环境和气候变化产生影响。[①]目前北冰洋的污染主要来自陆源，随着北极航道的开通，北冰洋还将面临船舶污染的威胁。无论从经济利益还是环境利益看，北极航道治理均具有跨区域性特点，这要求在法律问题解决和法律规制构成中，需以不同利益主体间的共同利益为价值导向，关切不同的利益需求。[②]

六、建立健全相应的法律法规

目前，美国、俄罗斯、加拿大以及一些北欧国家采取各种方式，纷纷制定了本国对北极航线的相关政策，为本国参与北极航线的开发奠定了良好的基础。而对于我国来说，一方面对于北极航线的研究比较滞后，另一方面对北极航线相关的海事法规的制定还不完善，使我国对北极航线的参与缺少一个宏观大环境的指导。[③]因此，我国政府制定针对北极航线的相关政策及海事法规显得尤为迫切。

（一）完善北极航线的相关法规

由于北极特殊的地理位置和气候环境，航运企业要进入北极航线的运营将会面临资金、技术等诸多困难。为此，我国政府应拿出专项的补贴来鼓励

①密晨曦.沿海地区陆源污染风险管理的典型案例及启示［J］.环境保护，2015（14）：58-60.

②密晨曦.北极航道治理的法律问题研究［D］.大连：大连海事大学，2016.

③李娜.北极航线通航对我国航运业的影响研究［D］.大连：大连海事大学，2012.

航运企业船舶在北极航线上的试航。同时，减少航运企业的行政限制和行政性审批，并对航运企业的税收进行减免或补贴，使得航运企业的成本大幅缩减，增加对北极航线业务上的投入。此外，由于航运业属于投资大、回收期长、高风险的行业，航运企业要想开通一项新业务，大多数都会选择融资贷款。①所以我国应设立专门的北极航线融资基金，降低航运企业的贷款门槛，保证航运企业的资金供应。这样才能减少航运企业的压力，提高其在北极航线业务运营上的国际竞争力。

除了加强对参与北极航运的企业进行政策支持和融资帮助，我国还应该借鉴其他国家的法律法规，尽快完善北极航线的相关法规，进一步促进航运企业参与北极航运。我国虽然是《联合国海洋法公约》和《斯瓦尔巴条约》的缔约国，但是还没有对北极航线的相关法规。北极极端的气候环境和极地航行经验的缺乏，对船舶在极地航行的安全性提出了较高的要求。因此，我国航运管理部门应尽早完善极地航行的法规，对参与极地航行的船舶进行规范管理，尤其要尽早制定出极地突发事件应急响应预案的法规，保证船舶航行的安全。另外，为了保护极地的环境，还应制定出保护极地海洋环境的相关法规，对船舶使用的燃料和废物排放做统一的标准。最后，在北极航线开通的大环境下，为企业提供更便利的国际市场进入条件，特别是积极出台相关对外贸易政策，坚持“引进来”和“走出去”的指导方针，开展务实多样的国际贸易合作，鼓励外商投资或中外合资，发展加工贸易和转口贸易，形成自由竞争的贸易市场。②

（二）积极参与北极规则的制定

国际社会对北极问题尚未形成有效的国际机制，北极国际机制存在“碎

①杨易，周雯雯．“一带一路”战略背景下我国中小航运企业融资问题研究［J］.水利经济，2017，35（2）：1-4+21+75.

②李娜.北极航线通航对我国航运业的影响研究［D］.大连：大连海事大学，2012.

片化”问题。[①]截至2017年5月，北极国家共签署了《北极海空搜救合作协定》《北极海洋油污预防与反应合作协定》和《加强北极国际科学合作协定》3个具有法律约束力的协定。“因为现今没有主导的政治、法律框架，无法保证北极发展有序进行，也无法调解因北极资源或航道问题产生的争议。”关于北极地区旅游、交通、工程承包、资源有序开发以及紧急情况预防、海事服务等领域，尚缺乏相应的机制和规则。而机制规则的确立，需要对北极问题进行综合研究和科学考察。目前，我国已完成8次北极科考任务，并建立了北极科考的“黄河站”及遥感卫星地面站北极接收站，为“冰上丝绸之路”和北极开发提供了技术支持。满足最新极地规则的极地破冰船“雪龙2号”也于2019年正式运行。除以上工作外，中国还应开展北极旅游，建立分工合作的专业性北极研究机构，以提升中国在北极事务中的话语权，使中国逐步成为北极规则的制定者。[②]

七、加快国际航运中心建设

北极航线的开通不仅会影响我国对外贸易的格局，同时也会对我国港口的布局产生深远影响。众所周知，航运是贸易的派生需求，随着我国对外贸易总量的逐年提高，中国沿海港口建设和发展都有了飞跃式的变化。北极航线开通后，更是促进了中国与西欧和北美等地的贸易往来，所以我国在进行港口规划的时候，要充分考虑靠近北极地区的港口的区位优势，加快国际航运中心的建设，尤其是大连、天津、上海等北方港口的建设，加大对港口基

①王志民，陈远航.中俄打造“冰上丝绸之路”的机遇与挑战［J］.东北亚论坛，2018（2）：17−33+127.

②李振福，彭琰.“通权论”与“冰上丝绸之路”建设研究［J］.东北师大学报（哲学社会科学版），2019（4）：23−32.

础设施建设的投入，对适合在北极航行的船舶提供专业的泊位和便捷的集疏运系统，这样才能吸引外国船舶在我国港口的中转或停靠，从而带动我国区域经济的发展。①

（一）综合考量支点港口

“冰上丝绸之路”支点港口的选取应该遵循以下3个标准。一是互联互通标准。推动“冰上丝绸之路”商用化的关键就在于发挥支点港口城市的“串联”与“贯通”作用。国际贸易支点城市是开拓全球市场的重要平台和渠道，也是获取全球资源的战略前哨，是一个国家重要的战略布局。“冰上丝绸之路”支点港口城市不仅强调由点到面的辐射作用，更强调相互之间的“串联”与“贯通”。支点港口城市通常是国际贸易通道的节点，港口城市之间的“串联”确保了贸易走廊的“贯通”。因此，确保“冰上丝绸之路”成功的关键也在于支点港口的“贯通”与“串联”。②对于“冰上丝绸之路”建设而言，无论是从中国角度还是他国角度，沿线支点港口城市基础设施产业合作都具有同样重要的现实意义，互联互通的港口是决定北极航道商用化的实际载体。

二是合作便利化标准。选择“冰上丝绸之路”支点港口的另一重要标准就是合作的便利化。由于北极开发在国际上还有较大的争议，对合作开发港口的选择会涉及东道国的国家规划、经济基础、国家安全等诸多因素。选取与中国具有良好关系的和彼此有合作需求的国家进行港口合作建设，可以避免建设中存在的项目风险，保障项目顺利实施，为将来“冰上丝绸之路”开通后的产业合作扫清障碍。

三是资源禀赋标准。“冰上丝绸之路”既是便捷的贸易线路，也是保障中国能源安全的必由之路。东北航道的支点港口还应该围绕资源禀赋进行选

---

①李娜.北极航线通航对我国航运业的影响研究［D］.大连：大连海事大学，2012.

②中国人民大学重阳金融研究院.去欧洲，向北走：中俄共建“冰上丝绸之路”支点港口研究［EB/OL］.（2018-04-17）［2020-10-20］.https：//www.docin.com/p-2106612153.html.

择，应该选取周边有巨大资源储量，且具备开发条件的港口作为支点港口。目前探明储量的大型油气矿井海域附近的港口，以及探明储量且具备开采条件的大型油气田附近的港口适合作为支点港口。

（二）多维度提升航运能力

1.优化港口布局，应对航运中心竞争的维度

“冰上丝绸之路”逐步开通后，北极航线所途经的中国东部港口的战略地位会显现。中国应该有计划地提前部署面向“冰上丝绸之路”的东北亚航运中心，建设以上海港为主，大连港、天津港为辅的东北亚航运中心。对大连港和天津港的地位和功能重新规划部署，突出北极航线在能源、货物运输、金融投资等领域的主要功能，突出各港口的区位优势和发展潜力，对东北的油气码头、矿石码头、集装箱码头进行分类重点投资。对区域内的新兴港口，如曹妃甸港、秦皇岛港、京唐港、丹东港等进行互联互通建设。对区域内租借的境外港口，也要充分利用好承接和中转作用，如朝鲜罗津港和清津港以及俄罗斯的扎鲁比诺港，在制订国内港口布局规划和设立航运中心时，要将境内外的港口统筹到“冰上丝绸之路”建设中，充分发挥港口对航线的支撑作用。①

“冰上丝绸之路”建设势必会强化东北亚港口竞争。韩国的釜山港和光阳港以及日本的东京港和大阪港等国际知名港口，将与中国东部沿海各港口展开激烈的市场竞争。韩国的釜山港和光阳港的定位都是以建设世界航运中心为目标。日本的港口受到日本国内经济发展的支撑，科技化程度非常高，贸易量持续攀高，也具备竞争条件。韩日两国的港口为争夺东北亚航运中心地位，会对中国东部沿海港口产生持续的竞争压力。在北极航线全线商业化运营前，应该充分意识到东北亚港口竞争对中国产生的压力，规划大连港、天津港、青岛港等能够形成港口战略联盟的建设方案，使东部港口联盟可以

①刘力华.“冰上丝绸之路”建设研究——以产业合作为中心［D］.长春：吉林大学，2019.

辐射西南腹地，建设集疏运综合港口，既有针对性的能源接卸、储备、加工能力，也有海陆联运、内联“长江经济带”等支线的功能。在“一带一路”倡议统筹下对接“冰上丝绸之路”，使中国东部港口联盟可以在东北亚形成新的世界航运中心。

2.开展商业化适航，加强北极事务交流的维度

北极航线的开通涉及巨大的经济利益和国家战略意图，各国船运公司因此积极开展有关商业运营方面的研究。根据北极航道近几年的货物和船舶通过量可以发现，大量商业用途的航运活动已经展开，经北极航线通往东亚的船只数量在迅速提升，大多数目的地为中国和韩国。根据海冰的融化速度，各航运公司开辟北极航线只是时间问题，航运公司在选择航线、港口以及开通的时间表等方面都会影响“冰上丝绸之路”支点港口的确定。中国的船运公司，尤其是拥有强大实力的国企船运公司应该率先启动对北极航线的商业化研究。

首先，“冰上丝绸之路”是中俄共同提出、共同建设的倡议，两国共同运营北极航线具有深厚的国家合作背景。北极航线东北航道的最主要航线途经俄罗斯北部沿海，中国船运公司可以优先同俄罗斯开展商业试航。其次，北极航线到达欧洲的中转港都在西北欧，其中冰岛和挪威同中国的经贸关系良好，中国和冰岛已经签署了自由贸易协定，与挪威的自由贸易协定也将在恰当的时机签署，在国家层面已经为“冰上丝绸之路”扫清贸易障碍，可以与这些签署自由贸易协定的国家积极开展航线研究。中国北方各港口与“冰上丝绸之路”沿途的俄罗斯、挪威、冰岛等国家都可以提前启动市场前景的预测和分析，与各国成立共同的研究中心，争取尽早对商业化运输进行试航。

中国应该有针对性地对北极事务开展国际合作，一方面，加强与美国、加拿大等西北航道国家的沟通和协调，①利用资金和技术参与西北航道建设，并与韩国、日本等国家开展北极能源和物流商业合作，争取得到各国对北极

①王丹，张浩.北极通航对中国北方港口的影响及其应对策略研究［J］.中国软科学，2014（3）：16-31.

开发一致的看法。另一方面，可以与重要的环北极国家共同开发北极航线，共同投资北极，使大家看到共同的经济外交利益，用利益纽带使各国紧密地联系在一起，这样做还可以与相关国家达成某种程度的多边或双边贸易协定，符合“冰上丝绸之路”的建设预期。最后，中国要通过不断的国际合作加强在北极通航问题上的话语权，更加深入地参与北极事务国际合作开发，可以以《联合国海洋法公约》成员国、国际海事组织理事国、《斯瓦尔巴条约》成员国等身份强调中国在北极事务中的权益，并加强与发展中国家联合开发北极。

3.加强技术标准的互联互通维度

“冰上丝绸之路”基础设施的互联互通建设横跨亚欧美。沿线无论是发达国家还是新兴经济体，都有发展本国基础设施的规划和实施宏观国家战略的具体方案。为了“冰上丝绸之路”建设能够顺利实施，首先，各国在基础设施的技术标准上要实现互联互通，在尊重各国主权的基础上，认真研究各国技术标准与国际通用技术标准，力争使中国在“冰上丝绸之路”建设过程中，能够做到技术标准的先行互联互通。其次，推动各沿线国家积极投入技术力量，了解各方需求和愿景，通过组织国际或区域技术标准会议，进行有效的信息沟通，掌握各国家和地区发展的切实需求。只有这样，才能使沿线国家和地区在基础设施建设规划、技术标准体系建设方面形成互联互通，在推进建立统一的全程运输协调机制过程中，逐步形成兼容的、规范的运输技术标准和规则。

（三）建设大连东北亚国际航运中心

振兴东北老工业基地战略明确提出，“充分利用东北地区现有港口条件和优势，把大连建设成东北亚重要的国际航运中心”。[①]大连自提出“建设东北亚国际航运中心”战略以来，港口服务和物流体系建设取得了一定成果，

①张颖，王裕选.“冰上丝绸之路”背景下大连建设东北亚航运中心分析及对策［J］.大连海事大学学报（社会科学版），2018，17（5）：39-45.

但受东北地区经济形势和港口产能过剩的影响，航运中心建设面临严峻的内外部挑战。“冰上丝绸之路”建设将为大连建设东北亚国际航运中心带来新的机遇。面对新的内外部环境，大连不仅要提升自身的核心竞争力，紧抓自贸区和金普新区建设带来的政策红利，还要加强同周边港口的联系，密切合作，合理分工，争取早日成为东北亚地区最具影响力的国际航运中心，并在东北老工业基地振兴和“冰上丝绸之路”开发进程中发挥积极作用。

1.瞄准高端服务，增强国际航运中心软实力

软实力的发展是国际航运中心建设的发力点和落脚点。大连应在继续提升传统港航服务业发展水平的同时，以高端服务为突破口，巩固并不断拓展船舶交易、航运仲裁、航运指数、航运金融等已有高端航运服务范畴，探索并逐步发展航运咨询、信用评级、船员培训、运价指数衍生品交易等业务，打造大连东北亚国际航运中心航运经纪综合服务网络。围绕航运产业链中“船舶、资金、人才”等核心要素资源，创建航运交易电子商务综合服务平台，通过船舶、船东、船员及港航资产等信息模块的集成效应，借助政府系统性政策授权与支持，整合区域内航运产业信息资源，探索构建“大连东北亚航运信息中心”。①

2.加快港口软硬件设施建设

近几年，国家对东北地区的发展给予了很大支持，大连作为东北地区经济、金融、航运、物流中心，也享受到很多发展红利。2014年6月，国家级新区金普新区获批成立；2016年9月，中国（辽宁）自由贸易试验区获国务院批准设立。大连自贸区的发展借鉴了上海自贸区的发展模式，以金普新区为依托，整合了保税物流园区、保税港区、出口加工区、临港工业区等多个产业经济区。2016年11月，国务院出台的振兴东北新举措中指出，大连和上海建立对口合作机制。上海国际航运中心建设的经验表明，港口吞吐量等硬实力

①马怡济.大连东北亚国际航运中心软实力提升策略研究［D］.大连：大连海事大学，2011.

的提升要与金融服务、海事服务、物流服务等软实力的提升相匹配，才能得到国际认可。因此，大连市要建设东北亚国际航运中心，首先，应提升自身的硬件实力，加快港口基础设施建设，创新运营模式，完善集疏运体系，不断提高装卸效率，以优质的服务吸引更多的货源。其次，整合航运业上下游产业，鼓励资本进入航运金融、航运保险市场，推进海损理赔、海事仲裁、海事鉴定等多元化服务的创新发展，加快船舶代理、货运代理、船员劳务等市场相关规则的制定，不断提升自身的软实力。再次，协调航运中心建设与区域发展的关系，坚持“城以港兴，港为城用”理念，将区域发展作为驱动航运中心建设的引擎，以航运中心建设带动东北地区的经济振兴，最终实现双向突破。①最后，积极发展保税物流，有效整合物流资源，优化物流供应链，降低物流成本，促进保税仓储、出口加工、出口拼箱、物流分拨、国际中转、多式联运等业务发展，鼓励物流企业发展，形成物流分拨中心。②

3.加快整合周边港口，实现一体化运营

国际航运市场的低迷为港口间的整合及港口集群的形成创造了有利条件。大连东北亚国际航运中心建设应充分发挥大连港的龙头作用，以营口港为辅助港，丹东港和锦州港为两翼，辽宁沿海经济带上其他港口为有机组成部分，相互配合，共同发展。近年来，营口港货物吞吐量增长较快，在一定程度上与大连港形成竞争态势。但从货物流向看，营口港以内贸运输为主，大连港则主营国际航线，两个港口的货源具有很强的互补性。目前，国际上的航运中心建设都不是由单一港口独立完成的。例如，我国的上海港周边就分布着宁波港、舟山港。因此，大连东北亚国际航运中心建设，首先，要明确大连港国际性集装箱枢纽港的定位，发挥自贸区、保税港区的政策优势，努力做好东北亚国际航运中心建设的排头兵。其次，与营口港明确分工，避

①刘硕松.“冰上丝绸之路”背景下中国大陆沿海集装箱枢纽港选择研究［D］.大连：大连海事大学，2019.

②李亚菲.北极航线对世界贸易格局及中国对外贸易潜力的影响［D］.大连：大连海事大学，2017.

免同质化发展。营口港距离辽宁中部城市群较近，未来可主营煤炭、铁矿石、滚装车辆、粮食等货物的内贸运输，作为大连东北亚国际航运中心建设的辅助港发挥作用。最后，大连要以东北亚国际航运中心建设为突破口，积极组建辽宁港口集团，整合环渤海沿岸港口，明确每一个港口的定位，发挥港口产业集群的规模效应，形成东北地区经济发展新的增长极。

4.抓住机遇，积极对接“冰上丝绸之路”建设

（1）提升集疏运综合能力，为承接北极能源运输及南方货物分流做准备。“冰上丝绸之路”开发建设为北极地区丰富的资源输出提供了一条捷径，同时对沿岸港口的基础设施建设提出了更高的要求。①为了抢占先机，大连一方面要提前做好整体规划，进一步加强港口基础设施建设，着力提高原油码头、铁矿石码头和煤码头的接卸和储备能力；另一方面，应一并加强海陆联运和内支线建设等。这样既可以满足北极能源物资的运输需求，又能为承接南方港口的货物分流做好充足的准备。

（2）加强公司合作，尽早开辟北极航线。“冰上丝绸之路”未来开通后，航线上支线港的选择很大程度上决定了各港在航线上的地位和作用。因此，大连港应与那些既具有一定实力又有意开通北极航线的国内外航运企业共建研发机构，研究建造高级别的极地“破冰船”；或者通过合资的方式共同参与“冰上丝绸之路”支点港口的基础设施建设，包括港口泊位的扩建和港口设备的更新等。通过上述合作方式，大连将有机会成为这些航运企业在“冰上丝绸之路”建设中的战略合作伙伴，进而提高其在“冰上丝绸之路”建设布局中的作用与地位，为东北亚航运中心建设打下基础。

5.发挥教育资源优势，强化城市“磁体效应”

2016年，中央出台了《关于深化人才发展体制机制改革的意见》，北上广深等一线城市凭借其竞争优势逐渐成为全国人才流向的主要聚集地。2018

---

①王丹，张浩.北极通航对中国北方港口的影响及其应对策略研究［J］.中国软科学，2014（3）：16-31.

年，全国各地人才争夺战愈演愈烈，地方政府人才引进政策也纷纷出台。从西安、南京到天津，入户条件从硕士、本科到高职，门槛一路降低，补贴一再攀升。在人才争夺战白热化的今天，大连政府也应出台相关鼓励政策，在防止争夺造成人才浪费的同时，强化城市本身的磁体效应，才是避免人才流失的关键。

6.结成港口战略联盟，提升整体竞争力

目前，大连建设东北亚国际航运中心最大的国外竞争对手是日本横滨港和韩国釜山港。其中釜山港吞吐量的40%以上来自国际中转货物，而中转货物中30%来自大连港、青岛港和天津港。因此，实际上我国3个环渤海大港充当了釜山港的喂给港的角色。如果大连能与其他两港结成战略联盟，一致对外，将能够吸引更多的外贸货物在大连中转，从而提高大连的中转箱量。大连港可以借鉴日本港口的发展模式，与其他北方港口组建港口战略联盟，根据自身的发展基础和优势，通过协商来确定各港口的自身发展定位，合理布局岸线、泊位、大型专用设备等港口资源，形成各港口优势互补、相互支撑的协调发展格局。①

7.维护好同新出海口的关系，巩固自身的核心地位

吉林省“借港出海”战略的实施，将为东北内陆地区外贸货物运输带来新的选择，传统货物运输选择先通过陆路运输至大连再装船出海的模式，未来势必会受到影响。短期看，日本海出海口的开辟将会大大缩短东北地区货物运至韩国、日本的时间，对以大连为起运港或目的港的日韩航线冲击较大；长期看，随着北极航线的逐步开通，与从大连港起运的货物相比，选择从新出海口起运、通过“冰上丝绸之路”运至西欧将更具经济性。因此，协调好新旧出海口的关系，直面“冰上丝绸之路”建设带来的机遇和挑战，是未来大连在建设东北亚国际航运中心过程中必须处理好的一大问题。对此，

①卢园，邓春姊，陈雅琪.环渤海港口运输环境分析与战略联盟模式研究［J］.现代营销（下旬刊），2014（9）：12.

大连港要充分发挥自身的资金和技术优势，在新出海口开辟前期，通过资金导入和技术入股，对新港口的建设给予大力支持，以获得共建或租赁港口的股份，提高自身在东北亚港口群中的影响力和话语权。在此基础上，充分做好市场研究，认真分析东北地区未来可能的货物流向，构建新的集疏运体系，以提高前程运输的经济性，不断增强自身的抗风险能力。

八、加快技术创新与发展

《中国的北极政策》白皮书明确指出，中国的北极政策目标是："认识北极、保护北极、利用北极和参与治理北极，维护各国和国际社会在北极的共同利益，推动北极的可持续发展。"这充分彰显了中国兼顾北极保护与发展，关心全人类福祉的大国责任感。加大科学投入，加强技术支撑，是中国"冰上丝绸之路"倡议中不可缺少的内容。

认识北极才能更好地利用北极，要建设"冰上丝绸之路"，利用"冰上丝绸之路"，必须把科学研究摆在重中之重的战略位置，涵盖自然科学与社会科学的各个领域。中国积极参与北极科研合作，于1996年加入国际北极科学委员会，已成功进行8次北极科考，设立了黄河科考站，初步建立起北极观测体系，各个领域的专家也积极参加北极理事会多个工作组的科研项目。[①]在当前全球环境变化的背景下，北极区域表现出高度敏感的反馈，北极海冰融化、北极生物多样性改变等因素，对北半球乃至全球的自然和经济社会产生重要影响；基于科学技术详尽掌握北极地区的资源分布、开采情况，才能促进世界各国对北极更科学合理的利用。此外，对于我国而言，即

①董利民.中国"北极利益攸关者"身份建构——理论与实践［J］.太平洋学报，2017，25（6）：65-77.

便随着“冰上丝绸之路”的提出以及航道的建设，中国在北极进行活动的被接受程度有所提升，但基于国际上对于中国参与北极事务的政治敏感性，通过科学研究的方式进入北极，仍然是我们开发和利用北极最有效与便捷的手段，是我们保证在北极治理中的先导地位的必然选择。而中国在北极事务上的发言权和影响力，在很大程度上也取决于以科研为主的北极知识储备的获取和转化能力。[①]基于以上原因，在接下来建设“冰上丝绸之路”的过程中，中国需要将科研放在绝对优先的位置，密切关注北极海冰、冰川、生物等科学要素的变化；要支持北极科研活动，积极推动北极科学考察，提高北极科研水平；要充分发挥高校和科研单位的优势，推进国内外北极科研机构合作及学术交流。

除了科学研究，加大技术投入也是发展“冰上丝绸之路”的前提条件。目前“冰上丝绸之路”的开发仍然不够成熟，存在诸多掣肘因素，主要体现在北极航道航行条件险峻、天气多变、冰情反复、沿途补给点较少且施工难度大、对破冰船要求较高、航行资料不足等，都为“冰上丝绸之路”的开发设置了重重关卡和挑战。[②]因此，大力发展技术手段，建设能够业务化运行的破冰船、提高航线安全，是当前航线开发中需要首要关注的问题。中国需要加大资金投入，凝聚各方智慧和技术，建设有强劲动力、坚固船体、能够在极端低温下作业的专门的极地破冰船；要加强沿航线基础设施建设，建立岸基观测站，对沿线环境变化保持高度的关注，获得涵盖冰情、气象、海况的全方位信息；要建设专门的卫星导航系统，有针对性地对北极航道进行长时间监测，从而建立实时而准确的航道预报服务，提供翔实可靠的水文测量和航运环境的信息；要协调海陆空，实现覆盖“冰上丝绸之路”的多维信息系统。

---

①程保志.北极治理论纲：中国学者的视角［J］.太平洋学报，2012，20（10）：62-71.

②程晓.新时代“冰上丝绸之路”战略与可持续发展［J］.学术前沿，2018（6）：8-12.

（一）跨过破冰技术门槛

破冰技术是中国参与北冰洋航行首先遇到的技术门槛。北冰洋地处高纬、高寒地带，部分海洋表层被厚厚的冰层所覆盖。但是，随着全球气候变暖，北冰洋融化的速度也在加快，目前冰块的覆盖面积为476万平方千米，降至北冰洋总面积的1/3以下。[①]根据研究，按照现在冰块的融化速度，到2030年将看不到冰块，北冰洋会变成蓝色的海洋。在完全融化之前，北冰洋海面上漂浮着大量的冰块。这些海冰在洋流运动的作用下，不停地漂移、裂解和融化。没有破冰设备的船舶在北冰洋航道行驶是非常危险的，也是不允许的。俄罗斯对于经过东北航道的船舶设定了较高的破冰技术要求。船只如果破冰技术不过关，在北极航行时随时面临被冰冻停航的危险，搞不好还会因为冰困而翻船。因此，国际专业机构都要求进入北冰洋航行的船舶必须达到冰级规范。芬兰—瑞典制定的冰级从IA、IB到IC不等，具体视其相应的航海冰区而定。国际船级社协会（IACS）制定的冰级规范有PC1—PC7。中国的极地科考船“雪龙号”的破冰能力达到PC6级，但距最高等级PC1级尚有很大的差距。2019年交付使用的“雪龙2号”极地科考破冰船相较于从乌克兰购买的“雪龙号”而言，不仅破冰能力等级提升，而且完全由我国自主研制。破冰技术的提高无疑有助于提高我国在“冰上丝绸之路”建设过程中的实力，也有助于摆脱外购破冰船的制约。

（二）加紧研发防冻技术

防冻技术的重要性在于它直接关系到北冰洋航行的商用成本与船员安全。北极地区的低温气候对船舶航行提出很高的防冻技术要求，具体表现在4个方面。一是船体结构材料的抗冻性，以便在环境温度剧变的情况下保持钢材特质的稳定性。二是船舶甲板、海水吸口、甲板管系、通风开口、压载舱透气管开口、液压动力装置等重要部位的除冰技术，包括加热和除冰等。如

①陆钢.“冰上丝绸之路”的商用价值及其技术支撑［J］.学术前沿，2018（11）：35-39.

果这些重要部位的防冻措施不到位，就会影响船舶的正常航行，容易造成海上事故。三是船员和货物的安全保护。北极航行中，船员需要户外作业，如果没有良好的防冻措施就容易冻伤，甚至发生生命危险。船上运载的货物也需要防冻措施，很多货物在低温环境下会碎裂损坏。四是北极航行船舶所消耗的燃油容易冻冰，需要加温和保暖，以保证航船的正常行驶。为此，北极相关国家都在加紧研发防冻技术，以提高北极活动的有效性，降低北极航线的商业性成本。美国正在研发防止结冰的涂层和特殊加温装置，这些可帮助甲板和船舷及搭载设备免于结冰，保证能够执行一些低温环境下的任务，特别是北极救生艇需要防冻措施，如预热发动机等。①

（三）综合运用卫星导航与地理信息系统（GIS）技术

全球卫星导航系统与地理信息系统多种技术的综合运用，有利于提高北极航行方向的准确性和安全程度，以及加强“冰上丝绸之路”各方技术力量的协调性。通常情况下，海上航行使用的罗盘是依靠地磁场判断方向的。在中、低纬度地区，磁罗盘可以测得磁方位角，并计算出地理方位和航行路线。但在北极地区，由于地磁场的方向几乎是向上的，所以罗盘无法使用，只能使用北斗和格洛纳斯等这些全球导航卫星系统导航。开发先进的极地气候导航系统，既可以优化燃料消耗和缩短到达时间，也可以提高船员的舒适度，降低疲劳度。从北冰洋航行的安全视角看，由于极地气候变化无常，浮冰融化与流冰漂流的不确定性，都会危及北极的航行。因此，船队非常需要详细的水文资料和海图资料。另外，也要保障船队之间以及与陆地指挥部的通讯联系，这一切都有赖于卫星导航系统提供的监测与预报服务。这套系统配备极地冰卫星，为北极航行的船队提供卫星遥感监测资料，包括北冰洋的冰厚、冰密度等海冰变化，进而把航行的危险性降至可控的范围内。

在大数据时代，全球卫星导航系统需与地理信息系统有机结合，才能

---

①陆钢.“冰上丝绸之路”的商用价值及其技术支撑［J］.学术前沿，2018（11）：35-39.

给予“冰上丝绸之路”商用价值开发有力的技术支撑。中国参与俄罗斯主导的北冰洋东北航道的开发面临非常复杂的局面，有些是宏观层面的，比如，俄罗斯有关北冰洋航道的政策法令、北冰洋沿岸国家的通航规则和国际航运机构的有关通则；有些是微观层面的，例如，航道的浮冰和湾流变化的图像资料、航道沿线码头的货运装载时间与数量、船长与船员的身体状况与心理承受力、航道附近的救援支点联络、船队冰级货船与破冰船之间的队列保持等。更重要的是，“冰上丝绸之路”的开拓，是“一带一路”国际合作的重要内容，需要中央部委及其央企之间的协调与支援。所有这些信息都需要有一个技术平台集成，以便保持船队与总部之间通讯畅通，做到后方指挥部对航行状况实时了解，方便总部进行相关的政策协调与资源统筹，为船长提供切合实际、适应情势变化的决策预测。

地理信息系统是随着计算机技术的发展以及数据处理能力的提升而发展的。地理信息系统原理比较简单，就是基于计算机信息技术的地理空间研究，但其延伸性、整合性和实用性是出类拔萃的。早期阶段，由于受到计算机芯片运算速度及其数据处理能力的限制，地理信息系统主要运用于城市建筑的定位和标记。后来，地理信息系统与卫星遥感、全球定位系统和数字地球等技术的结合，特别是与大数据技术的结合，GIS的整合能力提高，其研究的对象与应用范围获得大规模的扩展，而“一带一路”特别是“冰上丝绸之路”正是GIS大显身手的领域。目前不清楚北冰洋航道是否有互联网存在，但是中国的北斗卫星导航系统在信息盲区具备发送短信的功能，虽然只有200多字，但在海上救援与后方联络方面仍可发挥关键作用。2020年7月，北斗三号全球卫星导航系统正式开通，随着北斗卫星高效完成全球组网，期待北斗卫星导航系统能覆盖至北冰洋航道，为东北航道的中外船队提供导航通信服务。

（四）提升环保安全技术

北极地区航行条件严酷，生态环境脆弱敏感，先天的地理环境劣势对我国建设“冰上丝绸之路”提出了更高的航行安全要求和环保要求。当前我国的航道建设技术与所需的高技术水平之间仍存在差距，而“冰上丝绸之路”开发所面临的种种技术难题单凭一国之力根本无法解决。为破解由恶劣的地理环境而引起的地缘安全和技术困境，依据和平合作、共同发展的地缘架构，需要广泛的国际技术、信息、人才的地缘合作流通，才能让“冰上丝绸之路”得到顺利开发。

在航行安全方面，北极恶劣的自然环境给航道的疏浚、整治、航标、清障等工程技术措施、沿岸海港建设工程以及后续的船舶航行等带来很大的挑战。安全问题的解决需汇聚各方智慧，强化技术手段，建设高安全级别的航道沿线保障设施，建造抗冰级船舶，协调各方牵头建立北极援助与协作机制以及海上安全事故响应机制，避免可能的航行安全事故并及时处理因海难事故所引起的溢油污染等。

在环保方面，时任中国国务院副总理汪洋在俄罗斯出席第四届国际北极论坛开幕式致辞时提出：要加强北极生态环境保护，将保护北极生态置于优先位置，中方将积极参与北极环境治理，推动环境合作。中国参与“冰上丝绸之路”的建设同样应正确处理好航道开发建设与环境保护之间的矛盾，把生态环保放在“冰上丝绸之路”建设的首位，并将我国提议的与“21世纪海上丝绸之路”沿线国家共同开展海洋和海岸带蓝碳生态系统监测合作机制推广至北极地区，使“冰上丝绸之路”建设成为实现北极绿色开发的典范，从而推动“人类命运共同体”的建设与人类的可持续发展。①

在科考方面，北极具有极高的科考价值，需密切关注北极大气、臭氧、海冰、冰川、生物等科研要素的变化，提高北极科研水平，推进更广泛的国内外高校和科研机构的学术交流与科研合作，将中国的北极知识储备转化为参与北极事务的软政治实力，提高我国的北极地位和国际话语权。

①李振福，彭琰.“通权论”与“冰上丝绸之路”建设研究［J］.东北师大学报（哲学社会科学版），2019（4）：23-32.

（五）促进技术创新

技术为人类服务。“冰上丝绸之路”既需要北极经济发展路线图，又需要绿色技术进步图。[①]“冰上丝绸之路”同样重视陆海统筹发展，通过基础设施联通，促进主要经济要素在内陆经济和海洋经济之间流动；同样重视运输和经济通道的便捷、安全和高效。但是，“冰上丝绸之路”也具有其特殊性，那就是北极环境的脆弱性和北极经济开发人员工作的风险性。尽管北极航道开通后的经济利益驱动会使北极的经济开发速度提升，但是北极地处高纬度，低温、磁暴、冰雪等极端天气会给设备和人员安全带来威胁。

北极技术创新的重点应放在解决气候变化、资源、环境问题上，更好地服务于北极治理和北极的可持续发展。围绕通信、破冰、交通运输、基础设施和物流领域的应用研究，对于提升人类在北极未来活动的安全性和环境保护能力是至关重要的。为实现开发和保护的平衡，中国政府着力为北极地区基础设施建设和数字化建设贡献力量，重视绿色开发技术的利用。中国是技术装备大国，中国政府鼓励发展注重环境保护的极地技术装备，在参与北极基础设施建设中提高技术标准、环境保护能力以及创新要素，推动冰区勘探、大气观测、海洋考察等科学考察技术装备的升级，鼓励开发和利用新的低成本技术，采用无人操作的自动化和智能化观测技术，促进可再生能源开采和航行技术的创新。各种科学监测和探测技术、适合极地环境的工程技术、适合冰区航行的造船技术和航行技术、冻土地区和脆弱环境下的资源利用技术，都是技术创新的重点领域。[②]

“冰上丝绸之路”所在的北极地区之特殊性迫使人类思考发展其“绿色经济”的可能性。发展可持续的能源系统是绿色发展之路的重点，包括风力发电、海洋潮汐能源、地热能和水力发电。另外，生态旅游和低排放的粮

①杨剑.共建“冰上丝绸之路”的国际环境及应对［J］.学术前沿，2018（6）：13-23.

②杨剑.《中国的北极政策》解读［J］.太平洋学报，2018，26（3）：1-11.

食和水产品养殖也是大有可为之域。中国政府白皮书特别提及清洁能源和极地低碳旅游。中国致力于加强与北极国家的清洁能源合作，探索地热、风能等清洁能源的供应和利用，实现低碳发展；积极倡导北极的低碳旅游、生态旅游和负责任旅游。促进北极数字互联互通和逐步构建国际性的基础设施网络，也是“冰上丝绸之路”发展的一个重要指标。中国政府和企业除了致力于地面数字技术的国际合作外，还参与太空数字和海底光缆建设等北极技术应用的国际合作。中国工信部和中国电信公司正与芬兰方面就计划中的跨北极海底光缆项目进行合作。这条北极光缆将途经北极北航道，由中国和芬兰主导建设，日本、挪威也将参与合作，并得到俄罗斯的积极支持。在2015年《中俄总理第二十次定期会晤联合公报》中，两国明确进一步加强卫星导航务实合作，在中国北斗系统与俄罗斯格洛纳斯系统兼容与互操作、增强系统与建站、监测评估、联合应用等领域推动实施标志性合作项目。

北极地区生活着400万居民，气候变化可以给当地带来经济机会，但同样也可能给当地文化和传统带来威胁。因此，如何在经济发展和环境保护的同时，保证以包容式的发展给当地居民带来福祉，应当是“冰上丝绸之路”不可回避的任务之一。北极地域广阔，天寒地冻，人烟稀少，民众的居住条件水平因为交通和通信的缺乏而与北极国家其他地区的差距较大。中国政府在《中国的北极政策》中特别强调，要尊重北极地区居民和土著人的传统和文化，保护其独特的生活方式和价值观，尊重北极国家为加强北极地区社会发展、提高教育和医疗水平的努力。中国倡导的“冰上丝绸之路”的行动应有助于北极地区实现联合国2030年可持续发展目标，消弭“数字鸿沟”。发展有效便利的交通和通信，加快交通基础设施建设、数字网络建设以及空间基础设施建设，在促进人民福祉和经济发展方面发挥越来越重要的作用，有助于满足北极当地社会发展教育、健康、语言和文化之需要。①

①杨剑.《中国的北极政策》解读［J］.太平洋学报，2018，26（3）：1-11.

第八章

总结

在相当长的一段时期内，北极被视为边远地区，无人问津。[①]进入21世纪以来，由于气候变暖、冰川消融等自然环境变化，北极优越的地理位置、巨大的油气资源蕴藏量、前景广阔的北极航道等战略与区位优势凸显出来，世界各国的目光开始汇聚于此，各国对其的重视程度不言而喻。作为北冰洋沿岸面积最大的国家，俄罗斯为了谋求其在北极地区的战略核心利益，提出了与中国共建"冰上丝绸之路"的倡议，我国对此积极响应。[②]首先，对于我国来说，与俄罗斯共建"冰上丝绸之路"势必对我国在加强北极事务话语权、振兴东北老工业基地经济、保障能源供应安全、推动相关产业发展、减少国际运输成本、拓宽海外合作等方面产生极大的溢出效应，对推动我国经济发展产生积极的作用。"冰上丝绸之路"已被我国纳入"一带一路"建设总体框架之中，成为继"丝绸之路经济带"和"21世纪海上丝绸之路"之后的第3条加强中国与世界各国合作的桥梁。中俄共建"冰上丝绸之路"的主要合作领域包括北极东北航道的利用和拓展，航道基础设施建设、能源合作、北极科考、环境保护合作等。其次，我国作为世界第二大经济体，具有资金雄厚、外汇储备量大、基础设施建设经验丰富、技术人员数量庞大等显著优势，具备共建"冰上丝绸之路"的技术与能力，是北极各国开发北极的最佳合作伙伴。[③]

①朱科全."冰上丝绸之路"研究［D］.武汉：华中师范大学：2019.

②李振福，彭琰."冰上丝绸之路"与大北极网络：作用、演化及中国策略［J］.东北亚经济研究，2018，2（5）：5-20.

③张耀.中俄"冰上丝绸之路"合作的发展与前景辨析［J］.山东工商学院学报，2018，32（6）：100-107+124.

然而，在与相关国家合作构建“冰上丝绸之路”的过程中，必然将面临诸多困难与挑战，诸如北极地区复杂的地缘政治竞争、北极与非北极国家之间的权利博弈、中俄关系中潜在的问题、影响他国的北极利益、北极地区建设经验不足等，因此我国要综合权衡“冰上丝绸之路”建设带来的益处，以及可能面临的阻碍和不利因素。此外，北极地区脆弱的生态环境也一直是制约北极开发的重要不利因素。因此，各国在打造和建设“冰上丝绸之路”时，必须以“绿色丝绸之路”理念为引领，不能以牺牲北极原生环境为代价来获得经济利益。[①]

“冰上丝绸之路”建设是一个规模庞大的系统工程，牵涉政策指导、资金筹措、产业支撑、技术配套、后勤保障等诸多方面，绝不可能一蹴而就，需要长期的投入和建设才能看到结果。为了更好地把握“冰上丝绸之路”给中国带来的历史机遇，适时应对相应的威胁与挑战，我国必须强化自身优势，准确判断国际局势，遵循“尊重、合作、共赢、可持续”的基本原则，以北极地区利益攸关者，北极事务的积极参与者、建设者和贡献者的身份，[②]在“一带一路”框架下实现与国际社会通力合作，这不仅有利于“一带一路”倡议的深化与拓展，还有利于消除北极地区国家间的争议与摩擦，为北极发展贡献中国智慧和中国力量，携手构建人类命运共同体。

---

①朱科全.“冰上丝绸之路”研究［D］.武汉：华中师范大学：2019.

②赵庆爱.中国商船北极之旅的意义与思考［J］.中国海事，2017（11）：28-31.